Kazumi Ito
伊藤一美 著

太田道灌と武蔵・相模

消えゆく伝承や古戦場を訪ねて

戎光祥出版

はじめに――太田道灌が生きた時代

太田《おおた》道灌《どうかん》の生きた時代、それは時代の変革期ともいえるものだった。扇谷上杉《おうぎがやつうえすぎ》氏は相模《さがみ》を中心にその勢力を伸ばし、糟谷《かすや》の館（神奈川県伊勢原市）や七沢《ななさわ》要害（同厚木市）などを足場に武蔵国《むさしのくに》南部に進出していた。一方、山内《やまのうち》上杉氏もまた上野国《こうずけのくに》から武蔵北部を押さえつつあった。関東地域は両上杉氏の勢力範囲であるが、実質的には、その配下として成長しつつあった東国国衆《くにしゅう》層が押さえていたのだ。その代表こそ太田道灌といえるだろう。

江戸《えど》築城は康正《こうしょう》二年（一四五六）から道灌が始めたという（永享記）。だが、父道真《どうしん》や同僚の三戸《みと》・萩野谷《はぎのや》氏など扇谷上杉家臣らも「秘曲を尽くした」（松蔭私語）とされ、道灌一人の成果ではない。道真築城の河越《かわごえ》城（埼玉県川越市）でさえ同様と考えてよい。道灌が最初、武蔵品川《しながわ》館（東京都品川区）を拠点とし、のちに江戸（同千代田区）に移ったという伝承も、扇谷上杉持朝《もちとも》の武蔵進出の流れをみればありうることだ。その先には、古河公方《こがくぼう》や下総千葉《しもうさちば》氏の[illegible]力が大きく動きだしていたのである。

太田道灌の出自は明確ではない。名前[illegible]らない。永享《えいきょう》四年（一四三二）誕生で、父は太田道真、二十五歳のときの仮名《けみょう》が源六《げんろく》（称名寺文書）、長禄《ちょうろく》三年（一四五九）の官途《かんと》が左《さ》衛門大夫《えもんのだいぶ》（香蔵院珍祐記録）、文明《ぶんめい》十八年（一四八六）に五十五歳で死去したとしかわからない（梅花無尽蔵）。軍記物などでもさまざまだ。兄弟の資忠《すけただ》（文明十一年死去）、その子資雄《すけかつ》、太田六郎（本土寺過去帳）なども不詳である。ただし、鎌倉建長寺の僧となった叔悦禅懌《しゅくえつぜんえき》（百四十九世）は道灌一族であることが知られている。道灌の妻は白井長尾景仲《しろいながおかげなか》の女であることは「太田道灌状」からも信用できる。彼女は不慮の死を遂げた道灌のために熊野へ参詣供養しており、夫婦仲は円満だったのだろう（庶軒日録）。この夫婦から江戸太田氏の祖となる資康《すけやす》が誕生するのである。

太田道灌木像　東京都北区・静勝寺蔵

寛正《かんしょう》二年（一四六一）、幕府の意向を請けて伊豆《いず》堀越《ほりごえ》（静岡県伊豆の国市）に入ってきた足利政知《あしかがまさとも》と両上杉氏が敵対し始める。同年十月、政知の執事《しつじ》犬《いぬ》懸《がけ》上杉教朝《のりとも》が突然、切腹する。その後、扇谷上杉氏家宰《かさい》太田道真もその進退を問われていた。主君上杉持朝《もちとも》にも不穏な噂が広まる。水面下で幕府と結ぶ堀越公方との駆け引きがあったようだ。

幕府は両上杉氏との和解に努めたが、政治的にも

江戸城を象徴する富士見櫓。江戸中期の万治2年（1659）に再建された　東京都千代田区・皇居内

人的にも大きな損失となった。相模の有力国衆三浦《みうら》時高《ときたか》と武蔵千葉実胤《さねたね》の隠居措置、さらに大森実頼《おおもりさねより》も同様だった。特に道灌の父道真が武蔵越生龍隠寺《おごせりゅうおんじ》（埼玉県越生町）への隠遁となったことは、その後の扇谷上杉氏と家宰太田氏の動きを大きく変えていくこととなる。もちろん道灌自身、家宰職に就いたとはいえ、隠遁先から父道真が実際の指示命令を出していたので、道灌主導となるには上杉定正《さだまさ》の時代を待たなくてはならなかった。

文明五年（一四七三）、扇谷上杉当主の政真《まさざね》が五十子陣《いかっこじん》（埼玉県本庄市）で討ち死にする。古河公方成氏《しげうじ》や千葉氏軍による猛攻撃であった。政真は若くてまだ子がなかった。道灌をはじめ宿老方は早急の評定で、持朝三男の定正を当主に決定する。二十八歳の定正を道灌が家宰として支えることとなった。道灌はすでにこれまでも扇谷上杉家の屋台骨であった。

ここに新たな問題が持ち込まれた。文明八年（一四七六）、駿河今川《するがいまがわ》氏に内訌が起きる。義忠《よしただ》の戦死による後継者争いだった。義忠の子龍王丸《たつおうまる》（のちの氏親《うじちか》）と、義忠の従兄弟の小鹿範満《おじかのりみつ》の両陣営が、堀越公方と主君の扇谷上杉氏を巻き込んでの抗争となったのだ。道灌は江戸城、糟谷館を経て駿河ま

江戸城の道灌堀　太田道灌によって築かれた堀と伝える　東京都千代田区・皇居内

で出陣した。幸いに内乱への展開を未然に押さえ、小鹿範満を今川氏家督とした。しかしこの間、山内上杉氏当主顕定《あきさだ》（房顕《ふさあき》の養子）はまったく関与せずにいた。さすがの道灌も、こうした態度に嫌気がさしたのだろう。江戸城に引き籠もってしまう。

　文明五年（一四七三）、山内上杉顕定は、死去した家宰白井長尾景信《かげのぶ》の後任に、景信の弟で惣社《そうじゃ》長尾忠景《ただかげ》を立てた。家宰職を景仲《かげなか》・景信と継承してきた子の景春《かげはる》は、これまで父に従ってくれていた武蔵・相模・上野などの「傍輩《ほうばい》・被官《ひかん》」らの支持のもと、二、三千騎の兵で五十子陣への通路封鎖の挙に出る。道灌は景春から出陣無用との連絡を受けていたが、出陣を強行する。景春は急襲計画（上杉顕定とその兄越後上杉定昌《さだまさ》の殺害）を道灌に伝えて参陣停止を要請、さらに道灌は顕定当人にもその情報を伝えた。にもかかわらず顕定は動かず、父道真も、景春との縁切要求や道灌提案の景春への懐柔プラン（武蔵守護代職の景春継承案）さえ蹴ってしまう。

文明九年（一四七七）正月、景春は五十子陣を壊滅させる。道灌は、父道真と主人上杉定正への攻撃はしないように要請、彼らは利根川を越えて厩橋《まやばし》（前橋市）付近まで退去した。この間、道灌は景春と顕定の両方に和睦を提案するが決裂する。そして多くの国衆が景春方への支持を示すこととなる。

山内上杉方では、長尾清房《きよふさ》（下野足利《しもつけ》）・大石石見守《おおいしいわみのかみ》（下総葛西《かさい》）・大石憲仲《のりなか》（武蔵二宮《にのみや》）ら宿老級国衆はじめ、武蔵の豊島《としま》氏・毛呂三河守《もろみかわのかみ》・千葉実胤、相模の大森成頼《しげより》・本間《ほんま》氏・海老名《えびな》氏、さらに上野の長野為業《ながのためなり》、甲斐《かい》の加藤《かとう》氏らが加勢した。のちに古河の足利成氏も下総千葉氏とともに景春方に加わる。すでに関東は内乱直前であった。

武蔵から相模領域を押さえていた唯一の扇谷上杉氏勢力であった道灌は、こうして周りから囲まれる状況で新たな戦略を取っていく。まずは、江戸城至近地区の石神井《しゃくじい》・練馬《ねりま》城（ともに東京都練馬区）に拠る豊島氏、相模では溝呂木《みぞろき》（神奈川県厚木市）・小磯《こいそ》（同大磯町）・小沢《おざわ》（同愛川町）の領主たちへの対応と攻撃準備、小机《こづくえ》城（横浜市港北区）の矢野《やの》氏などへの河越城衆攻撃命令など、次々と手を回していく。五十子陣の再興を期して道灌は動き出す。そして五月、用土原《ようどはら》（埼玉県寄居町）・針谷原《はりがやはら》（同深谷市）で景春方を大敗させたのだ。

長尾景春は古河公方成氏を頼り、公方は道灌方への攻撃を決める。和平の機運も同時に生まれ始めていた。文明十年（一四七八）正月元日、上杉方から公方への和睦提案がなされる。翌二日には和睦が成立し、両陣営は退去し始める。道灌父の道真も、白井雙林寺《そうりんじ》（群馬県渋川市）に布陣していた上杉顕定に和睦の報告を伝えている。だが、江戸城近辺では豊島氏が再び動き出す。平塚城《ひらつか》（東京都北区）や膝折宿《ひざおりじゅく》（埼玉県朝霞市）から荏原郡丸子《えばらぐんまるこ》（川崎市中原区）へと道灌との戦況は目まぐるしい。景春方の小机城は結局、公方らの援軍も十分対応できずに道灌勢によって攻撃され、豊島氏は滅亡する。すでに江戸氏・大石氏勢力を追って、武蔵国内はほぼ道灌が制圧した。さらに相模の大森氏をも、一族内部の対立を利用して小田原《おだわら》（神奈川県小田原市）を平定する。

これ以降も、景春は武蔵各地で道灌勢への攻撃を仕掛ける。道灌が案じていた上杉顕定と父道真は、いつも行動をともにしていた。長尾忠景も子の顕忠《あきただ》を出陣させて顕定支援と長尾景春への攻撃を強めていく。道灌勢力が優位の状況となってきていた。古河公方足利成氏方も幕府・上杉方と数度の和睦をするが、ようやく文明十四年（一四八二）十一月に至り、将軍足利義政《よしまさ》との本格的な和睦がなった（都鄙《とひ》和睦）。残るは、反道灌方であった千葉孝胤《のりたね》や上総武田《かずさたけだ》氏との対応だった。文明十八年（一四八六）、千葉氏攻撃のために隅田川を渡っていく。結局、これが道灌最後の戦いとなった。同年七月二十六日、主君上杉定正の命により、曾我兵庫助《そがひょうごのすけ》が道灌を風呂屋の小口で討ちとっている。曾我氏はこの後に江戸城代となっているので、家臣団内部の勢力争いとともに、主君の道灌への警戒心もあったことなのだろう。すでに「下剋上《げこくじょう》」の時代がそこまで来ていたといえるのかもしれない。

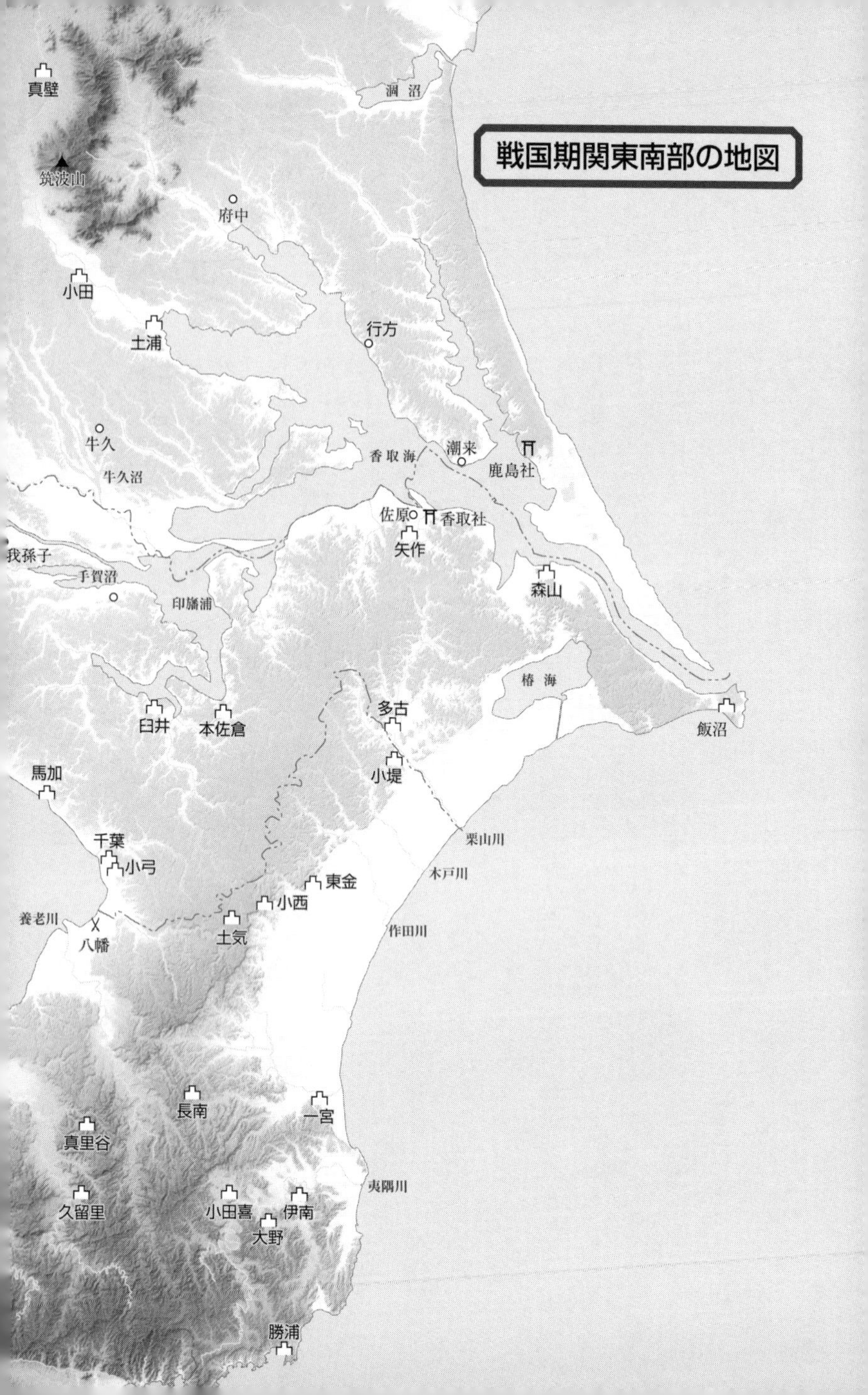

戦国期関東南部の地図
涸沼
真壁
筑波山
府中
小田
土浦
行方
牛久
牛久沼
香取海
潮来
鹿島社
佐原
香取社
矢作
我孫子
手賀沼
印旛浦
森山
椿海
飯沼
臼井
本佐倉
多古
小堤
馬加
千葉
小弓
栗山川
木戸川
東金
小西
養老川
八幡
土気
作田川
長南
一宮
真里谷
夷隅川
久留里
小田喜
伊南
大野
勝浦

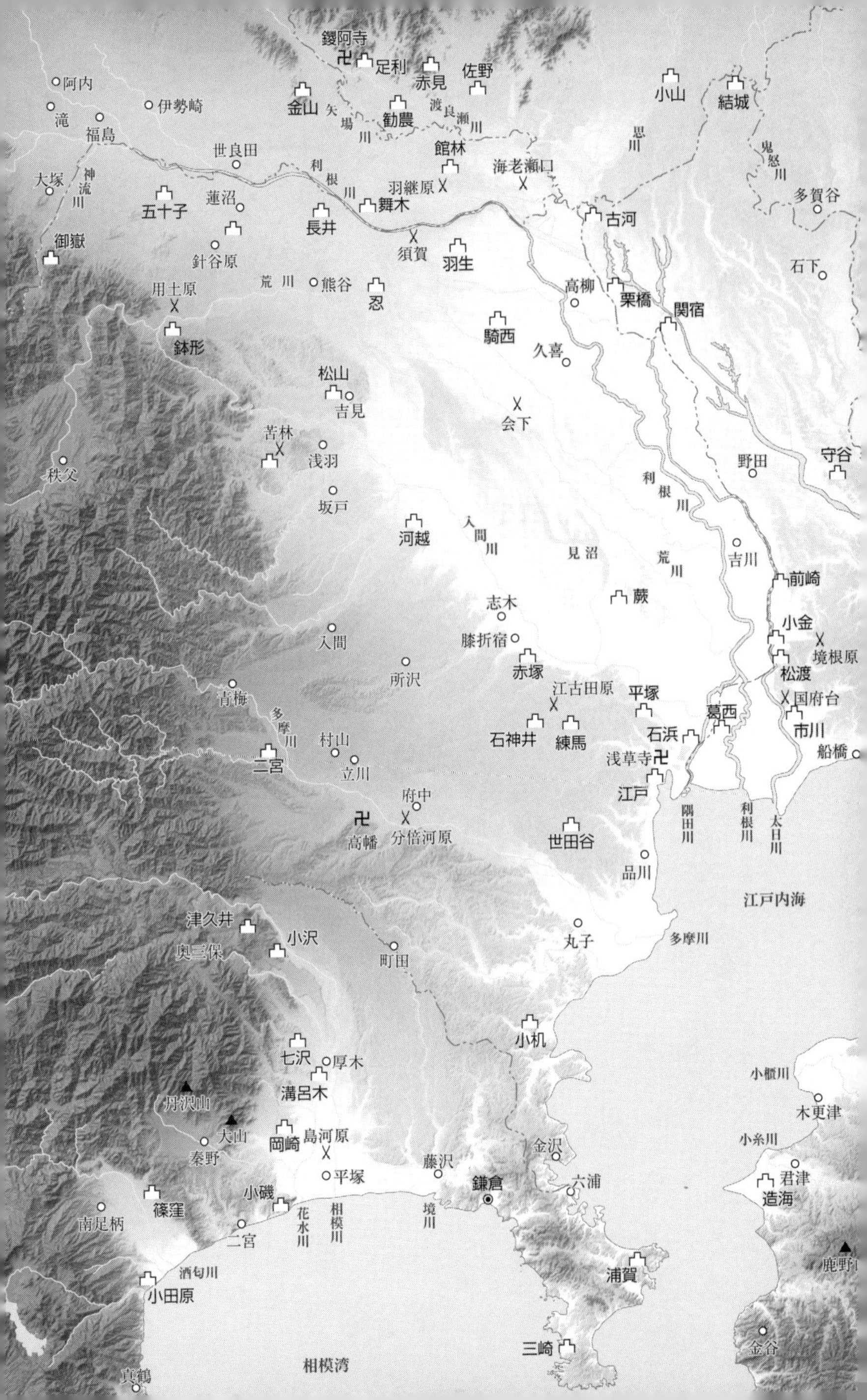

鑁阿寺
足利
赤見
佐野
阿内
金山
矢場川
勧農
渡良瀬川
小山
結城
滝
伊勢崎
福島
思川
鬼怒川
世良田
館林
大塚
神流川
利根川
羽継原
海老瀬口
五十子
蓮沼
舞木
長井
多賀谷
古河
御嶽
須賀
羽生
針谷原
荒川
熊谷
忍
石下
用土原
高柳
栗橋
関宿
鉢形
騎西
久喜
松山
吉見
会下
苦林
浅羽
秩父
野田
守谷
坂戸
利根川
河越
入間川
見沼
荒川
吉川
前崎
志木
蕨
小金
膝折宿
入間
境根原
赤塚
所沢
松渡
江古田原
平塚
国府台
青梅
多摩川
葛西
石神井
練馬
石浜
市川
村山
船橋
浅草寺
二宮
立川
江戸
府中
高幡
分倍河原
隅田川
利根川
太日川
世田谷
品川
江戸内海
津久井
小沢
丸子
多摩川
奥三保
町田
小机
七沢
厚木
小櫃川
溝呂木
丹沢山
木更津
大山
岡崎
島河原
小糸川
秦野
金沢
藤沢
平塚
鎌倉
六浦
君津
篠窪
造海
小磯
南足柄
花水川
相模川
境川
二宮
鹿野
酒匂川
浦賀
小田原
三崎
金谷
相模湾
真鶴

目次

第二部　太田道灌と相模武士団

Ⅱ　伊勢宗瑞の侵攻と名族三浦氏の滅亡と伝承

第三部　道灌以後も栄えた江戸湾の〝湊〟

Ⅰ　流通の大動脈だった江戸内海と往来

【凡　例】

一、人名や歴史用語に適宜ルビを振った。読み方については各種辞典類を参照したが、歴史上の用語、とりわけ人名の読み方は定まっていない場合も多く、ルビで示した読み方が確定的というわけではない。また、地元での呼称、史料によって読み方が違う場合もあり、各項目のルビについては著者の見解を尊重したことをお断りしておきたい。

一、掲載写真のうち、クレジットを示していないものについては、戎光祥出版の編集部が撮影を行ったものである。

第一部　太田道灌と武蔵武士団

I　江戸氏一族の盛衰――道灌はなぜ江戸に入れたのか

「江戸」の由来と近江から勧請された総鎮守・日吉社

「江戸」という地名は、いつ頃から現れるのだろうか。「吾妻鏡《あづまかがみ》」には江戸太郎重長《しげなが》という武士名で初めて登場する。源《みなもとの》　頼朝《よりとも》から名指しで頼りにされた武蔵武士である。出身は秩父平氏《ちちぶへいし》で、同族の畠山《はたけやま》氏や小山田《おやまだ》氏が平家方で在京しており、結局、武蔵に残っていたのは彼と河越重頼《しげより》だけだった。

なぜ、頼朝は江戸重長を指名したのだろう。河越氏は「武蔵国留守所惣検校職《るすどころそうけんぎょうしき》」という武蔵国府の現地最高指揮官であり、彼のほうが武蔵国の兵士を動員しやすかったと思われるのだが、石橋山《いしばしやま》合戦に負けて、ようやく下総国葛西《かさい》（東京都葛飾区）までたどり着いた頼朝一行は、これから武蔵に入部する瀬戸際にあった。だからこそ平氏から指示命令が出ていたであろう国府関係者よりは、現地にいた江戸氏を棟梁と持ち上げて彼への接近を図った、と考えてよい。

確実な古文書にでてくる地名としての「江戸」名は、弘長《こうちょう》元年（一二六一）十月三日付けの江戸長《なが》重《しげ》書状である（関興寺文書）。「豊島郡江戸郷内前島村」は先祖からの所領として代々伝えてきた所と明記している。だが、ここ三年にわたる飢饉のために百姓も誰もいなくなってしまい、幕府へ納める公事《くじ》（人夫役など）が滞っていた。北条《ほうじょう》家に申し訳が立たないので、五代《ごだい》（院）右衛《え》門尉《もんのじょう》を通じて前島村を寄進をすることにしたのである。この時期、康元《こうげん》元年（一二五六）から数年にわたる天候不順、大雨災害などで関東各地は大飢饉被害であった。特例で庶民層の身売りすら幕府は認めている。五代(院)とは得宗家《とくそう》(北条長時《ながとき》)の被官・公文所奉行人《くもんじょ》であるので、江戸氏は名字地内の前島村を得宗家に進上して、御家人の身分のまま御内人《みうちびと》(得宗被官)となったのである。ちなみに、鎌倉幕府が倒れた翌年、建武《けんむ》元年(一三三四)八月、足利直義《ただよし》の奉じる成良《なりよし》親王政権に、江戸氏や葛西氏が謀反をおこしていることも、北条氏得宗家への結びつきが強かったことを示している。前島村とは、江戸郷の前面に堆積した、平《ひら》川《かわ》・石神井川が造った砂洲の島である。武蔵野台地本郷台《ほんごうだい》の南側で、そののちに鎌倉円覚寺《えんがくじ》の所領となっていることから、得宗家から改めて寄進がなされたのである。

江戸城内の梅林坂　永田町の日枝神社が中世に鎮座していた地とされる　東京都千代田区

江戸郷の鎮守は平川口にあった日枝《ひえ》神社である。今の日吉《ひえ》山王権現社殿《さんのうごんげんしゃでん》(千代田区永田町)は梅林坂《ばいりんざか》から移されたものだ。それは近江日吉社との関りを考えさせる。江戸氏一族の河越氏が支配する河越庄もまた京都新日吉社領《いま》であり、後白河院《ごしらかわいん》による新日吉社の造営奉行は平清盛《たいらのきよもり》であった。宗教的にみて、平安末期の江戸郷一帯は平氏の息がかかった地域だったといえるだろう。

I　江戸氏一族の盛衰――道灌はなぜ江戸に入れたのか

江戸氏は隅田川の交通を熟知する「案内者」だった

　源頼朝は隅田川をどのようにして渡ったのだろうか。「吾妻鏡」では、千葉常胤《ちばつねたね》と上総広常《かずさひろつね》の舟楫《せんしゅう》を使い、「延慶本平家物語《えんぎょうぼんへいけものがたり》」では浮橋を江戸重長が設置しており、「源平闘諍録《げんぺいとうじょうろく》」は「近辺ノ河海ノ船」を確保して渡らせる設定だ。そして「源平盛衰記《じょうすいき》」では、近隣の在家《ざいけ》を破壊して浮橋とした。大勢《たいせい》としては船か板などを河川上に順に並べ、流されないように綱などで固定して、その上を徒歩で渡ったように思われる。

　特に「延慶本平家物語」のように、江戸重長が「案内者」として位置付けられていることは重要な点だ。相模三浦《みうら》半島の和田義盛《わだよしもり》が上総の案内者であったことと共通する特殊技能（知識）だろう。すでに下総・武蔵国境あたりは、江戸重長の支配地区となっていたのだ。

　では、その両岸（渡河）地点は、いったいどの辺りだろうか。墨田区堤通にある隅田川神社、荒川区南千住の石浜神社《いしはまじんじゃ》あたり、または両神社の範囲ではないか、といわれている。前者は水神森といわれ、後者は橋場明神《はしばみょうじん》と呼ばれることが、その理由であった。

　さらに江戸太郎重長は「石浜と申す所」を知行していたと「義経記《ぎけいき》」は記す。そして彼は「八ケ国の大福長者《だいふくちょうじゃ》」だとも言われているのだ。石浜は現在の台東区橋場とされ、墨田区墨田がその対岸の

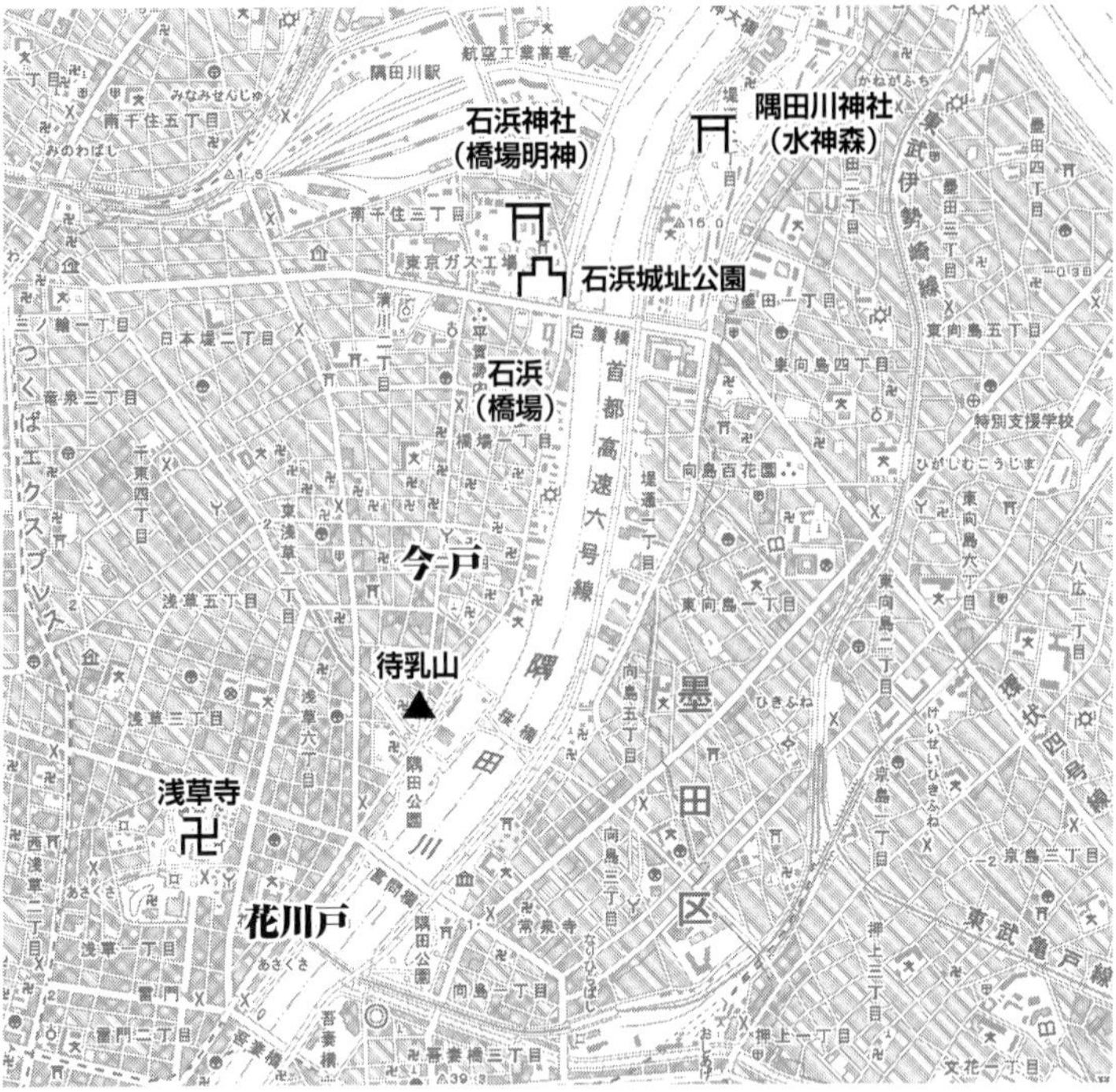

現在の浅草・今戸・石浜付近　国土地理院発行 1/25000 地図に加筆

位置となる。江戸時代の葛西領寺島と橋場地区に対応する（御府内備考）。

南北朝時代の史料だが、「石浜・墨田波（渡）・鳥越三ケ村」につき、石浜弥太郎《やたろう》入道《にゅうどう》（政重《まさしげ》）と江戸重通《しげみち》が相論《そうろん》している（正宗寺文書）。ここで「石浜・墨田波（渡）」と両場所がセットで記されていることから、両所がまさに対応する渡船場とみてよいだろう。すでにこの時代には、石浜名字を名乗る江戸氏一族がここを管理していたのである。

Ⅰ　江戸氏一族の盛衰――道灌はなぜ江戸に入れたのか

東京湾岸に多い「戸」が付く地名と日比谷の入江

東京湾をめぐる地域には特徴的な地名がある。「戸」がつく地名だ。隅田川とその分流に沿って南へ亀戸《かめいど》・今戸《いまど》・花川戸《はなかわど》（東京都台東区・前項の地図参照）、中川には青砥《あおと》（戸？　同葛飾区）とみえる。少し離れた多摩川を遡っていくと、登戸《のぼりと》（川崎市多摩区）・関戸《せきど》（東京都多摩市）など、これもまた似たように水流に沿って見える地名でもある。

こうした地域を熟知した今野慶信氏の「亀戸」研究からみてみよう。

地名としての「亀戸」が見えるのは、戦国時代の永禄《えいろく》六年（一五六三）である（武州文書）。「亀戸の内小村江《こむらえ》備前守《びぜんのかみ》」が知行していた土地が北条氏から没収され、小曾河小五郎《おそがわこごろう》にあたえられている。感覚的なことだが、ここの知行者の名前も水や河に関わるような名であるのも特徴的だ。さらにさかのぼると、応永《おうえい》五年（一三九八）の田数注文に「亀津村　十丁合公田四丁」とみえる。「津」とあることに注意したい。また、時代は不詳だが「亀渡」で城教座頭が死去して、その供養が「本土寺過去帳」に書き上げられている。ここでは「渡」と記され、発音は「と」だ。その地は「渡」場的な意味合いが含まれているのかもしれない。

亀戸という場所は、中川と古隅田川の河口にできた土地であり、亀の背中のような形から地元では

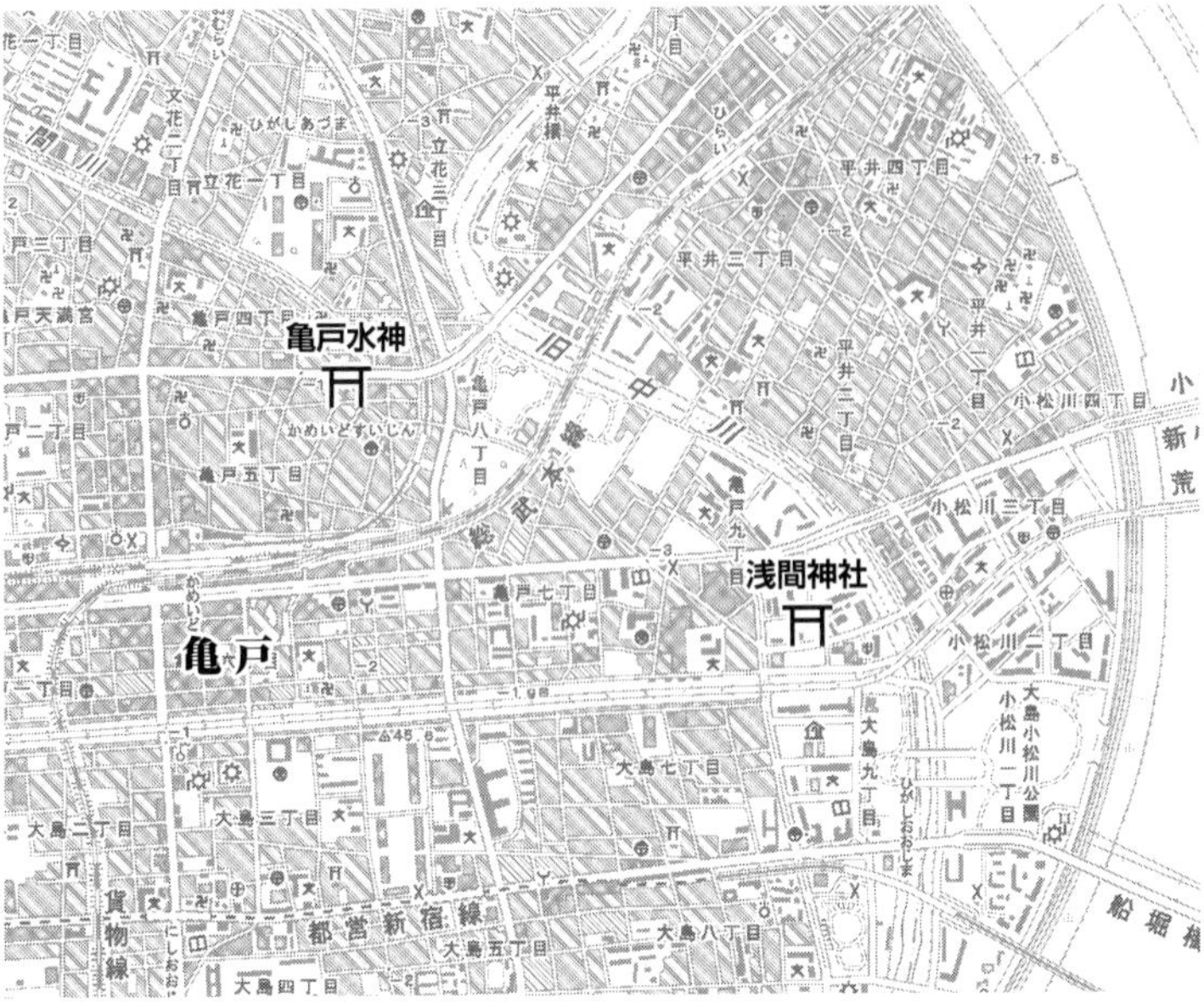

現在の亀戸付近　国土地理院発行 1/25000 地図に加筆

亀江とも呼ばれてきた。その高台には水神が祀られ（亀戸四丁目）、浅間《せんげん》神社（亀戸九丁目）付近は江戸時代に高貝耕地と言われ、砂洲状の入江になっていたらしい。そこに海運の物資が荷揚げされ、陸運もしくは河船による移動などを行う「亀江津」として湊の役割を果たすようになっていたのではないか。

　では、「江戸」とはどこを示すのだろう。鎌倉時代の史料に江戸郷とあり、そこには前島村があって、すでに「村」として多くの人が集まっていたのだろう。前島は古隅田川が村の前面に造った砂洲と考えられ、その内側（西側）は日比谷入江であった。その入江全体を「江戸」と呼んでいたのではないだろうか。

I　江戸氏一族の盛衰——道灌はなぜ江戸に入れたのか

江戸氏の支配地周辺に蠢く新田義興の亡霊と怨霊

建長《けんちょう》三年（一二五一）三月六日、武蔵豊島郡浅草寺《せんそうじ》（東京都台東区）に「牛の如きもの」が現われた（吾妻鏡）。それは寺に向かって「奔走」してきた。そのとき、寺僧たち五十人ばかりが食堂《じきどう》で集会をしていた。これを見た二十四人ほどがたちまち病痾《びょうあ》に陥り、動くことも起き上がることもできず、居座るままとなってしまった。さらに他の七人は、そのまま死んでしまったという。これは、鎌倉時代の金龍山浅草寺の状況がよくわかる貴重な記事である。

この怪事件は、牛島神社《うしじまじんじゃ》（東京都墨田区向島）にかかわる記事ではないか、といわれてきた。江戸時代後期編纂の「新編武蔵風土記稿《ふどきこう》」では、「牛島神社縁起」に記されている。後日談もそこにあり、「牛鬼《ぎゅうき》の如き異形」が「社壇に一つの玉」を落としていったというのである。それは今に伝わる社宝牛玉《ごおう》であるが、古いことなので伝承はよくはわからない、という。

「新編武蔵風土記稿」の記載では、「牛鬼の如き異形」のものは浅草川から飛び出してきており、その後、嶼中《しまのなか》を「走り廻り当社に飛び入る」様子であった、とまとめている。同書を編纂した江戸幕府の役人たちは、縁起や「吾妻鏡」の記事から以上のように読み取ったのである。

中世後期の文明九年（一四七七）五月、浅草寺（輪蔵堂《りんぞうどう》）に、かつての所領「橘樹郡稲毛庄《たちばなぐんいなげのしょう》鞠兒郷《まりこごう》

錦絵「新田義興の霊」　府中市郷土の森博物館蔵

山王の参銭」（川崎市中原区上・中丸子、東京都大田区下丸子）が鎌倉府から寄進されている。それは、浅草寺と関り深い江戸氏の記憶を伝えているといえるだろう（仏日庵文書）。

もう一つ、南北朝期の江戸氏に関わる言い伝えを「太平記《たいへいき》」（巻三三）から紹介しよう。

新田義興《にったよしおき》の反鎌倉府行動を押さえるために、足利基《もと》氏《うじ》の執事で武蔵守護《しゅご》であった畠山国清《はたけやまくにきよ》の策略である。はじめ時期は延文《えんぶん》三年（一三五八）十月の頃である。はじめ竹沢右京《たけざわうきょう》に義興殺害を命じたが失敗した。次に江戸遠江守高良《とおとうみのかみたかよし》と甥の同下野守冬長《しもつけのかみふゆなが》を起用する。彼ら江戸氏の所領であった稲毛庄十二郷を没収したと見せかけ、この虚偽の芝居に憤った江戸氏・竹沢氏の呼びかけで新田氏を大将として畠山を潰したいと、矢口《やぐち》の渡し（東京都大田区）まで新田氏をおびき寄せる。

策略とは知らず、わずかの従者を連れた新田義興は

北条早雲（伊勢宗瑞）銅像　神奈川県小田原市・ＪＲ小田原駅前

多摩川まで出向く。仲間の渡し守《もり》は船底に密かに穴をあけておき、乗せた義興一行を川中で溺れさせる。多摩川の両岸には竹沢氏と江戸氏の軍勢が攻撃態勢で控えていた。義興主従十四人は「日本一ノ不道人共ニ忻《たばか》ラレツル事ヨ、七生マデ汝《なんじ》等ガ為ニ恨ヲ可報ヲ」と自害・討ち死にしていった。

後日談だが、竹沢と江戸氏には公方から恩賞地が与えられた。拝領地へ下向の途中、江戸遠江守一向は矢口の渡しで件の渡し守が雷鳴の荒れ模様の中で沈むのを目撃する。「義興ノ怨霊」かと、あわてて馬で数丁上流まで逃げ出すが、黒雲・雷電のなか義興の亡霊を見たために落馬してしまう。輿に乗せられ「江戸ガ門」に運ばれた江戸遠江守は、七日間も「足手ヲアガキ、水ニ溺レタル真似ヲシテ」苦しみのあげく死去したという。

公方基氏の入間川陣《いるまがわじん》でも奇怪な事件が持ち上がる。執事畠山国清の夢の中に、「長二丈許《ばかり》ナル鬼ニ成」った新田義興が現われたのである。翌日、陣所で夢の話をしていたところ、突然の雷鳴とともに「入間河ノ在家三百宇、堂舎仏閣数十箇、一時ニ灰燼」と化してしまったのである。その後も矢口の渡しでは常に光物の物怪《もののけ》が顕れ、村人たちはこれを供養して祀っていた。これは新田大明神の起源でもあった。

江戸浅草寺の伝承にみえる「牛の如きもの」とは、実は津波とみることができる。先学の智慧を借りて説明しよう。

古くは「日本書紀《にほんしょき》」「古事記《こじき》」の素戔嗚尊《すさのおのみこと》伝承、「備前国《びぜんのくに》風土記」の牛窓《うしまど》説話に「牛の怪」が語られている。また、中世後期の戦記物「相州兵乱記《そうしゅうへいらんき》」には伊勢宗瑞《いせそうずい》の千頭の牛による小田原《おだわら》占領説話、さらに中国の歴史書「史記《しき》」（田単伝）にも、火牛《かぎゅう》・千余の牛による奇策によって自領が守られる話がある。特に「豆相記《ずそうき》」には「牛、大嶋の絶頂を上る」時とされていることから、松明《たいまつ》をつけた牛が大嶋の山の頂上を越えるくらいたくさんやってきた、とみることができるだろう。こうした牛によせた不可思議な説話は、実は津波という体験をした前近代の人々が生活感覚の中で得た表現だろう。

江戸遠江守と新田義興の謀り事は、多摩川の「氾濫冠水の恐怖」を荒ぶる神として認識し、それを義興の怨霊と関連づけ、矢口の渡しという場にともに鎮める神仏（新田明神社）の設置となっていったのだろう。矢は「破魔矢《はまや》」といわれるように、境界領域から魔を追い払う力を持つ。全国の地名で矢橋・矢作などは水堺に多くみえる。多摩川下流の相模と武蔵の堺にある地名・矢口も、また同様であった。

Ⅰ　江戸氏一族の盛衰──道灌はなぜ江戸に入れたのか

異母兄弟の所領争いで判明した江戸氏の財産

鎌倉御家人として活躍する江戸氏は、どのような財産をもっていたのだろうか。

確実に残る古文書から、鎌倉時代の弘長《こうちょう》元年（一二六一）までは「豊島郡江戸郷内前島村」を知行していた（関興寺文書）。だが、のちに北条氏得宗家に寄進してしまったことはすでにふれた。正《しょう》和《わ》三年（一三一四）五月の史料では、江戸氏の所領（財産）がどのようなものだったか、興味深いことがわかる。その譲与をめぐり江戸重通と政重《まさしげ》の兄弟が幕府法廷に訴えた文書が残されているからだ。

永仁《えいにん》六年（一二九八）三月十七日、祖父の重益《しげます》跡は、重通の父太郎次郎行重《ゆきしげ》が嫡子として継承した。ところが行重の土地は「未分」、すなわち処分がなされないまま、行重は亡くなってしまった。ここで最初の相続争いが重通と政重の兄弟間で始まった。幕府法廷に相論が持ち込まれ、正和二年十二月五日付けで最初の裁許がなされた。その判定は、重通を家督と認めて、祖父重益の所領を重通に継がせるというものだった。幕府がこのような判定を行った理由を、系譜と彼らの「仮名《けみょう》」から考えてみよう。

関係者当事者の系譜は、この文書から復元すれば以下のようになっている。

重益（太郎）――行重（太郎次郎）―┬重通（次郎太郎）――重村（弥六）
　　　　　　　　　　　　　　　　└政重（弥太郎）

行重の仮名は「太郎次郎」、つまり祖父重益「太郎」（長男）から生まれた「次郎」（次男）と位置付けられていた。次の重通は仮名「次郎太郎」なので、父行重（次郎）の「太郎」（長男）であることがわかる。また、政重は仮名が「弥太郎」で、ふつう「弥」が冠される場合、継承権がある者に付けられる。文書では彼が「当腹たるにより」とあることから、父行重のもう一人の女性（後妻）の子で、父からは当腹（嫡子）として位置付けられている人物であることもわかってくる。つまり重通と政重は異母兄弟であることが明白だ。すでに重通は父のイエを出ていた様子で、だから政重は父行重のもとにあった「重代の鎧・旗並びに文書等」を「当腹たるにより抑留する」ことができたのだ。ただ「行重跡」が「未分」、つまり父からの正式な譲与と幕府からの安堵がなされないままに、後妻の子が事実上の相伝の品々と文書類をもっていってしまったのだ。

幕府としては、すでに半年前（正和二年十二月五日付け）に成敗してあるので、先妻の子で本来の嫡子である重通に、家にある相伝物品と文書類を渡すべきである、と再度判定を下して後妻の子政重の行為を否定したのである。

異母兄弟が争った「重代の鎧・旗並びに文書等」はイエの継承とその歴史、さらに土地の正当な知

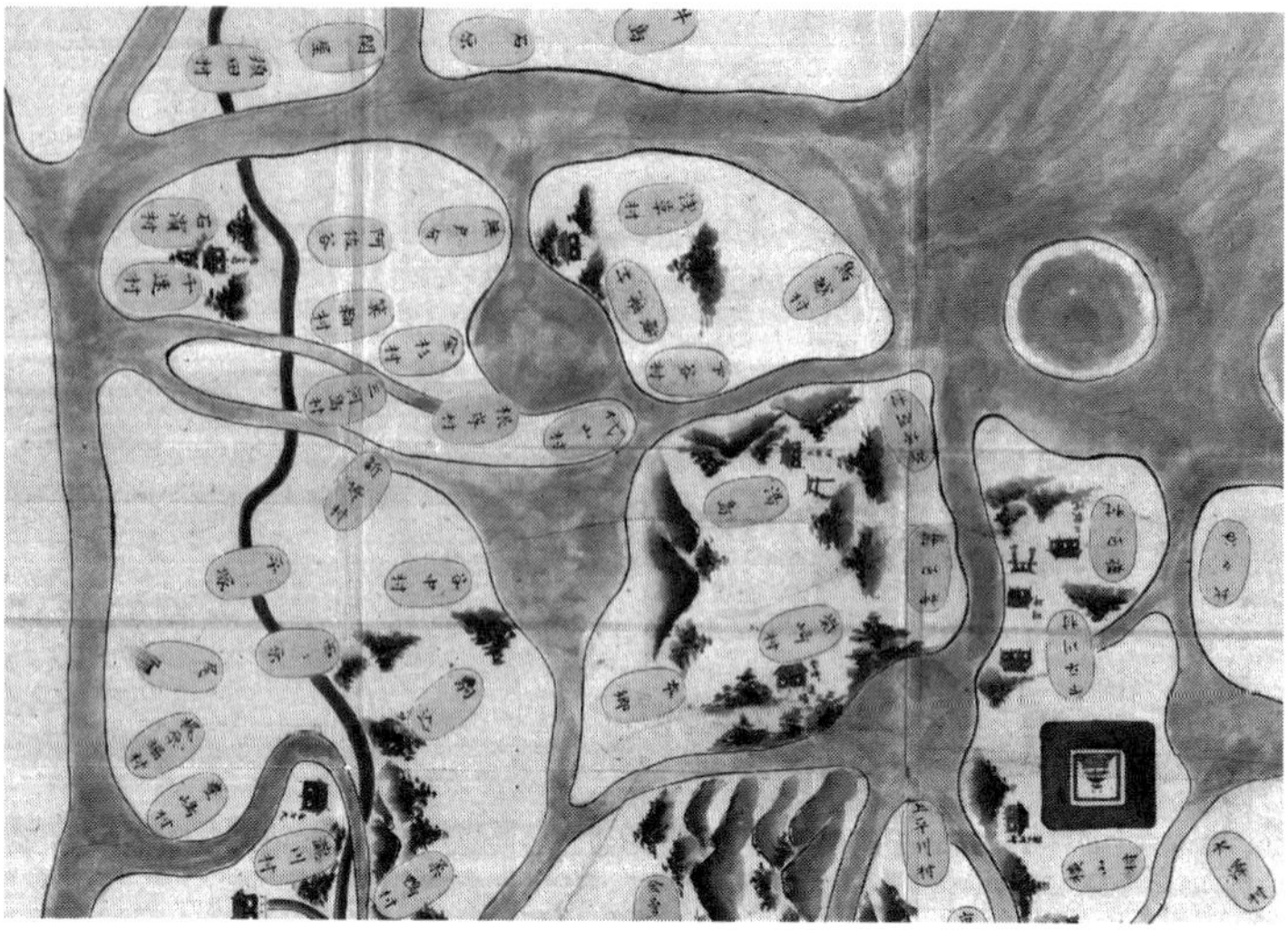

中世の江戸を描いた「御入国以前之江戸絵図」（部分）　左上部に江戸弥太郎が異母兄の重通と争った「千速村（千束郷）」の文字がある。右下には江戸城や桜田村・湯島・本郷などの地名も見える　個人蔵

行者であることを語るものであった。

だが、両人の争いはこれで終わらなかった。翌正和四年（一三一五）から別の所領のことで争いがはじまる。異母兄の重通はすでに幕府引付《ひきつけ》に二度目の訴状を出した。被告江戸弥太郎（政重）は、引付頭人《とうにん》北条随時《ゆきとき》から呼び出された（国立国会図書館蔵文書）。争いの土地は「千束郷《せんぞくごう》田在家事」であった。結局、決着はつかず、判断を仰ぐべき幕府北条氏も亡んでしまった。

それから三十一年たった貞和《じょうわ》二年（一三四六）、今度は浅草寺の衆徒から訴状が出された。「当国千束郷内田畠屋敷事」について、足利直義の御教書も出され、鎌倉府への召喚要請があるにもかかわらず、江戸次郎太郎（重通）は承知せず、請書も出さなかった（お茶の水図書館所蔵文書）。訴訟担当役人は近隣武士の豊島「左衛門尉《さえもんのじょう》経祐《つねすけ》」である。九月になると、今度は鎌倉府執事で武蔵守護高重茂《こうのしげもち》は、守護代小杉彦四郎《こすぎひこしろう》を通じて、相手方の江戸政重が出頭承諾書を出しながら勝手に江戸へ帰してしまったことは使節の怠慢だと責めている（正宗寺文書）。訴訟そのものよりも担当者の問題が指摘されており、いまだ内乱の続く鎌倉府の裁判は十分に機能していない様子だった。

問題の「千束郷内田畠屋敷事」はどうなったのだろう。江戸重通の言い分では、そこは「石浜・墨田波（渡）・鳥越三ケ村事」であるという。先の浅草寺衆徒の訴えから考えると、この三ケ村内にある浅草寺所管の田・畠・屋敷（在家）が、江戸重通と政重の異母兄弟によって押領《おうりょう》されていたのではないか、と思われる。江戸氏が代々伝えてきた地域をめぐって、実力で兄弟同士が争う時代、そして裁くべき機関がいまだ十分に熟成していない時代、それが南北朝時代の始まりであった。鎌倉府自身が、試行錯誤をしながら成長を遂げようとしていた。

ちなみに、この対決は兄重通が勝った様子で、武蔵国守護代薬師寺公義《やくしじきんよし》は、「墨田」への警固役を彼に命じている。だが、およそ一ヶ月に及ぶ警固は重通には無理だったらしく、子の重村《しげむら》を派遣させて役目を務めている（古簡雑纂）。

中世の武士にとって、土地は一所懸命であった。また、それを証明する「重代の鎧・旗並びに文書等」はそのイエを誰にも納得させるほどの大切な品々であったのだ。

I　江戸氏一族の盛衰――道灌はなぜ江戸に入れたのか

扇谷上杉氏が成氏与党・江戸遠江守の所領を略奪

享徳《きょうとく》の乱が始まった享徳四年（一四五五）閏《うるう》四月、扇谷上杉氏当主道朝《どうちょう》（持朝）は「江戸遠江守跡」の土地を富士右馬助《ふじうまのすけ》に恩賞として与えるよう配慮する、と伝えた（田中穣氏旧蔵典籍古文書）。富士氏は駿河国の武士で、主君は今川氏である。当時、扇谷上杉氏と駿河今川氏は室町幕府の指示に従い、鎌倉公方足利成氏と敵対していた。江戸遠江守は成氏方であった。富士氏がたてた戦功とは、伊豆三島（静岡県三島市）の合戦と考えられている。乱が起こった直後、享徳四年正月の相模島河原《しまがはら》合戦で公方方に負けて伊豆に退却していた頃だった。

江戸遠江守とはどのような人物だろうか。時代は遡るが、南北朝期の文和《ぶんな》元年（一三五二）閏二月の武蔵野合戦を足利尊氏《たかうじ》とともに戦った江戸遠江守がいる。実名は高良《たかよし》であり、のちの鎌倉公方時代の遠江守とは時期も人物もまったく異なるものだが、その頃の官途である遠江守を名乗ることから、その子孫の可能性が高いだろう。南北朝期には平一揆《へいいっき》のメンバーとして参陣し、一族には下野守《しもつけのかみ》（冬良《ふゆよし》）、上野介（政重《まさしげ》）、修理亮《しゅりのすけ》（忠重《ただしげ》）などがいる（源威集下）。だが、江戸氏の動きは一様ではなかった。貞治《じょうじ》元年（一三六二）、関東管領畠山国清に従い、反公方派として相模龍ノ口《たつのくち》（神奈川県藤沢市）で斬首された江戸修理亮（太平記巻三四）などもいた。一族といっても、彼らの政治的立場や本拠地のさまざまな条件によって、その行動基準は複雑怪奇というべきだろう。

江戸遠江守の土地は、武蔵国江戸郷の一部と思われるが、そこを扇谷上杉道朝が他者に戦功として与えること、つまり敵方没収地として自由にできる権限を持っていたのだろうか。まして先の充《あ》て行《が》いを駿河で行っていたのに、なぜこんなことが可能なのだろう。うっかりすれば、空手形になりかねないケースである。先の上杉道朝書状をよく読むと、「御恩賞として江戸氏の跡を与えられるように申し上げたので、上杉兵部少輔《ひょうぶのしょう》（房顕《ふさあき》）と相談してほしい」と書かれている。この時点で幕府と直接に繋がる駿河守護今川氏の有力家臣の支援を受けた上杉氏の、リップサービスに近いもの言いと思われるのだ。相談相手とされる山内上杉房顕は関東管領であり、また武蔵国守護として国内の没収地を差配していた人物である。

両上杉氏は、江戸遠江守が本貫とする武蔵地域を、徐々に両氏の管理下におさめようとしていた。なかでも扇谷上杉氏の行動には、その傾向が強く見られる。具体的には、長尾氏と太田氏という地域代行者の存在が、その大きな力となっていたことはいうまでもない。

江戸遠江守の先祖から伝えられた「武蔵江戸郷」地域を本貫とする彼らにとって、幕府の威光を背景に、武蔵地域に勢力を伸ばす両上杉氏の動きは、言いようもない圧力と映っていたことだろう。ここに江戸遠江守の生き方は決まったのだ。鎌倉公方とともに生きるのだ、と。

Ⅰ　江戸氏一族の盛衰——道灌はなぜ江戸に入れたのか

道灌時代から商人や人々の台所として賑わった江戸

太田道灌時代の江戸城は、今の皇居とは大きく異なる。日比谷《ひびや》入江の埋め立て以前の城だからだ。ここを実際に訪れ、道灌と親しく対話した僧侶が二人いる。幸いに記録を残してくれたのだ。一人は京都建仁寺《けんにんじ》僧正宗龍統《しょうじゅうりゅうとう》（東常縁《とうつねより》の弟）である。

江戸城を讃える詩板「静勝軒並詩序《じょうしょうけんならびにしじょ》」によれば、周囲に水堀が廻らされ、切岸《きりぎし》・塁（土塁）で区画された、その真ん中が道灌の住むところであったという。「静勝軒」は普段の生活場所で、その周囲には閣があった。おそらく、楼閣のような少し大きな建物だっただろう。さらに直舎《じきしゃ》という建物も静勝軒の脇に建っていたとある。そのほかに戌楼《いぬいろう》（乾《いぬい》の高殿）、保障（見張所）、倉庾《そうゆ》（倉庫）、厩《きゅう》廟《びょう》（厩舎）などもあった。出入りには鉄《くろがね》門と垣根、巨材で架けられた橋なども整備されていた。誇張された漢文からだが、これだけでも城内の整った様子がしのばれる。

もう一人の万里集九《ばんりしゅうく》「梅花無尽蔵《ばいかむじんぞう》」が見た江戸城は、城門の前の市場には食材が集まり、薪が糸と交換されるなど交易の楽が展開されていた。

城の陣容は「子城・中城・外城」からなる三重の形であった。それらには二十五ほどの石門があり、飛橋が架けられていた。城内には弓場が設けられ、毎日、兵士たち数百人が弓手《ゆんで》を試していた。甲冑で武装して射る者、袒《たん》（肩ぬぎ姿）で射る者、蹲《うずくま》る姿で射る者など、それぞれの成績で「罰金三百斤」が課されていたという。しかも、その罰金は積み立てられて「試射の茶資」、すなわち試射会の飲食代とされたのだった。また、毎年一月中には「士卒両三四」ずつ、戈《か》（矛・武装状況）と鉦《かね》（鐘・戦場指揮）などの、厳しい閲兵式《えっぺいしき》が行われていたことも記している。

両禅僧の記録から、江戸城の外部構造は堀で区画され、石を活用した多数の門、そして跳《は》ね橋（飛橋）などの設備があり、内部は三重構成の城郭であることがわかってくる。その中央内部に位置する「子城」には静勝軒と直舎、「中城」か「外城」には戍楼（乾の高殿）、保障（見張所）、倉庾（倉庫）、厩廟（厩舎）などが設けられていた。そして罰金付軍事訓練や年一回の閲兵儀礼の執行など、まじめで好学の士であった太田道灌の姿を垣間見るような思いがする。

当時の城下はどのような様子だったのだろうか。先の正宗龍統の詩序を意訳しよう。

城の東方向には、屈曲しながら南の海に入る河があった。そこには「商旅大小の風帆」が係留されている。夜の篝《かが》り火をつけた漁猟舟が竹藪や雲の間から見え隠れしていた。高橋の下付近には、纜《らん》（艫綱《ともづな》）を繋ぎ、櫂《かい》をあげた船が多数集まって毎日、市を開いていた。安房の米、常陸の茶、信濃の銅、越後の箭竹《やたけ》、相模から旗差装備で騎馬の武士らも集まっている。和泉の珠犀《じゅさい》・香木、そのほか塩肴・漆・枲《からむし》、茜《あかね》色の巵《さかづき》・膠《にかわ》、薬の調合師など、多くの商人が入り乱れている。そこは、城下の人々が生活の頼り（台所）にしている場であった。

太田道灌の頃の江戸城　城は子城・中城・外城の３つの曲輪から成り立っている。南に江戸湾の入り江、東側は隅田川（利根川）が流れ込み、天然の堀の役目を果たしている　作画：香川元太郎　考証：西ヶ谷恭弘

漢詩として誇張された文飾があるといわれているが、江戸城下の雰囲気を知るには十分だろう。日本各地から物資が水陸交通路を使って江戸に入ってきていた。江戸城下がまさに道灌時代に大きく発展していったことは頷《うなず》ける。この詩文に「三州の安危、武の一州に系《かか》る」とし、「武の安危、公（道灌）の一城に系る」と詠んだ正宗龍統はまさに慧眼《けいがん》といえるだろう。

I　江戸氏一族の盛衰――道灌はなぜ江戸に入れたのか

戦乱で嫡系を失い下総へ向かった江戸一門の〝落日〟

南北朝期から室町期、江戸氏の生き方はさまざまだ。鎌倉公方奉公衆《ほうこうしゅう》となるもの、幕府方につくもの、個別に上杉氏被官の道をとるものなど、それぞれ一族が置かれた状況の中で進路を選択していた。なかでも、かつて武蔵国稲毛庄を知行していた江戸蒲田《かまた》氏の動きからは、武士の生き方というものを垣間見ることができる。

至徳《しとく》元年（一三八四）七月、武蔵守護代官の大石聖顕は武蔵国府奉行所《ぶぎょうしょ》に、事務の執行ができないで困っている、と嘆願書を出してきた（新田岩松古文書之写）。ことの起こりは、江戸蔵人入道《くろうどにゅうどう》希《き》全《ぜん》と一族信濃《しなの》入道道貞《どうてい》・四郎入道道儀《どうぎ》らが、多勢を率いて城郭を構えたことで、現地稲毛新庄内の渋《しぶ》口郷《くちごう》（川崎市高津区子母口《しぼくち》）に居座り、明け渡しに応じない状況だった。鎌倉公方足利氏満《うじみつ》は、すでに岩松直国《いわまつただくに》に渋口郷を与えるように、と決裁をしていた。岩松直国代官の国経《くにつね》と守護代大石氏は現地に出向いたが、結局だめだった。

この事件は、江戸氏が現地稲毛庄で兵を多数かかえ羽振りが良かったこと、彼らを動員して城郭を構えることができたこと、一族一門三人がともに結束して抵抗するほどの勢力をもっていたことなど、地域権力者としての姿が顕著である。こうした江戸氏の行動力には、わけがあった。ここが先祖伝来の土地だったからだ。「太平記」（巻三三）によれば、江戸高良・同冬長が延文三年（一三五八）頃に稲毛庄十二郷を足利氏から与えられていた。江戸氏にとって先祖由来の知行地で渡せない、と意気込んでいたのだ。抵抗した三人のうち江戸希全と道儀は親子で、道儀の母は日超尼《にっちょうに》、道貞は希全の弟とみられる（本土寺過去帳《ほんどじかこちょう》）。この江戸氏は江戸氏庶流の蒲田氏一族にあたり、「本土寺過去帳」から、以下の関係者一族の系譜が復元できる。

鎌倉府・武蔵守護の上杉憲方《のりまさ》により武蔵稲毛庄を取り上げられた江戸蒲田一門は、後掲の復元の系図からわかるように、その後も一族が分出していく。その活動の場は下総方面に移っていったようだ。一族はみな日蓮《にちれん》信徒として本土寺の信徒になっており、その活動も、宗教者となるもの、武家として生きていく者などさまざまであった。なかでも享徳四年（康正元＝一四五五）五月十四日には、江戸下総入道道景《どうけい》が武蔵大袋合戦《おおぶくろかっせん》（埼玉県）にて討ち死にする。同年六月十三日には道儀の次男道景の子江戸兵庫助《ひょうごのすけ》朗忠も討ち死にする。幕府の支援を得た上杉氏による鎌倉争奪戦の犠牲となったのだ。わずかに二十歳余だった。あいついで息子と孫を亡くした江戸蒲田殿道儀の悲しみを思わずにはいられない。この享徳四年の乱は、一門の大きな犠牲を払う戦いだった。

だが、その兄弟子孫らが先祖島崎妙芳《しまざきみょうほう》（江戸道景の岳父）の三十三回忌を文安《ぶんあん》元年（一四四四）に挙行していることも過去帳からわかる。江戸氏一門の生き方が、江戸湾を挟んで大きく下総方面にあらたな展開をとげていたことを、ここに想定できるのである。

I　江戸氏一族の盛衰——道灌はなぜ江戸に入れたのか

矢口・鵜ノ木光明寺一帯に伝わる六郷殿様の館跡

江戸、馬よりさかさまに落たりけるが、やがて血を吐き、悶絶躃《びゃくじ》地しけるを輿に乗せて、江戸が門へ舁著《かきつき》たれば……（太平記巻三三）

多摩川矢口の渡し、突然の雷鳴とともに騙《だま》し打ちした新田義興《よしおき》の御霊が江戸遠江守高良を襲った。落馬して血を吐き、悶絶した状態だった。家臣らは彼を輿に乗せて「江戸が門」に担ぎ込んだのだ。瀕死の高良を輿で運ぶとすれば、「江戸が門」とは近くにあった館と設定されているのだろう。新田義興の自害した場所が辻堂とある場所にも近いのだろうか。そこは新田神社建立伝承ともかかわる地域であった。

矢口の渡し付近の太田区鵜ノ木《うのき》には大金山宝幡院光明寺《だいきんざんほうまんいんこうみょうじ》という浄土宗《じょうどしゅう》寺院がある。この境内から「嘉吉《かきつ》二年（一四四二）道秀禅門《どうしゅうぜんもん》」と刻まれた板碑が出土している。「相州兵乱記」に、永享十年（一四三八）九月の相模早川尻《はやかわじり》合戦で蒲田弥二郎《やじろう》ほか（上杉）憲直《のりなお》の軍勢が惨敗した記事がある。「永享記《えいきょうき》」にも同様にみえる。だが、板碑とは年号が四年ほど齟齬《そご》している。ところが「本土寺過去帳」には、二十七日の条に「道秀蒲田弥次郎殿　嘉吉二年九月」とあるではないか。

室町後期に編まれた軍記物より、過去帳のほうが信用できそうだ。すなわち、光明寺出土板碑の供養者は蒲田弥次（二）郎で、法名が道秀という人物、「本土寺過去帳」では「殿」字が特別に付けられる江戸氏一門蒲田氏であることを先学は確定されている。さらに鵜ノ木の地元では、光明寺境内地一帯が「六郷殿様の館跡」という伝えを受け継いでいる。慶長《けいちょう》年間（一五九六〜一六一五）には一万坪もあった土地が、今のように狭い光明寺となったとも「新編武蔵風土記稿」も伝えている。まさに、当地は多摩川を越える交通路としても近世の矢口の渡し付近に位置し、古市場の小字などもある重要拠点の一つであった。ここは鎌倉街道下道の荏原郡六郷保原郷（大田区）と、橘樹郡丸子保平間郷《まりこほひらまごう》（川崎市中原区）の国衙《こくが》領域を結んでいたとされる場であった。

応永二十七年（一四二〇）の「江戸名字書立」にも「原との」（大田区）「まつこ（丸子か）との」（大田区）の名が見えるが、江戸氏一門の広がりが多摩川を越えて「稲毛十二郷」方面に展開していく姿がうかがえる。

そして江戸蒲田氏も鎌倉時代初期、隅田川の渡し場を所管していた江戸重長以来の伝統を伝えていたのだ。ここ多摩川矢口の渡し付近の光明寺地区に、その館がおかれていたのではないか。そこは、瀕死の江戸高良が輿で家臣らに担ぎ込まれた場所と考えられる。

Ⅰ　江戸氏一族の盛衰――道灌はなぜ江戸に入れたのか

上杉禅秀の乱以降に激化した江戸周辺の所領争奪戦

応永十一年（一四〇四）九月、下総香取郡《かとりぐん》の大慈恩寺雑掌《だいじおんじざっしょう》から鎌倉公方足利満兼《みつかね》の奉行所に訴えが起こされた。江戸蒲田入道以下の輩が武蔵六郷保内の大森・永富《ながとみ》の土地を押領《おうりょう》・狼藉《ろうぜき》しているということであった（大慈恩寺文書）。大慈恩寺（千葉県成田市）は鎌倉時代中期に下総の武士大須賀胤《おおすがたね》氏《うじ》が開基となった寺で、光明《こうみょう》天皇から寺号の上に「大」を付けてよいと許された由緒ある寺であった。

大森と永富の地は、はじめ足利尊氏が夢想疎石《むそうそせき》の勧めで安国寺利生塔《あんこくじりしょうとう》の建立を思い立ち、六六ヶ国「国塔婆料所《くにとうばりょうしょ》」の一つに設定されていた。暦応《りゃくおう》四年（一三四一）閏四月、足利直義は下総慈恩寺を祈願所に指定、五月には正式の建立認定、六月には仏舎利《ぶっしゃり》二粒が納められている（大慈恩寺文書）。大慈恩寺にとっては、足利将軍家の由緒ある国塔婆料所を維持するための大切な所領であった。設定からおよそ六〇年を経て、その状況は変化し始めていた。

もともと大森と永富の土地が、現地出身の武士・大井《おおい》氏の所領であったことは、九州に残る大井氏家伝文書からわかっている（大井文書）。南北朝初期から大井氏は、これらの所領を近隣の勢力に押しとられ、その本流が次第に九州島津《しまづ》氏を頼っていったことはよく知られている。この係争は応永十二年八月に一応決着する。公方足利満兼の御判御教書《ごはんのみぎょうしょ》が二度も出されて、ようやく和解に至ったのだ。すでに現地で実力を示すことのできる者がその支配者になれる時代がすぐそこまで来ていた。

応永二十四年（一四一七）七月、こうした動きが再発する。大慈恩寺から関東管領兼武蔵守護の山内上杉憲実《のりざね》に訴えが出た。武蔵守護代の長尾忠政《ただまさ》は、六郷保（大森・永富など）の定使《じょうづかい》に現地の代官に善処させよ、と伝えている（大慈恩寺文書）。現地の大森・永富郷内には、大井中務《なかつかさ》四郎が代官として田畠を給与されて常駐していた。その弟の五郎が実際はその地を耕作管理していた。ところが、この地を「五郎跡」つまり敵方の跡だと言いがかりを付けて、金井《かない》式部入道が押領してきたのであった。

まさに上杉禅秀《ぜんしゅう》の乱が終わった直後であり、武州南一揆などの動きとあいまって、武蔵地域は混乱のさなかにあった。鎌倉公方足利持氏《もちうじ》方についた江戸氏や豊島氏などの地元有力者には、公方から恩賞が与えられた。その土地は「禅秀一類の没収の地」（鎌倉大草紙）であった。だが、たとえ没収地でなくとも「跡」と理由付けをして、相手の土地を押しとっていくのが常道となっていたのだ。

金井氏も、またこうした一人であった。新興勢力に押し流されながらも、鎌倉時代以来の名家大井氏一族による地域支配は、細々ながらも十五世紀前半まで行われていたことが知られる。江戸氏の支配地を奪った大井氏も、また新興勢力の金井氏によって圧迫を受ける立場になっていた。一所懸命を保つことの難しさを、江戸氏から大井氏への所領支配に見ることができるのだ。

Ⅰ　江戸氏一族の盛衰――道灌はなぜ江戸に入れたのか

多摩川流域の水を活用し土地開発を行った秩父一門

隅田川や多摩川などの大河川は、かつての洪水など忘れられたかのように、滔々《とうとう》と流れている。河川（水）を制する者は天下を取る、ということわざがあるように、治水は統治者の務めであった。秩父平氏の葛西氏、江戸氏、稲毛氏、川崎氏など、多摩川流域をその領地としていた武士たちの生活も、多摩川との深い関係があってのものだった。古代律令国家時代の多摩川流域は、古墳時代の大前方後円墳（白山《はくさん》古墳）が残され、武蔵国橘樹郡衙《ぐんが》も置かれ、多摩川右岸の影向寺《ようごうじ》・郡衙跡・古東海道小高駅・古橘樹社の存在と、それを結ぶ官道で構成された政治地域だった。

終戦直後の米軍撮影の航空写真でこの付近を眺めると、多摩川が溝ノ口辺りから左岸武蔵野台地の縁にあたり、下丸子付近まで右岸の多摩丘陵に挟まれた平野を流れている。国土地理院による治水地形の最新成果では、この辺りは氾濫平野で多摩川が乱流していたこと、また、旧河道と自然堤防の地域に条里遺構遺跡が残っていないことが明らかにされている。逆に、JR横須賀線の武蔵小杉駅周辺の条里遺構は、現在の都市計画道路や区画として今に生きているのである。

だが、多摩川の流れ自体が左岸台地の縁に寄り添っていることの不自然さに、研究者たちは注意を促している。例えれば、古都鎌倉を流れる滑川に似た流れ方をしているのだ。

鎌倉幕府の記録「吾妻鏡」仁治二年（一二四一）十月二十二日の条に「武蔵野の水田を開くため、多摩川の水を懸け上させるようにすることが幕府の会議で決まった」とある。このような土木工事は陰陽《おんみょう》の犯土《ぼんど》にあたるので、事業主体を幕府将軍家とするか、個人の事業とするかが論議となった。

多摩川

つまり、鎌倉将軍による幕府直轄事業の執行とするか、それとも武蔵国知行国主《ちぎょうこくしゅ》たる藤原頼経《ふじわらのよりつね》の個人名で執行するのか、である。陰陽関係者からは異論も出たが、執権《しっけん》北条泰時《やすとき》は、開発地は後に御家人に下賜するのだから、将軍家主体ですべきもの、と言い切った。

その後、奉行である御家人武藤頼親《むとうよりちか》と陰陽師らが武蔵国海月郡《くらきぐん》の現地確認に出向いている。そこは海月（久良岐《くらき》）郡よりかなり北方寄りで、鎌倉からみて亥（北北西）であると記されている。調査後、安達景盛《あだちかげもり》の所領である鶴見郷《つるみごう》が方角もよく、そこを将軍御本所として設定すべきことを泰時に報告している。この鶴見地区は代々の安達氏所領として、鎌倉後期まで伝えられていく地区であった。

十一月四日、鎌倉から多数の供奉人とともに将軍頼経一行が「武蔵野開発の御方違《おかたたがえ》」として出発する。いわば幕府トップによる「武蔵野開発」宣言パフォーマンス行事である。翌五日には鶴見の海岸を見ながら鎌倉に帰還した。鎌倉下道を通る将軍家の行列は、沿道の人々からもすこぶる壮観であったはずだ。そして泰時の提案決定のように、同月十七日に「武蔵国多摩野の荒野」を御家人箕勾師政《みのわもろまさ》（桓武《かんむ》平氏武蔵国埼玉郡箕輪か）に与えた。それは遅ればせの、父である故左近大夫政高《さこんのだいぶまさたか》の承久《じょうきゅう》合戦勲功賞でもあったという。このように、将軍家が御家人を通じて水田開発を推奨することは鎌倉幕府にとって当然の施策の一つであった。

摂家将軍家の藤原頼経・執権北条泰時コンビによる多摩川の水を懸け上させる工事とは、要は「流路の改変」だろう。さきに現地には陰陽師らが出向いているが、彼らの地形を見る目と方位感覚は現代にも通ずるといわれている。ならば、流路の改変という推測を許されるだろう。

東大寺図書館蔵「大乗玄論註釈《だいじょうげんろんちゅうしゃく》」紙背文書のなかに「武蔵太田《おおた》庄北方堤」三〇丈五尺五寸（約九二・五六メートル）分の「修固」（築堤）を、「丸子庄役」として命じられた関係者（地頭御家人）が出した返答書がある。返答者は、すでに昨年（年未詳）の洪水による破壊で「小椙堤並びに三堤」「三方堤」の「大営」（大修復）をやらねばならず、とてもそちらまでは手が回らないので勘弁してほしい、と上申している。太田庄とは、今の北埼玉郡の大部分と南埼玉郡北部、大里郡《おおさとぐん》の一部に当たる広域の荘園で、丸子庄・小椙（杉）という地域名は、多摩川を挟む東京都大田区下丸子《しもまりこ》と川崎市中原区上丸子・中丸子にまたがる荘園である。つまり、太田庄と丸子庄の二つを所管する地頭御家人の負担免除要求であることが知られるのである。具体的には、古利根川（中川）と元荒川（綾瀬川）に挟まれた関東御領太田庄と多摩川流域の丸子庄のことを記しているとみてよい。

後者の丸子庄で、毎年の大修理が必要なほどの三方堤の存在に注目してほしい。多摩川が多摩丘陵によって大きく曲がる久地《くぢ》・溝の口の間にある「久地かすみ堤」あたりがその堤に該当しそうだ。研究者らからは「久地円筒分水」（区登録有形文化財）の原型ではないか、と指摘されている。こうした新出史料から、鎌倉前期、北条泰時による仁治の多摩川改修とはこのような河川の改修事業ではなかったか、と受け止められ始めている。

地名の溝の口は、江戸時代に出来た二ケ領用水の取水口であると「新編武蔵風土記稿」は記す。すでに地名としては、南北朝時代の鶴岡八幡宮修理田として溝の口地名がみえ、その原型は鎌倉時代にあったとみてよいだろう（頼印大僧正行状絵詞図）。つまり、多摩川の左手側が大きく開発されていくようになったのは、中世鎌倉期、北条泰時の時代からといえる。もちろん古代末期、摂関家領としての稲毛庄や丸子庄での地道な開発行為などの基盤があったことは想定できる。

中世初期、多摩川流域の丸子庄を頼朝から与えられた葛西清重《きよしげ》、秩父一門の稲毛氏、江戸氏などが次第に多摩川を越えて相模側に進出してくる遠因は、多摩川流域の水を活用しての新たな土地開発と、その土地の豊かさが求められていたのだ。武蔵江戸氏その一族が、中世後期まで多摩川流域に分布することも、こうした歴史的背景があったのだ。

I　江戸氏一族の盛衰——道灌はなぜ江戸に入れたのか

日蓮宗寺院に奉納の大般若経に遺る〝江戸氏の記憶〟

文安元年（一四四四）十一月、檀那讃岐守入道妙讃《さぬきのかみにゅうどうみょうさん》が大般若経《だいはんにゃきょう》を荏原郡牛込郷《うしごめごう》の惣社赤城大明《あかぎだいみょう》神《じん》に奉納した（巻一九七）。六百巻もある大分な経を書写して納めるには、大きな経済力がなければならない。その同年十一月七日、別当寺修理のため大僧都《だいそうず》法印《ほういん》秀海《しゅうかい》の大檀那であった人物に、平朝《たいらのあ》臣《そん》重方《しげかた》がいた。赤城神社の別当寺とは、他の巻には「牛頭山比丘釈等当《ごずさんびくしゃくとうとう》」とあり、牛頭山とは「牛頭山千手院行元寺《せんじゅいんぎょうがんじ》」、すなわち牛込赤城神社の別当寺であることが明らかとなる（牛込寺寺社書上・江戸名所図会）。文安六年五月、江戸憲重《のりしげ》は自分の知行してきた土地、桜田《さくらだ》知行地五貫文、牛込郷内五貫文、手作地などを重方に譲った（牛込文書）。この重方は「未来の人にあらざるか」（現在の世界（所領）を未来にしっかりと受け継ぐ人）ともいわれるほど将来を期待される後継者であったことがわかる。

以上の人物の関係性をみると、大般若経中の「平朝臣重方」は江戸憲重の子息であり、桜田郷と牛込郷内の地を得て江戸氏の家督継承者となったことがわかる。ほぼ同時期に、牛込郷の惣社赤城大明神に御経を奉納した「檀那讃岐守入道妙讃」もまた、江戸氏一門の可能性が高いだろう。法名が妙讃で日蓮宗に帰依する者と想定できる。

そこで再び大般若経巻三五〇をみると、「文安五甲子霜月七日　釈当、願主中祥監寺　旦那杉原妙讃」という奥書が見つかる。キーワードは「妙」と「杉原」だ。そこで「本土寺過去帳」の十四日の条（上段）に「江戸下総入道〈法名〉道景、享徳四〈乙亥〉五月〈於武州大袋原合戦打死〉、同「子息」六郎妙景、内者杉原妙忠《みょうちゅう》、壱岐阿、日晴ノ慈父兄弟也」との記載が見つかる。これらは先に触れた江戸道儀の子孫一族であり、江戸蒲田姓を名乗る親族でもある。ならば、この讃岐守入道妙讃の名字は江戸氏の可能性が高い。

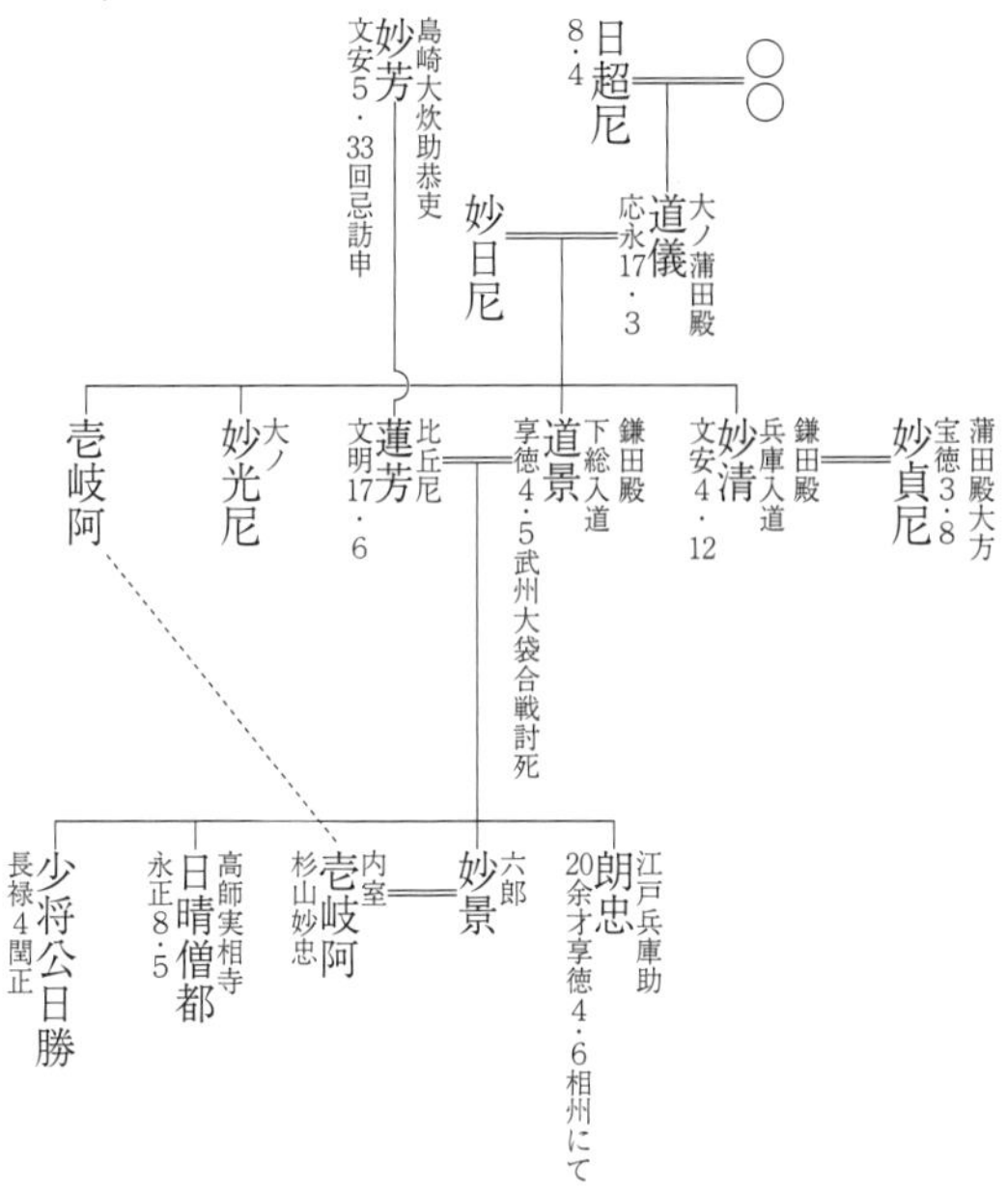

「本土寺過去帳」より復元の江戸蒲田氏系図

　パズルのような運びだが、文安年間（一四四四〜四九）に牛込赤城神社へ奉納された大般若経は、江戸氏の信仰（本土寺系統日蓮宗）を物語る貴重な史料の一つであることも理解できるだろう。

　しかし、この大般若経には不可解なこともある。この経を写しはじめたのは、応永八年（一四〇一）であること

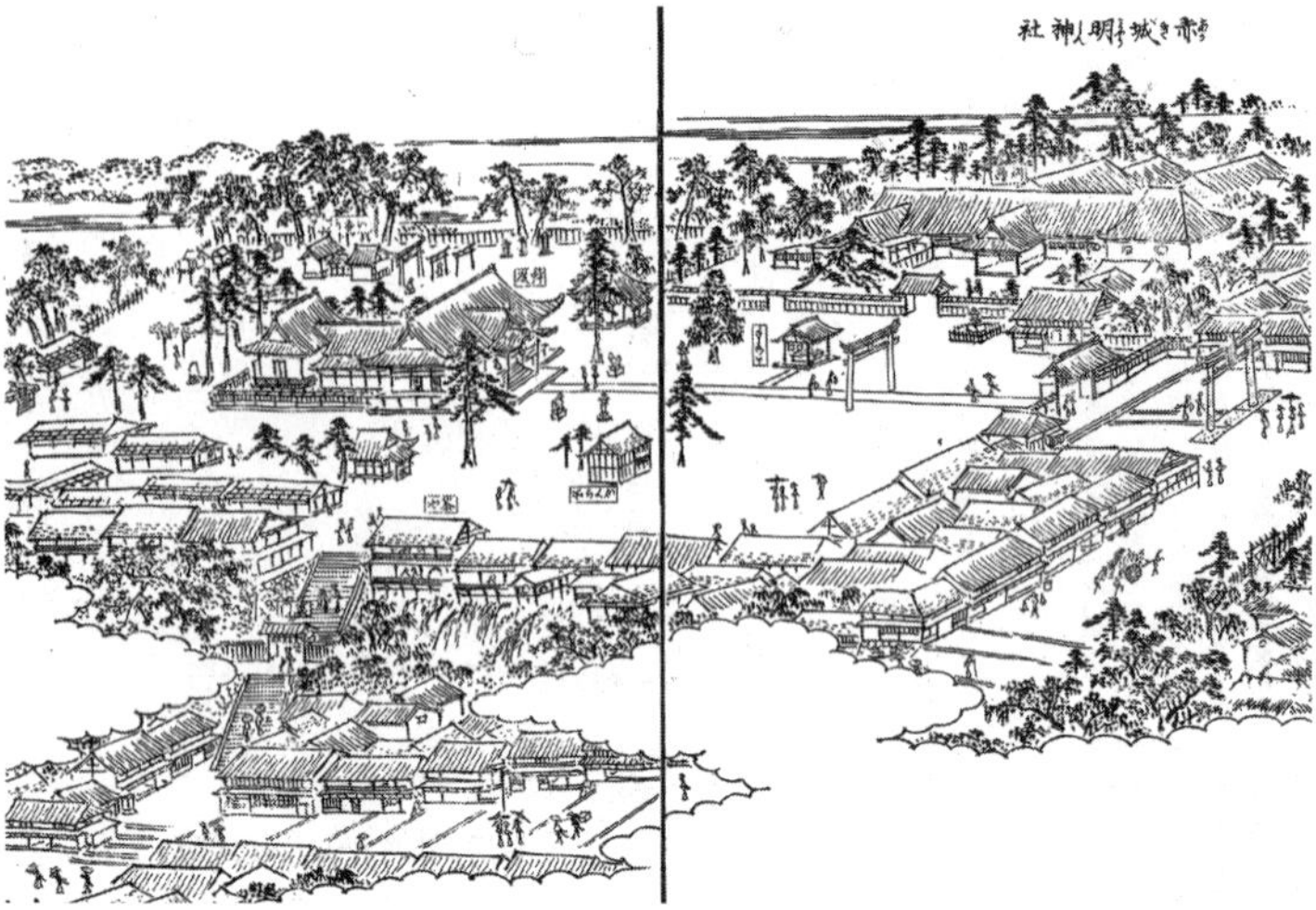

赤城明神社　「江戸名所図会」

が他の巻からわかるので、四〇年もの書写間隔は、最初の書写奉納者と後の奉納者が同じかどうか疑問となる。最初の奉納寄進者は、他の巻にも「牛頭山比丘釈等当」とあり、先述のように牛頭山は千手院行元寺、つまり、牛込赤城神社の別当寺である。であるならば、最初の寄進者と後の寄進者はまったく異なる氏とみたほうがよいだろう。想像をたくましくするならば、由緒ある江戸氏として自己のひざ元でもある牛込郷惣社というべき赤城神社へ流出していた大般若経を文安年間に見つけ出し、改めて寄進奉納したものではないか、とみることができる。

　これらの大般若経は、かつて個人所蔵だったが、現在そのいくつかは大東急文庫と穴八幡宮に分離所蔵されている。多くの人の救いと願いが紙面に凝《ぎょう》縮《しゅく》された大般若経。世の平安と幸せが続くよう願いたいものだ。

Ⅱ　豊島氏の戦いと城——道灌にあらがった名門一族

石神井郷で豊島氏が多くの系図を書きあげたわけ

「系図」という不思議な史料。誰もが先祖の事に思い至るとき、これがあればすぐわかるのに、と思う便利なものだ。歴史好きのあなたなら、自己のルーツを調査して系図が作れるのではないか。

国立公文書館内閣文庫蔵「豊《と》島《しま》宮《みや》城《ぎ》文書」中に四点の系図がある。文書の表、また端裏《はしうら》（丸めた文書の表になる面）に、その内容を簡便に記したものは、①「系図」、②「石神井郷内宮城四郎□（右）衛門入道行尊《ぎょうそん》跡相伝系図」、③「系図　石神井郷」、④「石神井系図」となっている。②③から、①に見える人物の実名がわかる。以下、簡単にみていこう。

①は、慈蓮《じれん》（宇《う》多《だ》重広《しげひろ》）に始まり、二人の女子、孫と曾孫の系譜。「字箱伊豆《はこいず》」からは行尊（宮城為業《ためなり》）→宗朝《むねとも》（豊島氏）→泰宗《やすむね》（豊島氏）とつながり、「尼戒円《かいえん》」からは朝泰《ともやす》（豊島氏）を経て宗朝（豊島氏）で一つとなっている。箱伊豆の夫は宮城六郎政業《まさなり》で、尼戒円の夫は豊島三郎入道である。その子らが共に一つに繋がっていくことから二人の女子は姉妹、その夫も一族と想定できる。

桓武平氏の流れをくむ豊島氏は、石神井川流域に生活の基盤を置いていた。その下流にあたる隅田川合流点に「宮城」の地名と「宮城氏館跡」があることに注意したい。つまり、豊島氏と宮城氏は江戸湾入り口付近を押さえる武士で、似たような環境にあったと考えてよい。

■石神井系図　豊島・宮城文書

（端裏書）「系図」石神井系図

- 泰元（豊嶋三郎左衛門尉　法名 源秀）
- 泰長（豊嶋弥太郎　法名 道元）
- 朝泰（豊嶋勘解由左衛門尉　法名 道誉）
- 泰家（豊嶋美作守　法名 常卉）
- 重綱（出羽権守）
- 重継（江戸四郎　法名 成佛）
- 重長（同四郎）
- 経重（同太郎）
- 重光（同四郎）
- 重村（同四郎次郎　法名善性〔禅聖〕　童名次郎丸）
- 平氏（豊嶋兵衛尉妻）
- 経祐（豊嶋七郎左衛門尉）
- 泰秀（豊嶋三川(河)守　法名八常丹）
- 泰景（同　勘解由左衛門尉　法名八常心）
- 女子
- 泰宗（豊嶋七郎左衛門尉　法名常見）
- 女子
- 泰儀（豊嶋勘解由左衛門尉　法名寳林）
- 泰次（同三河守　法名甬栄）
- 経泰（同三川(河)守　法名明心）
- 宜泰（同勘解由左衛門尉　法名明繁）
- 泰経（同勘解由左衛門尉　法名道翁）
- 泰明（同平右衛門尉　法名光盛）

■石神井郷内宮城行尊跡相傳系図　豊島・宮城文書

石神井郷内宮城四郎□(右)衛門入道行尊跡相傳系図

- 重広（法名慈蓮）
  - 女子（泉右近蔵人妻　早世）
  - 女子（早世　箱伊豆）
    - ○○
  - 政業（宮城六郎）
    - 為業（箱一丸　法名行尊　宮城四郎右衛門入道）
      - □□（三郎左衛門　豊嶋小□□　法名長□）
        - 泰宗（同勘解由左衛門尉　法名宗阿）
      - 泰業（宮城）

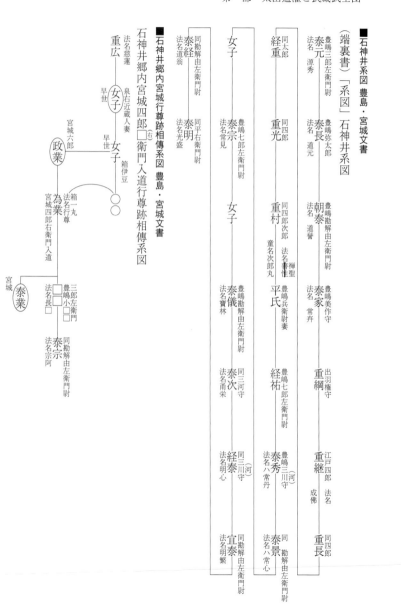

■石神井郷内所領相伝系図　豊島・宮城文書

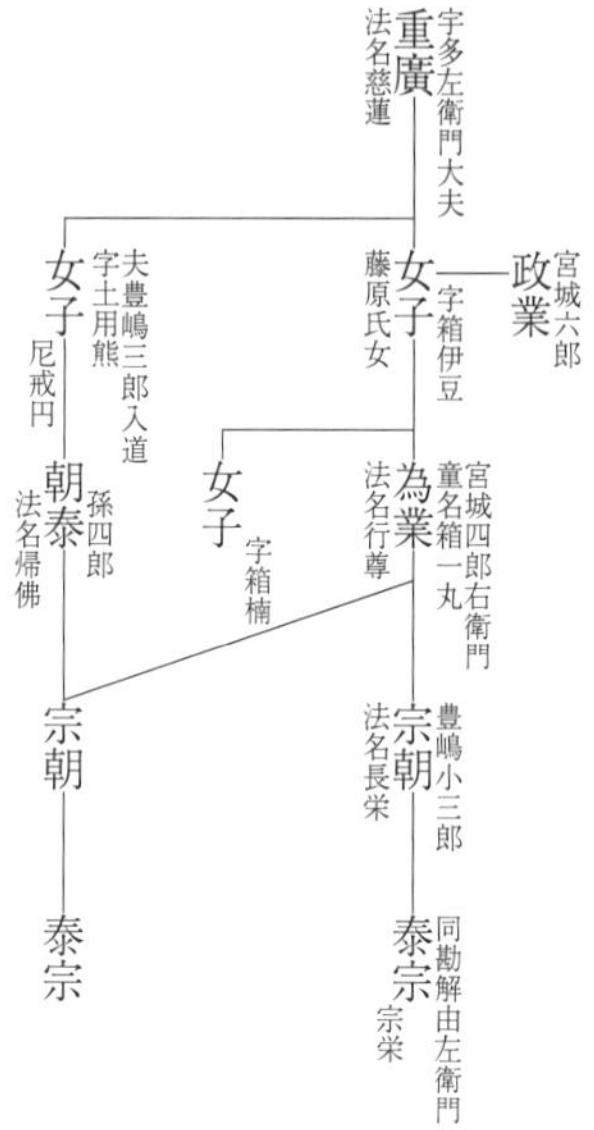

■石神井郷内所領相伝系図　豊島・宮城文書

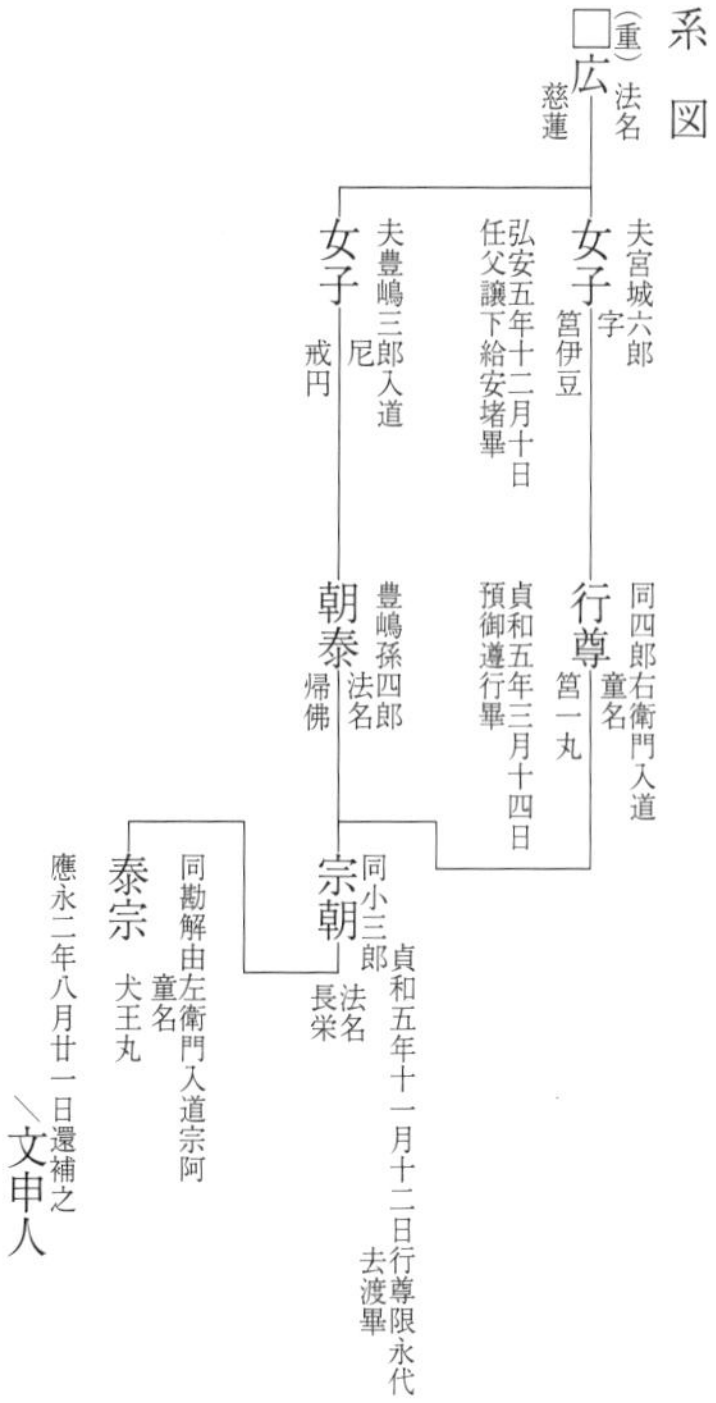

宇多慈蓮は娘の箱伊豆が宮城政業に嫁ぐとき、所領の豊島郡石神井郷を与えていた。それは弘安《こうあん》五年（一二八二）十二月のことで、幕府から安堵の証文を得ていたらしい。だが、彼女は早世してしまう。幸いに子の箱一丸《はこいちまる》は成人して宮城四郎右衛門為業となり、法名行尊を名乗るほど長生きする。幕府の崩壊、そして南北朝動乱の時代。貞和五年（一三四九）三月、石神井郷も知行が難しかった様子で、宮城為業は足利氏の力（御遵行）を借りて持ちこたえ、十一月には豊島宗朝に永代譲っていたのだ。だが、危機はまたしてもやってきた。応永二年（一三九五）八月、「支え申す人」、つまり異議を称える者が出てきたが、なんとか還補《げんぷ》され、再び正当な権利を認められることになった。

②と③の系図は、特に宮城政業による石神井郷継承過程に重点を置いて、豊島泰宗までが記されている。おそらく、応永二年の訴人（異論者）への証明のため、①に近い時期に作成されたのではないか。こうして宇多氏、宮城氏と継承してきた石神井郷は、その後の石神井豊島氏の本拠地へ変容していく。なお、④は豊島氏、江戸氏、そして最後の石神井城主につながる系統が混合されて記されているが、中世末期の豊島氏伝承を知る系図の一つといえるものだ。

系図とは、特定の「イヘ」の家名継承を証明するもので、その由緒に関わって知行してきた土地の継承を、人とともに明示する意義を持つ。だからこそ、土地をめぐる争議・裁判で自己の系図が書き上げられ、公権力の法廷に提起されるのである。その意味で、系図が部分で残る史料こそ、当事者の真実と虚偽を含めて知ることができる貴重品といえる。

Ⅱ　豊島氏の戦いと城——道灌にあらがった名門一族

豊島園跡に眠る豊島氏の「練馬城」を復元する

練馬城址公園　令和５年、豊島園（としまえん）の跡地に整備された。周囲は明るく生まれ変わり、かつて中世の城跡が存在した痕跡を見つけることは難しい　東京都練馬区

中高年以上の人なら、豊島園（としまえん）のウォーターシュートを楽しんだことがある方も多いだろう。崖の上から川を跨ぎ、池水に向かって一直線。着水とともに乗務員が飛び上がって驚いた記憶がある。実は、その崖上が中世の練馬城跡だった。

武蔵野台地の底部を石神井川が流れ、練馬城の北側は直接に湾曲する川に面していた。自然の掘割の役目を果たしていたらしい。私の歴史手ほどきの恩師である平野実氏は、その遊具下付近の一帯を「嬢ケ淵」「姫ケ淵」と地元で呼んでいたことを記録している。「嬢」は「城」の転訛であることがわかる。ならば「姫」は「嬢」字からの連想だ、と八巻孝夫氏は指摘する。西武鉄道豊島園駅構内から南側の向山町二丁目内一帯がかつて

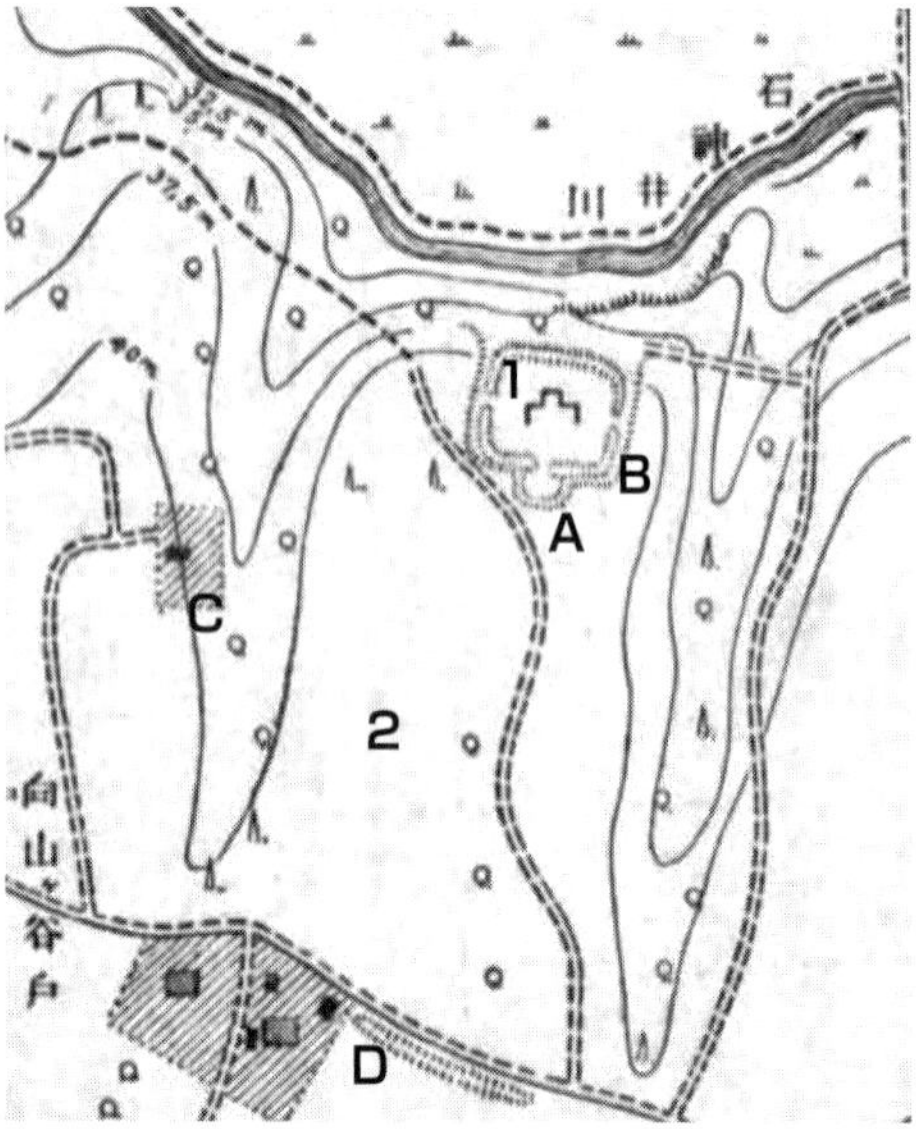

練馬城縄張り図　『東京近郊史蹟案内』より転載・加筆

の城跡地域である。豊島園跡地内には、かつての古城ホテル・古城レストランとなっていた名残の古城の塔が、その片鱗を今に伝えている。

昭和二年（一九二七）発行『東京近郊史蹟案内』には、一高史談会（旧制第一高等学校）の鳥羽正雄氏による縄張り図が載せられている。この図面を再検討された八巻氏の研究が大いに参考となる。図面では、標高四〇メートルほどの舌状台地先端部に四角に囲まれた様子が記されている。南側に半円形の丸い馬《うま》出し《だ》（A）があり、土塁・空堀（B）を持つ一帯が虎口で城の正面にあたる。出入りする味方の人馬を土塁馬出しで敵から防御する機能をもつ。戦国時代には多く見られるものだが、これが室町後期とすれば早い城郭遺構と認定されていたはずだ。

昭和六十三年（一九八八）、新遊具のハイドロポリス建設に先立って事前発掘がこの付近で行われ、遺構の一部が見つかった。西側の堀は幅約八・四メートル、北側の堀は深さ約三メートル、幅約六メートルであった。馬出しの外側を守る掘割は箱堀《はこぼり》で、幅は約六・六メートル、堀の深さは約二・二メートル程度だが、内側は垂直に切り立っていた。馬出しの一部も、発掘では角《かく》馬出し（四角い形）であることもわかった。これで角馬出しか、丸馬出しかの議論は決着がついた。角馬出しの出入りに渡る橋脚台跡も出土した。これらの堀跡では人為的に埋められた形跡は見当たらない。「太田道灌状」からも「豊島平《へい》右《え》衛門《もん》要害《ようがい》」が攻撃された形跡はほとんど見られない。遺構からは、攻撃が矢入れと放火程度であったことが読み取れる。

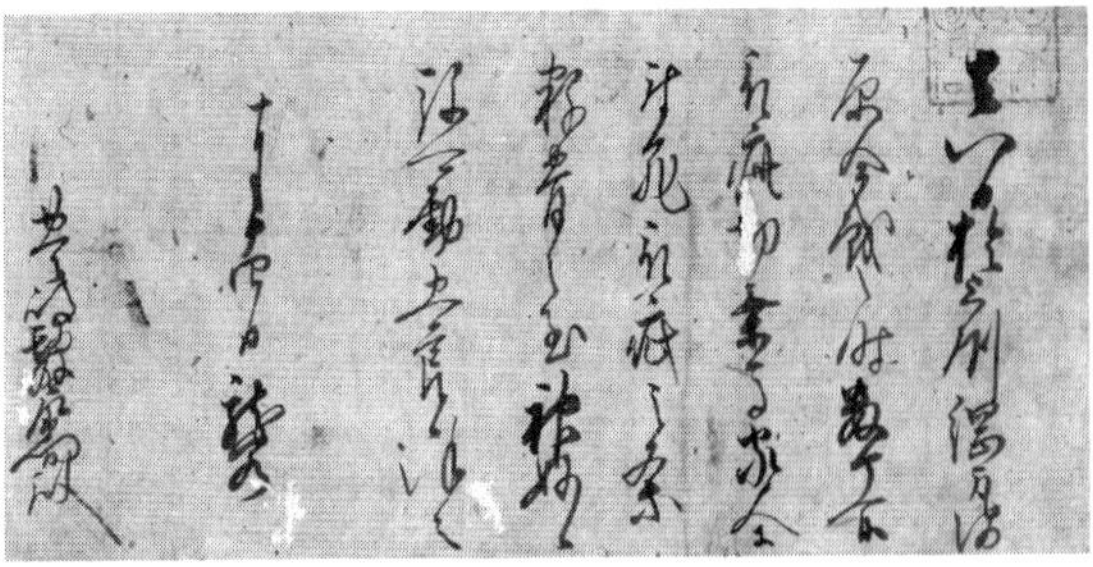

龍若感状　「龍若」は上杉顕定の幼名で豊嶋勘解由左衛門尉（左端筆書き）に宛てて出されたもの。「豊島・宮城文書」の中の一通である　国立公文書館蔵

さらに、奥の城マークがある曲輪部分が実城（本丸）にあたる。東西に土塁が切れている様子がうかがわれ、木戸などがあったのだろう。また、馬出しの少し前方に、東西の道に沿って空堀状の印（D）が続く。今もこの道筋は住宅地の中に残されており、城の南側の境を作っていた名残である。それは舌状台地を造る、南側平地を遮断する東西掘割りの跡といえる。今でも町番地（向山二丁目と三丁目）を区切る道だ。この道より南方向（2）の部分が二の丸にあたる。

豊島園駅改札から同園の柵沿い数分の道は、西側に大きくU字

上：向山公園　下：どんぶり坂　共に練馬城の堀や曲輪を区切る谷と考えられている　東京都練馬区

型の坂である。そこは谷間で、かつては水が溜まり、小学生時代のわたくしもエビガニ捕りや、自転車の急降下を楽しんだ場所（どんぶり坂）だった。図面からも、そこは城跡の東側の谷に相当する。かつての荒れた水たまりの谷間は、練馬区立向山庭園（鉄道大臣江木氏宅跡）内の池にその名残を見ることができる。

この道を西側方向に登れば、向山住宅地の一角である城南住宅地域に出る。名前の通り、城の南一帯を示す場所である。旧豊島園内の本丸跡からみれば台地の中央部にあたる。今も道が西側谷頭付近で「く」の字に曲がっている。それは地形にもよるが、谷頭を守る横矢《よこや》掛《が》けの名残かもしれないと八巻氏はいう。練馬城跡があった場所の豊島園は、令和二年八月末で閉園となった。思えば大正十五年（一九二六）九月に実業家藤田好三郎が所有する広大な庭園を地域の人々のために公開したことに始まり、二〇二〇年八月末に閉じたのだ。遊びの思い出とともに、いまだ地下に眠っている中世「練馬城」の姿が明らかになることを期待したい。

「石神井城址」の碑　東京都練馬区

Ⅱ　豊島氏の戦いと城——道灌にあらがった名門一族

石神井城攻略——破城の痕跡でわかった道灌の〝虚偽〟

武蔵野の面影を残す都立石神井公園の一角、三宝寺池《さんぽうじいけ》を見下ろす位置に石神井城跡がある。小学生の頃、ビンぶせと四手網《よつであみ》でタナゴ・まっかち（アメリカザリガニ）を獲った思い出の場所だ。石神井川と三宝寺池に挟まれた標高約四八メートルの細長い台地、その東西一帯が城跡である。今、氷川神社《ひかわじんじゃ》の東辺から残る大きな土塁と空堀に囲まれた一角が主郭（本丸跡）と言われてきた。そこもまた、かつての遊び場の一つだった。

昭和三十一年（一九五六）から最近までの発掘調査により、石神井城の東は空堀《からぼり》、西は池の端上から南へ一直線の空堀と土塁、南は三宝寺池、北は石神井川に囲まれた台地の上、東西およそ三五〇メートル、南北約一〇〇〜三〇〇メートルの範囲だったことがわかった。おおよその構造は、

石神井城跡の土塁と空堀　東京都練馬区

主郭とその隣の氷川神社境内地、さらに西側空堀までの間にいくつかの溝が造られ、区画ができていたようである。

主郭を囲む空堀と土塁、その内部が平成十年（一九九八）以降、数次の部分発掘がされている。一番古い時期（文明九年＝一四七七以前）にできていたらしい堀と土塁が埋められた様相もわかってきた。まず、堀を造る外側の地面を掘りあげ、その土砂を外から放り込む。さらに土塁の上部を崩して、内側からも埋めていったことが確認された。この時点で、堀の深さは三メートルほどで形は箱堀だった。土中には板碑破片もあった。

文明九年（一四七七）四月、太田道灌に包囲され、降伏したときのエピソードが思い出される。道灌との和解のため「要害を崩す」約束を豊島勘解由左衛門尉《かげゆざえもんのじょう》が回答している（太田道灌状）。世にいう「破城《はじょう》」の約束だ。要害を象徴する主郭部分の堀が明らかに半分ほど破壊されていることから、城破《しろわ》りが行われたことは確実だ。だが「太田道灌状」によれば、なかなか破城を実行せず道灌はこれを偽りとみて二十八日に外城《とじょう》を

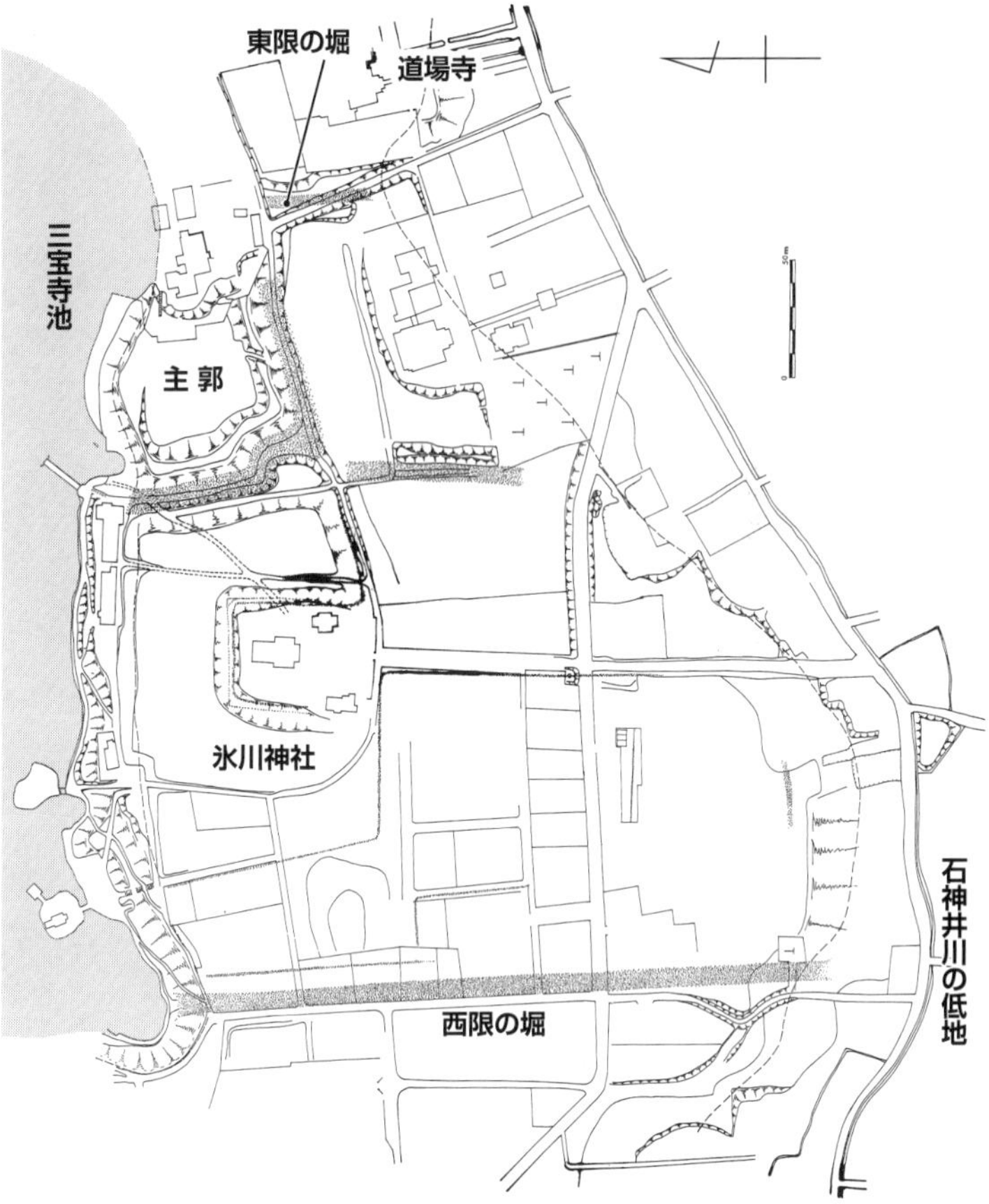

石神井城跡の縄張り図　「甦る中世城郭　石神井城発掘調査の記録」より一部の情報を追加して転載　発行：練馬区教育委員会生涯学習課　平成 16 年 3 月

上：青白磁　四耳壺／下：白磁壺　ともに石神井公園ふるさと文化館蔵　東京都練馬区

攻撃し、豊島氏は夜中に没落していったとある。道灌の虚偽を保身するための言いがかりか、豊島氏の躊躇した態度が攻撃を招いたのかのいずれかだろう。「太田道灌状」が豊島氏攻撃の正当性（正義）を主張する傾向からみても、虚偽の可能性が強いだろう。発掘でわかった堀と土塁の人工的な埋没（破城）がこのことを示すのかどうか、まだ検討すべき問題の一つだ。なお、現状で残る主郭部西側の堀は、上部の幅が一一・七～一二・五メートル、下幅は推定で約二・九メートル、深さが約六メートルと調査記録は記す。かなり大きく深い。

さらに、主郭内側の土塁工事の様子もわかっている。その裾の部分は、自然堆積層である黒色土を叩きしめ、その上に厚さ一五センチの関東ローム土を均質にのせて固く叩きしめて、土塁の基盤としていた。この層の直下からは小刀が出土している。さらに、土塁に盛り土をする方法も明らかとなった。一五センチほどの木杭を土塁裾部に打ち込んで土止めとして、内部には暗褐色土とローム混じりの土を版築状《はんちくじょう》に交互に盛り上げていった工法が知られた。なお、堀側も盛り土として自然堆積層の黒色土上に版築状に積み上げられており、ほぼ同じ工法がとられていた。この盛り土から常滑焼《とこなめやき》の甕《こしき》破片が見つかっており、明らかに中世後期の構造物であることがわかる。ちなみに、土塁の基底部の幅は約一六・三メートル、高さは現状で約三メートルである。

この土塁に囲まれた主郭内部中央からは、一間×一間の掘立柱《ほったてばしら》建築物跡、西南隅に三間以上の大きさを持つ、総柱《そうばしら》または庇《ひさし》付き建物と想定できるピット（柱穴）も見つかった。出土品として、主郭内部の畝状《うねじょう》（ローム層で固めたもの）から、室町期の渥美《あつみ》の大甕破片が出土したことも、遺構との関連時期を考える手がかりとなりそうだ。そのほか、舶載陶磁器の青・白磁片も出土しているので、豊島氏の伝製品、または入手品だったのかもしれない。この主郭部の南西側に、L字型に折れの遺構があった。だが、虎口《こぐち》（正面入り口）の跡はまったくない。横矢掛かりのような形を示しているが、土橋跡などは見つかっていない。主郭にどうやって入ったのか不明なのだ。

豊島氏家臣たちは、どこにいたのだろうか。主郭部分の台地東側、道場寺《どうじょうじ》から東側方向にある地名にも注目したい。公園駐車場辺りは、地元で「根古谷《ねごや》」と呼ばれていた。ここは三宝寺川と石神井川が合流する付近で、旧早稲田通りへとつながる交通の要地の一つだ。石神井公園付近の池淵《いけぶち》遺跡では、小規模だが区画された中世の溝跡が発見されている。根小屋・寝小屋などの地名は、城跡付近に全国的に見つけることができる。そこは家臣たちの日常の住居地で、主郭の主人とは区別された外側の世界であった。そうした意味では「道場寺」の名も、また気になる。

太田道灌と豊島勘解由左衛門との「破城」約束違反で外城《とじょう》が攻め落とされたことは先に触れた。

その場所こそ、主郭を守備すべき家臣たちの詰めていた場所ではなかったか。そこが落とされたからこそ、主人豊島氏は夜中に主郭からあわてて逃げ出していった。関東でも、千葉氏の城郭を構成する内部に「道城」（千葉県横芝光町・坂田城）、「道場台」（同印西市・師戸城）などの曲輪名が残されている（『日本城郭大系』他）。豊島氏が滅ぼされたのちに曹洞宗《そうとうしゅう》道場寺となったが、豊島氏時代の地名「とじょう」を寺名として取り上げたと見ることができるだろう。

江戸城から出陣した道灌が、その侵（進）攻する軍勢による最初の攻撃にかかるとすれば、一番東側の外城地域であることは理に適う。ならば、主郭の入り口はやはり東側といえる。現状で遺構は不明確だが、隣家との境は崖状で明らかに削りとられていることがわかる。主郭に続く場所こそ虎口、すなわち正門だったというべきだろう。

石神井台くすのき緑地前を南北に直線に走る道路に沿って、かつては空堀（約一メートル）と土塁（約二メートル）がおよそ六〇メートルも残っていた。発掘により堀は箱堀とわかり、主郭部と同じ工法だった。斜面からは穴が多数発掘された。それは乱杭《らんぐい》を立てた跡なのだろう。ならば、まさに武装された要害そのものの姿といえる。南側地形は、台地を石神井川面に向かって下がっていくが、かつては広い湿地帯だった。この斜面上にも、東京都が行ったレーダー探査で堀状の落ち込み跡が数か所見つかっている。まさに、東西と南は人工的な空堀と土塁、北は三宝寺池（川）と石神井川（池）で囲まれた城、それが石神井城だったのだ。

Ⅱ　豊島氏の戦いと城――道灌にあらがった名門一族

足利成氏の決断――島河原合戦から始まった享徳の乱

享徳四年（康正元＝一四五五）正月五日、足利成氏は武蔵柴の稲荷大明神に願書を捧げた（烏森神社文書）。願いが成就したら当社を修復すると神に約束したのだった。七日には常陸国の佐竹義人《さたけよしひと》を大将として大山常金に早急に馳せ参じるように命じたが、二十九日になってもまだ参陣せず催促している（秋田藩家蔵文書）。この間に、武蔵の豊島勘解由左衛門、豊島三河守も成氏から参陣要請を受けた（豊島宮城文書）。

「鎌倉大草紙」によれば、前年の十二月二十七日に鎌倉西御門《にしみかど》の管領上杉憲忠《のりただ》館を公方派の結城成《しげ》朝《とも》、武田信長《たけだのぶなが》、里見義実《さとみよしざね》らが襲撃し、憲忠を殺害する。鎌倉山内にいた扇谷上杉派の岩松持国《いわまつもちくに》らは抵抗するが、上杉持朝・長尾景仲らは上野国へ退去している。これを察知した公方勢力は年明けの六日に、鎌倉に駐留する武田信長・一色宮内大輔《いっしきくないたゆう》を大将として平塚の島河原に出陣させた。いっぽう相模糟谷と七沢付近にいた扇谷上杉持朝と太田道真は島河原方面へ移動していく（武家事紀）。平塚から相模原方面はもともと扇谷上杉氏の勢力圏であり、公方勢はここまで来ないと油断していたらしい。結局、上杉勢は武蔵河越や上野国方面に分散して逃亡していったのである。

島河原は旧糟谷庄にふくまれ、現在の平塚市内大嶋（渋田川上流）から小鍋島（同）付近といわれ

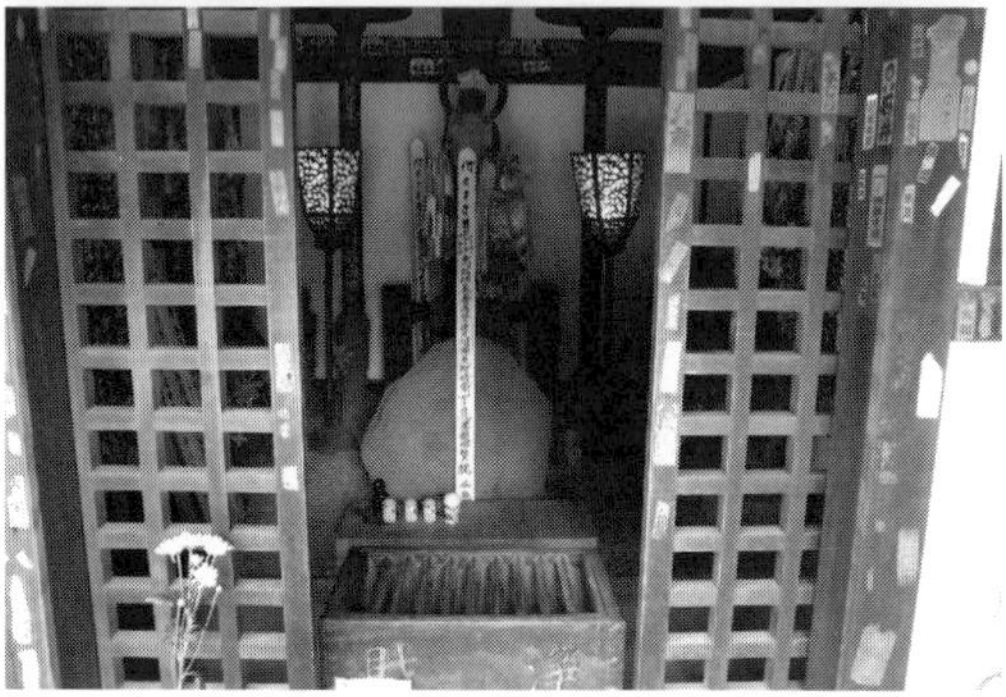

上：島河原　昭和 30 年頃の島河原周辺　『平塚市図録』より転載　神奈川県平塚市　下：上杉憲顕の墓　東京都日野市・高幡不動内の上杉堂

ている（新編相模国風土記稿）。その後の戦闘状況を追ってみると、正月二十一日、上野滞陣の上杉顕房《あきふさ》（持朝子）と長尾景仲勢は武蔵分倍河原《ぶばいがわら》（東京都府中市）や高幡《たかはた》不動（同日野市）付近で公方軍に破れており（武家事紀）、二十四日には顕房は負傷して武蔵夜瀬（同三鷹市）で自害した（上杉系図）。

公方勢力は現存する古文書で見る限り、小田出羽守《おだでわのかみ》、岩松持国、高左《こうさ》京亮《きょうのすけ》、間宮《まみや》肥前守《ひぜんのかみ》、白川直朝《しらかわなおとも》、豊島太郎三郎、那須持資《なすもちすけ》、赤堀時綱《あかほりときつな》など、かなり広範囲の武士層が従っている。なかでも岩松持国からは成氏への頻繁な手紙の送付があり、成氏もまた味方や合戦状況を伝えている。四月には岩松持国の子次郎が小此木《おこのぎ》（群馬県伊勢原市）で手柄をあげたことで、成氏は御内書を使節に届けさせて勲功を賞している（正木文書）。なお、上州一揆勢は一応、公方に従ってはいるが、上野国はもともと山内上杉氏守護国でもあった関係で、結局は離れて地元に帰郷していく者が多かった。

こうしたなかで、岩松持国の果たす役割は重要だった。上野の長尾景仲勢力に対しては、新田庄《にったのしょう》（群馬県太田市）を拠点とする岩松氏がその最前線を担うこととなる。また、常陸小栗《おぐり》城（茨城県筑西市）に拠る上杉勢にも警戒を要することとなっていく。四月に、公方は那須持資に「御《み》幡《はた》」を与え、小栗攻撃の大将とする。岩松持国にも「御幡」を与え、公方側近の野田持忠《のだもちただ》からも副状《そえじょう》が出されている。五月には雪下殿定尊《ゆきのしたどののじょうそん》（成氏兄弟）が鎌倉からわざわざ足利に出向く（正木文書）。岩松への協力なのか、牽制なのかは不明だが、最前線の情報を古河の成氏も欲しがっていたことはまちがいない。かつて世話になった信濃大井氏も上野安中《あんなか》氏の陣中に駆けつけている（正木文書）。

騎西城跡に保存されている土塁　埼玉県加須市

だが、京都の幕府の動きは反対だった。四月、駿河守護今川範忠《のりただ》に関東退治の「御旗」が下される。京都から上杉房顕《ふさあき》（憲実の子）も関東へ下る。結城滞在の公方は小栗城陥落を達成させ、五月には小山《おやま》（栃木県小山市）へ移座、さらに天命《てんみょう》（同佐野市）から足利まで進む。すでに京都将軍家による公方追討の御内書《ごないしょ》が東国の諸武士らにも伝えられていた。宇都宮等綱《ともつな》、茂木筑後《もてぎちくご》入道《にゅうどう》、山川兵部少輔《やまかわひょうぶのしょう》、真壁兵衛大輔《まかべひょうえたゆう》らが反旗を翻していく。下総千葉氏もまた、本宗家胤直《たねなお》と一門馬加《まくわり》康胤《やすたね》の対立合戦から、千葉実胤《さねたね》（胤直の甥）らとの分立となり、公方勢から脱落していくこととなる。

十二月はじめ、武蔵騎西《きさい》城（埼玉県加須市）に拠る長尾景忠《かげただ》勢に対して、武田信長、一色宮内大輔らの軍勢が攻撃をかけ、これを落とす。天命付近の上杉勢力はこれをきっかけに、再び上野方面に退去していくこととなる。

島河原合戦は、鎌倉公方足利成氏による関東管領扇谷上杉氏排除の出発点でもあった。だが、成氏の意図を越えて、関東各地の諸勢力（国衆）らは自己の勢力増大（一門分立・所領拡大など）の契機に、これを利用したのである。そこへ幕府による鎌倉府の監視と制御の力が加わっていったことで、さらに成氏は幕府とは相対する方向へ、つまり自立への歩みを志向しはじめた。足利成氏がその意志を明確に固めたのは、まさに翌年の康正元年（一四五五）七月以降だったのだ。

成氏は、その後も改元前の享徳年号を使いつづける。そして関東の国衆・大名たちは、自己勢力の拡大のために古河公方や幕府、両上杉氏の勢力を時宜に応じて利用していくのであった。享徳の乱がおよそ三〇年も続いていき、戦国時代を迎える下地造りは、まさに地方の国衆たちの力によるといってよい。

Ⅱ　豊島氏の戦いと城――道灌にあらがった名門一族

豊島氏の要害「平塚城」はどこにあったのか

上中里の平塚山城官寺《ひらつかやまじょうかんじ》（東京都北区）に伝わる「平塚明神並びに別当城官寺縁起絵巻《えんぎえまき》」によれば、後三年《ごさんねん》合戦を終えた源義家《よしいえ》から、豊島氏は行基作十一面観音像《ぎょうきさくじゅういちめんかんのんぞう》と鎧一両を賜わったという。すでに前九年《ぜんくねん》合戦に出陣する義家らが豊島氏の館に立ち寄っていたこともあり、親しくこれを迎えたのだろう。元永《げんえい》年間（一一一八～二〇）に、豊島氏はこの鎧を埋めて、平らな具足塚《ぐそくづか》とした。地名の平塚はこうして生まれたという。今、「具足塚」の碑は平塚神社内にある。

城官寺から平塚神社周辺は、古代の豊島郡衙《ぐんが》跡（御殿前遺跡）が広がり、豊島氏の館跡、また平塚城跡とも言われている。寺名の「城官寺」は城跡とはまったく関係がなく、江戸将軍家侍医の山川《やまかわ》城官（貞久《さだひさ》）が建てた寺である。

考古学の世界からは、もっとはっきりと城跡の様子が見えてくる。本郷通りに面した西ヶ原ペアシティ（西ヶ原三―三〇）地下から、東西方向に幅二〇メートルを超える二条の切岸が見つかった。この切岸は虎口（城の出入口）の形式を持ち、南東方向の小さな谷（西光院無量寺・旧古河庭園）に向かっていた。この切岸内には道路状遺構、大井戸、土間状遺構、区画溝、柵列跡など、人々の活動の様子が見つかった。発掘担当者は、この切岸ができた時期を十四世紀代とし、十五世紀後半以降には切岸

平塚城の東切岸　大きくカーブした下り坂で、その先はJR 上中里駅へと続く　東京都北区

の役目はなくなり、墳墓の地に替わると考えられた。

そのほかの十五世紀代から十六世紀前半の遺構として、滝野川警察署右前方、一里塚の付近の本郷通りに面して切岸と土塁跡も見つかった。関東ローム層を深さ約二メートル、L字形に掘り込んであった。掘り切ったその土を積み上げ、換算で土塁にすると約四～五メートルの頑丈な城壁となる、と発掘担当者は指摘する。

台地の縁の標高二〇メートルラインで七社《ななしゃ》神社の北側地区からは、竪堀《たてぼり》、犬走《いぬばしり》と櫓跡《やぐらあと》もでてきた。「竪堀」とは台地に対して直角に掘り下げた堀で、登る者を攻撃するしかけだ。その東側上から見つかった二間×二間の柱穴は垂直に掘ってあった。つまり正方形の見張り台「櫓跡」と推定されている。さらに台地の縁東西にわたって、平らな場（平場）で、敵の侵入を移動しながら見張る場所の「犬走」が続いていたのだ。そこから崖下にＪＲ京浜東北線が通っている。

考古学の世界では、切岸がある場所は、その上部方向に土塁を築きあげて城壁とするものが多い。それは城跡の一番外側、すなわち、外郭《がいかく》を意味する。平塚城の場合、現在の本郷通りラインを南側の守備線とし、北側は京浜東北線を見下ろすラインを切岸と土塁で囲む。西側は史蹟・一里塚付近から北へ七社神社背後に監視場所の櫓を設ける。東側は、滝野川警察署前から平塚神社方面を限る範囲となろうか。つまり、国立印刷局滝野沢工場一帯が平塚城域といってよい。その城域のなか、滝野川公園のある谷戸を、かつての鎌倉道が北から南西に通過している。まさに、交通の要を押さえるかたちとなっている。

これまでの発掘成果から、平安時代後期、豊島郡衙として栄えた平塚地区は、鎌倉時代にはいまだ大きな館などの遺構はみることができないという。十四世紀以降に再び人々の活動跡がみられはじめ、太田道灌により落城する文明十年（一四七八）前後から十六世紀前半までが、城の機能を果たしていたことが、少しずつだが明らかになってきた。

上：平塚城の西側の切岸　現在は周辺のマンション開発が進み、景観が大きく変化してしまった　下：七所神社の入り口と一里塚（左の木立）この付近から切岸・土塁跡が見つかっている　撮影：伊藤一美　共に東京都北区

Ⅱ　豊島氏の戦いと城――道灌にあらがった名門一族

豊島兄弟の「対《むかい》の城」と激戦を展開した江古田原

文明九年（一四七七）三月、太田道灌は豊島氏を倒すことに決めた。江戸と河越を遮断するように、豊島勘解由左衛門尉と弟平右衛門尉が「対《むかい》の城」を構えていたのだ。これまで関東管領山内上杉顕《あき》定《さだ》のもと、家宰《かさい》長尾景信《かげのぶ》の命令に上野方面でも合戦に従軍し、勲功を挙げていた豊島氏の変心、なぜ新家宰長尾忠景《ただかげ》に従わないのか、と怒り心頭となっていたのだろう。

豊島氏からみれば、両上杉氏の間を動き回りながら、武蔵・相模の国衆らを差配する道灌、そして鎌倉以来の豊島氏の領域、江戸郷に居館を構えた彼への反発を感じるのはわかるような気がする。道灌の父親さえも、息子の言動を良く思っていなかったのだから。扇谷上杉氏家宰の道灌にしてみれば、主君上杉顕定に謀反を起こした長尾景春につく豊島兄弟を、放置することはできなかったのだ。もっとも豊島泰経《やすつね》の妻は長尾景信の女であり、景春とは義兄弟の関係が影響したからともいえるだろう。

豊島兄弟が構えた「対の城」（太田道灌状）とは、石神井城（兄）と練馬城（弟）とする説が主流である。「対の城」は歴史的には向城《むかいじろ》・陣城《じんじろ》ともいわれ、攻撃する側が相手の城に対して臨時的に設ける城郭施設である。これまで行われた発掘調査でも、石神井城と練馬城はどうみても臨時的な城とは思えないほど厳重な構造である。ならば、他の場所に「対の城」が設けられたはずだ。

「太田道灌状」の文明十年（一四七八）正月二十五日条に、「豊島勘解由左衛門尉は江戸要害に向かい平塚と言うところに対の城を誘《こしらえ》て楯籠もり候」とある。「江戸要害」とは道灌の江戸城を指し、それに対して造られたのが平塚辺りに置かれたという「対の城」だ。だが、それを平塚城とすることにも躊躇《ちゅうちょ》する。発掘では、平塚神社南側と七社神社付近から十五世紀代の遺物や竪堀などの城郭遺構のあることは明らかだが、この時点の豊島氏が所管していたならば、ここに「対の城」など築く必要はないからだ。しかし、その「対の城」がどこに構築されたのか、現状ではわからないのである。

　道灌は最初に「勘解由左衛門尉要害」を攻略する予定だった。文明九年三月十四日を総攻撃とし、事前に相模国内の道灌方国衆たちに後詰《ごづめ》として武蔵に出陣するよう命令を出していた。しかし、多摩川の増水で相模勢が武蔵へ入れず攻撃は中止された。その後、四月十三日、道灌は江戸城から打ち出して「豊島平右衛門要害」に「矢入れ」をしかけ、近辺を「放火」して「打ち帰ろうとした」という。微妙な表現だが、道灌は江戸城には帰っていないのだ。「矢入れ」とは合戦前に相手方に矢を射込み、様子を見ることである。明らかに「作戦」＝偵察・攪乱《かくらん》・おびき出し、といえるだろう。放火しているのは、それだけ要害の近辺に家々があった証拠だ。臨時的な城ではないことは明白だろう。道灌勢が放火して江戸城に

「史蹟 江古田原・沼袋古戦場」の碑　東京都中野区

妙正寺川（左）と江古田川（右）　東京都中野区

すぐ帰れるほどの位置にある「豊島平右衛門要害」とは、弟の城である練馬城とみてよい。

兄勘解由左衛門尉は石神井城から、弟は練馬城から打ち出して道灌勢に襲い掛かろうと動き出した。道灌は「馬を返して江古田《えごた》原《はら》」で合戦となる。「馬を返す」とは、まさに待ち伏せ的な行動の表現というべきだろう。練馬城下の放火情報（伝令）が兄の石神井城へ届くまでに、弟豊島平右衛門は先に自ら軍勢を出して、道灌方を追っていったのではないか。その結果が「平右衛門以下数十人討ち捕へ」になったと想像する。実は、道灌方軍勢は少数ではなかった。駿河国御厨《みくりや》（静岡県御殿場市）の大森実頼《さねより》勢も参陣していたことが「太田道灌状」に記されている。道灌が敵をおびき出す戦術を多用していたことは、同書に苦林《にがばやし》合戦（埼玉県毛呂山町）、用土原《ようどはら》合戦（同寄居町）のこととして誇らしく記している。豊島平右衛門は道灌の計略にはめられたのだ。

戦場となった江古田原は、南側を妙正寺川《みょうしょうじがわ》、北側を江古田川に挟まれた平地だが、幕末の「武蔵名勝図絵《めいしょうずえ》」に「沼袋の小名北原、上原、原辺り」としつつも、不明とする。すでに痕跡もなくなっていたのだろう。現在は、江古田公園（中野区）に碑が建つのみである。

Ⅱ　豊島氏の戦いと城――道灌にあらがった名門一族

江古田原古戦場の周辺に点在する首塚・豊島塚

太田道灌と豊島氏兄弟が戦った江古田原合戦地区には、戦死者を祀ったという「塚」伝承が残されている。通称「豊島塚」と言われている。この塚を語る史料は「豊嶋家系図」（泰盈《やすみつ》本・金輪寺《きんりんじ》本）の豊島泰明《やすあき》の釣書《つりがき》に「一族の戦死による多数の古墳がある。里人はそれを豊島塚と伝え称している」と記す。しかし、具体的な場所は示していない。

豊島塚のひとつ「お経塚」　東京都中野区

豊島塚とはどこなのだろう。西武新宿線の野方《のがた》駅の北方向、新青梅街道に沿って新宿方面に順に、大塚・金塚《こがねづか》・古塚・お経塚・四塚が以前から知られている。大塚（野方六―一―八）は別名首塚とも言われ、道灌が討ち取った豊島方武士の頸実検を行い、葬った所といわれる。関東大震災以後に塚を崩したところ、人骨・刀が出たという。

金塚（中野区江古田四―四一）では多数の人骨が出土したと伝えられ、また、死者の武具を埋めたとの伝承もあった。昭和十年（一九三五）に建てられた金塚碑は、今は中野区立歴史民俗資料館

上：周辺の豊島塚をまとめて合葬したとされる豊島二百柱社　下：地域住民が豊島一族の供養のために祀ったという身代延命地蔵尊　東京都中野区

の敷地内に移動している。古塚（中野区江古田二―二二）は、稲荷塚、狐塚などの別称もあり、人骨も出たという。お経塚（中野区江古田二―一四）はその名前の通り、銅製の筒（経筒《きょうづつ》）が出土したが盗まれてしまったという。そこに今は、江戸時代の馬頭観音像が、基壇上に祀られている。

ほかに四ツ塚があった。四ツ塚は古戦場の東方向で、江戸城に一番近い場所にあたり、今の新井薬師通りと新青梅街道の交差する地点に四つあったという。馬骨や刀などが出たとも伝わるが定かではない。名称からみて、交差する道沿いにあったのだろうか。こうした塚伝承は、全国の古戦場跡などでよく耳にするが、中世の武具武器の遺物というものは発掘でほとんど出てこないのが常識だ。

豊島塚伝承は、先述の「豊嶋家系図」が最初である。旗本の布川豊島泰盈が作成し、享保五年（一七二〇）に金輪寺に奉納したと伝えられる。すると、豊島氏子孫を名乗る同家が、こうした言い伝えを唱えだした可能性もある。幕末の文政十一年（一八二八）に完成した幕府編纂「新編武蔵風土記稿」でも豊島塚は「旧跡古戦場」の項目にはあるが、土人（その土地の人）に尋ねてもその場所がわからない、と記している。編纂者の間宮士信《まみやことのぶ》・三島政行《まさゆき》、その配下たちによる現地聞き取り調査の正確さはよく知られている。ここに不詳とあることは、その通りと考えてよい。太田道灌によって滅ぼされた、秩父平氏出身の名門豊島氏を継承するという旗本豊島氏の想いは、その滅亡の地と死者たちを供養することにあったのではないだろうか。

江古田公園　「史蹟 江古田原・沼袋古戦場」の碑が建つ。哲学堂公園から野方六丁目にいたる新青梅街道沿いの一帯が古戦場と伝える。以前は、戦死者を葬ったおびただしい数の塚が周辺に残されていたという　東京都中野区

　なお、地元研究者の著作には、こうした伝承を幕末生まれの親族から聞いたと記されていることにも注目しておきたい。

Ⅱ　豊島氏の戦いと城――道灌にあがった名門一族

戦国末期も豊島郡域に繁延した豊島氏の子孫たち

戦国時代の終わる頃、武蔵豊島郡域には中世武士たちの子孫といわれる人々が多く残っていた。熊野那智山《なちさん》の御師《おし》たちが残した「としま名字のかき立」からその様子をうかがうことができるのだ。その人名を以下のように分類すると、おもしろいことがみえてくる。

この一覧表を参照しながら筆者の考えるところを示そう。この史料の年代観は、これまでの研究でも戦国末期とされている。

分類①「秩父畠山系江戸氏一族」は、江戸氏の塊《かたまり》として把握できる部分である。ただし、記されている人物が系図等で確認されるものではない。「いい蔵《(飯倉)》」「こう《(国府)》」など、地名が今の東京都港区地域にわずかに残り、江戸城域を含むことが想定される。表書きの「ちちふのはたけ山」系統と、当時は信じられていたことがわかる。

分類②「豊島三河守系豊島一族」は、秩父平氏系のなかでも「(豊島)三河守」系統ととらえたものと考えてみた。国立公文書館蔵「豊島・宮城文書」で、中世末期作成の豊島系図のなかに豊島三《み》河守《かわのかみ》泰秀《やすひで》、豊島三河守泰次《やすつぐ》、その子三河守経泰《つねやす》など、受領名《ずりょうめい》三河守を名乗るものも見えることから、豊島氏の官途《かんと》伝承の一つと考えてよい。

表　「としま名字のかき立」所載の人名

一族で分類		記載形式で分類 分類①	分類②	分類③	分類④	分類⑤	分類⑥	分類⑦
		地名＋名前＋殿	在所＋地名＋名前＋殿	在名＋地名＋名前＋殿	在名＋地名＋名前	在＋地名＋名前＋殿	地名＋名前＋殿	地名＋名前
分類①	秩父畠山系江戸氏一族	江戸かと岡殿 江戸よこせ殿 江戸こう方殿	在所江戸北いい蔵殿 在所江戸南いい蔵殿 在所江戸こはや川殿				江戸こう方殿	
分類②	豊島三河守系豊島一族			在名板橋をく殿 在名あさかい二郎殿	在名平河ひやうご	在こひなたたんしやう殿	いたはしひやうご殿 ねりまひやうこ殿 ねりま弥次郎殿 平つかふんこ殿 かね杉たくミ殿	いたはし周防 牛米てんきう かつまのやまね のかたはやと
分類③	在所・氏が異なる系統一族		在所平山平山殿				むら山山口殿 せやさ衛門殿 平山伊賀殿 かつま弾正殿 藤さうのさんない殿 あたち大宮牛小田殿	かつま大郎 しらこ庄賀物助 庄中務丞
	表1に登場しない		在所田の入こみや殿				平河平六殿	

実は豊島三河守は、享徳四年（一四五五）正月十四日には実在し、足利成氏方として長尾景仲・上杉持朝軍との合戦（享徳の乱）に参陣している。なお、同日付けで豊島勘解由左衛門尉にも成氏の軍勢催促状が出されており、彼らは親子と考えてよいだろう。

しかし、豊島勘解由左衛門尉を名乗る豊島氏は、この享徳四年から文明九年（一四七七）まで二十二年間にわたり存在し、先の系図でもこの間、一〇代にわたって系譜が続くことは作為があるとしか考えられない。この親子を誰に充てるかは至難の技である。研究上では、三河守を範泰《のりやす》に、豊島勘解由左衛門尉はその嫡子ではないかとされている。いずれにしても両者の官職名は武蔵豊島氏歴代の通称であったことは理解できるだろう。

豊島一族の分布地名をあげると、練馬（練馬区）・阿佐ヶ谷（中野区）・野方（中野区）・板橋（板橋区）・平塚（北区）・金杉（台東区）・小日向（文京区）・牛込（新宿区）・平河（千代田区）など、都心中央部（江戸）回りに所在していることがわかる。なかでも「平河　ひやうご」の注記には「さはい分、大にて候、今はそふりやう、平六殿」とあることに注目したい。意訳すれば「（豊島三河守の子孫として、一族の）差配をする力は大きく、今は平六殿がその子孫の惣領となっている」と解釈できる。また「こひなた（小日向）たんしやう（弾正）殿」には「今ハこういちそく」と記載されており、意味は「今は（畠山江戸一門の）国府方の一族となっている」と解釈できる。

分類③「在所・氏が異なる系統一族」を見てみよう。地名を上げると村山（東京都瑞穂町・東村山市）・

かつま（霞か：埼玉県狭山市）・大宮（さいたま市大宮区）・白子庄（埼玉県和光市）・藤そう（藤沢か：同入間市）などに想定できる。豊島郡の南西部地域に分布していることが明らかだ。この人々は、どこに所属するのだろうか。この古文書をよく見ると、墨たっぷりの太い字で「在所たの入（人か）」と、これまでの本文にある「在所（脇書）＋人名」の小さな字形とは大いに異なることがわかる。つまり、ここは第三グループの小見出し表題であり、「在所は他の人」と解釈すべき所なのだ。たとえば、山口氏・庄氏・平山氏は武蔵七党出身、潮田《うしおだ》氏は太田氏出身であることからも、まさに「在所にいても氏は異なる人たちである」と表題に著わされたのである。

以上、この史料の外形的な検討から、三つの区分となっていることが理解されるだろう。

次にこの表からわかることはなんだろうか。①グループは、広域地名である江戸を冠しているので、先述したように桓武平氏秩父系畠山氏の流れを引く江戸氏である。特に「江戸こう方殿」は応永二十七年（一四二〇）の「名字武蔵国江戸書立、廊之坊」（米良文書）に「国府方殿」「大殿」などの中心的な江戸氏で、現在の千代田・港区などの地域に分布する江戸氏一流にあたる。

②から⑤グループは「在所」「在名」「在」がその地名の前に付くことが特徴である。「在所」とは「ある人が住んでいる所、あるいは今居る所」（日葡辞書）の意味があり、「在名」は「住所の名をとってつけた氏、または名」とあるように、名字を示す。「在」は「いなか、村里」の意味もある。語彙の区分からもその出身地域がわかり、また当該地に生活圏をもつ者と考えてよい。

⑥と⑦グループは、地域村落の中で「大人成り《おとななり》」を経たうえで名乗る「官途名」がつけられていることが特色となる。これは農村の座衆《ざしゅう》として村落の正式な構成員イコール村人として把握されている階層の者たちだ。ただ、⑥と⑦の差異は、「殿」付きで呼ばれているか否かであって、村落構成員としては、ほぼ同じ階層の人たちといってよい。以上のように、この表からは、社会構成上の村落身分を知ることができるのである。

最後に、熊野那智山御師がどのようにして、こうした掲載人物の家や個々の名前、またその家の歴史を知ることができたのかを考えよう。

これまでの研究では、那智山御師が地方の武家・地下旦那衆《じげだんなしゅう》らに熊野信仰の御加護を保証し、祈禱品（お札）や土産品を現地に持参配布し、その見返りとして年貢《ねんぐ》を取る目的であったとされる。つまり「旦那職《だんなしき》」というものであった。それも事実の一つと考えられるが、現地に分流する一族をどのように同族単位に把握するのか、その方法について検討された研究は管見の限り見当たらない。

ときは江戸、慶安《けいあん》三年（一六五〇）十月の「旦那先例書上控」という三か条の史料が、この答えを出してくれる。

まず第一条では、武家の御旦那の本名（ウジとカバネ）について、独断ではなく複数の者たちとで確認して極めるようにすること、二条は、証文がない場合は、今住んでいる国名を記していくこと、三条に、土民（名主《みょうしゅ》《なぬし》・公文《くもん》・大人《おとな》百 姓《ひゃくしょう》）はその住む国の郡・庄・村持のみを「証文次第」に記録していくこと、とされている。本宮・那智山・新宮の三者代表がこれまで行って蓄積してきていた「旦那先例」の記載書式を確認・取り決めしていたことを知ることができる。

今でも熊野社には多数の系図が奉納されており、たとえば「畠山氏系図」は、一族の高山氏系統の小林氏が貞和《じょうわ》二年（一三四六）に奉納しており、「塩谷氏系図《しおのやしけいず》」などは武蔵七党の有道家時《ありみちいえとき》が正応《しょうおう》二年（一二八九）、三度目の熊野参詣で「系図正文」を自筆で御宝前に納めている。さらに家時の娘とその夫の高島家直《いえなお》夫婦も熊野詣で有道系図を奉納していた。

こうした系図を納めるのは、もちろんその氏の発展を願ってのことであるが、熊野社側でも、積極的な「本名」（系統）確認ができるものを要求していたことを示すと考えられる。このようなケースでは、たとえば「武蔵国越生一門名字書立写《おごせいちもんみょうじかきたてうつし》」などには「たれにてねんころニ御たつねにて候」と御師の追記がなされていることからも、それがわかる。なお、「土民旦那」など庶民クラスでも「備中国《びっちゅうのくに》先達《せんだつ》書立写」などに「備中国西阿知ニてたんなへききし處」とあって、村単位に旦那衆に確認しており、その結果、公文の子孫や大人（乙名《おとな》）の先祖など、一族の名前が確認されている。

以上のように、熊野社御師の地方武士の旦那獲得には、かなり正確な聞き取り調査や当事者からの「系図」申告が鎌倉時代から行われてきていたことは史実であったといえる。奉納されたそれは、決していい加減な系図ではないのである。

長尾景春と伯父の景忠が武蔵の所領支配で争う

武蔵国橘樹郡柴郷《たちばなぐんしばごう》の百姓たちは、長尾景春《かげはる》の下人に従いそうな状況であった。現地の年貢などの徴収と管理を任されていた円覚寺《えんがくじ》雲頂庵《うんちょうあん》住持の久甫淳長《きゅうほじゅんちょう》らは、下人を殺して景春勢力を排除しようと考えていたらしい。それを知った長尾景忠《かげただ》は、自分の代官を遣わして、さらに久甫の「御力者《おんりきしゃ》」（強力の者《ごうりき》）を現地に置いておくことで、景春方のけん制策を提案する。「景春の代官らが軍勢を出して来たら合戦となってしまう。下人一人のことで大げさになるのは避けるべきだ」と指示した。

一方、百姓たちも年貢を景春方に納めようとしていたように、旧来の権益を確保しようとしていたらしい。これまでも年貢減免や屋敷税の免除など、彼らは領主（代官）に認めさせてきた実力を、領有者の交代を契機に、矛先《ほこさき》をあらたな権力者にも向け始めた。百姓たちと領主との「交渉力をめぐる争乱」が、そして領主同士の「長尾景春の乱」が一足早く勃発していたのだ。

二年前に山内上杉氏家宰《かさい》となった長尾景忠は、久甫淳長に師事した。もともと雲頂庵は、父親長尾景仲《かげなか》の屋敷に建てられた円覚寺の塔頭《たっちゅう》であり、子の景忠は新たな土地の寄付や普請などで、久甫から「当庵中興の主」といわれている。このような関係を通じて、久甫は景忠所領の経営管理を任されていた。すでに小机をはじめとする年貢は、これまでは諸公事《しょくうじ》といって年貢や人力を提供する夫役がいくつもあったが、景忠が二年前、初めて現地小机に入ったときに、百姓たちとの約束で年貢は銭一二〇貫（およそ一二〇〇万円）を、その年の損亡に関係なく納めることで合意していた。地元百姓からみれば「銭で決裁」は、彼らの手元に米相場差額分が残る利点となったはずだ。

こうした税金減額ともいえる、現地百姓と景忠との交渉が行われたのが二年前「去々年在郷」とあることに注目したい。景忠が山内家家宰となったのが文明五年（一四七三）の年末頃である。家宰職の父長尾景信《かげのぶ》の死去に従い、景春は自分が家宰職を継承するつもりであった。これまでの父の職にともなう権益地がいくつもあったのだろう。納得できない景春は景忠への妨害を始めていく。

そのひとつの柴郷には、景春の中間彦太郎《ちゅうげんひこたろう》なる者がとどまっていた。主人からの呼び出しで彼は鉢形《はちがた》へ出かけて行った。その情報をつかんだ景忠は雲頂庵久甫に指示をだす。景春方の者がいないうちに「御力者」を現地に送ろうとする。だが、周りからはよくないといわれ、近くの今井《いまい》・河嶋《かわしま》までの派遣にとどめたのである。景忠の手紙の中で太田道真（道灌の父）が河越に帰還していることや、柴郷の下地《したじ》（土地）の管理については道真と頻繁に書状などで連絡を取り合っている様子がわかる。

この柴郷には「師岡保《もろおかほ》柴関所」などがあり、交通・交易の要地でもあった。今の横浜市西区浅間町芝生にあたり、先の今井・河嶋もその西側、保土ヶ谷区内にあたる。長尾景忠方も、お互いを刺激することはなるべく避けようとしていたらしい。中世の地域為政者の心持ちを知るようだ。だが、二人の関係はこれから以後、徐々に冷え込んでいくのである。

Ⅲ　道灌を支えた武士団と反旗を翻す長尾景春

中小武士団が現体制を見限り、景春に命運を託したわけ

僧松陰《しょういん》は、長尾景春の述懐をどこからか聞いていたらしく、その回想録「松陰私語《しご》」のなかに記している。彼は上野の武士岩松氏の陣僧《じんそう》であり、多くの武将たちを見知っていた。尾張守忠景《ただかげ》に憤りをもつ者たちが二・三千人もいる。武蔵・上野・相模の武士で、みな景春の味方となった。上杉方の本陣五十子《いかっこ》陣に通じる道を封鎖して、商人の出入りを塞いだ。阻止する上杉方と路地での合戦、また村里の領有問題などでせめぎ合いが際限ない様子だ。忠景は白井長尾景仲の次男で、山内上杉家の家宰である。景春は父景信が文明五年（一四七三）に死去したので、本人は父の職を継ぐつもりでいたらしい。ところが、上杉家宿老の意向により父の弟忠景が任じられてしまう。

家宰とは、当時は「管領の代官」（殿中以下年中行事）といわれ、山内上杉家の家臣を統率し、また鎌倉府の実務のほか、武蔵・上野国守護代をも兼ねていた。だが、実務は家宰当人に仕える者や傍輩《ほうばい》と呼ばれる親しい同僚などが執行していた。すでに景春の祖父景仲の時代から、こうした職務に係る者たちがかなりいたことは間違いないだろう。その関係が切られることは、従う武士層にとってはまさに死活問題であった。

松陰は、また景春が反乱を起こしたわけを記した。忠孝を挙げてきた景仲・景信の子孫である景春

を重んじることなく、「父祖の忠信すら受け止める気がない」上杉顕定《あきさだ》には従えない、と述懐したという。さらに景春は道灌に申し入れる。文明七年（一四七五）頃のことだ。上杉顕定支援のために道灌が五十子陣へ出馬するのは止めてほしいと。景春は、これを無視する道灌のもとを早朝訪問し、主君上杉顕定と定昌《さだまさ》を葬る決意を伝えた。そう伝えられた道灌から直接漏らされた極秘情報にもかかわらず、当の顕定は真剣に受け止めない。道灌の父道真もまた顕定同様で、逆に道灌に「景春との縁を切れ」という始末であった。道灌の妻が景信の姉妹という関係があったからだ。

一方、景春と対立する景忠はかなり真面目な人ではないか、と感じさせる。たとえば文明八年頃、円覚寺雲頂庵寺領年貢の徴収をめぐり、年貢徴収担当の住持久甫らが景春の下人を打ち殺そうとする動きがあった。表立って事を大きくするなと忠景は寺に申し入れる。さらに、景春の中間彦太郎の鉢形への帰還に際して、その留守中に忠景の関係者を寺領に入れ置くことは、景春に良い印象を与えない、と派遣を断っている（雲頂庵文書）。こうしたやりとりは、叔父忠景が景春の性格をよく知っていたことを示すものだろう。

では、道灌からみた景春はどんな人物であったのだろう。「太田道灌状」記載の、景春に従った「同心・傍輩」（黒田基樹『図説 太田道灌』（戎光祥出版）所載「太田道灌書状を読む」の条番号参照）に注目してみよう。

道灌の見方は、たとえば⑦条「景春元より器用無きため、傍輩・被官狼藉人等日を追って倍増せしめむるの間」、㉒条「器量のない人」などと記す。「日葡辞書」によれば、「器用」は「熟練した腕前と才能を備えた（人）」といい、「器量」とは「良い性質と優れた才能」という意味だ。道灌は妻の親族でも権力の敵対者であれば良い評価はしない。では、道灌に加担した傍輩・被官への見方はどうか。

①条「大串弥七郎《おおくしやしちろう》」は、「身命相い通ずる旨に候」とあるように「心も体も（景春に）相通じる」ほど得るものがあったらしい。それは「小（大か）串老母」の生活費が、これまでは景春の鎌倉郡金井の地から出されていたらしく、景忠になってからはそれが拒否されていることがわかるからである（雲頂庵文書）。

②条「毛呂三河守《もろみかわのかみ》」の場合は、「たとい今度一往の儀は一人に限らず候」とあるように「一往の儀」、つまり「一度のこと」であり、こうした感情で従った手合いは多数あったらしい。

③条「小宮山左衛門太郎《こみやまさえもんたろう》」は「一段正体無き覚悟を以て不儀をなし」で、「益体《やくたい》がない」「だらしがない」など、人格を誹謗されているようだ。

彼ら武士層が、自己の生き方を道灌や景忠に託すことを選択しなかった点は重要だ。長尾景春に期待する何かが彼らを駆り立てたことは間違いない。景春がこれから以降も時と場所を変えて、現政権への反旗を翻していくことがわかるように、そうした「持続するエネルギー」＝政治批判を示す力に彼らは魅かれていったのではないか。ただ、景春はそれをひとつの政治集団として組織できなかったというべきかもしれない。

長尾氏系図

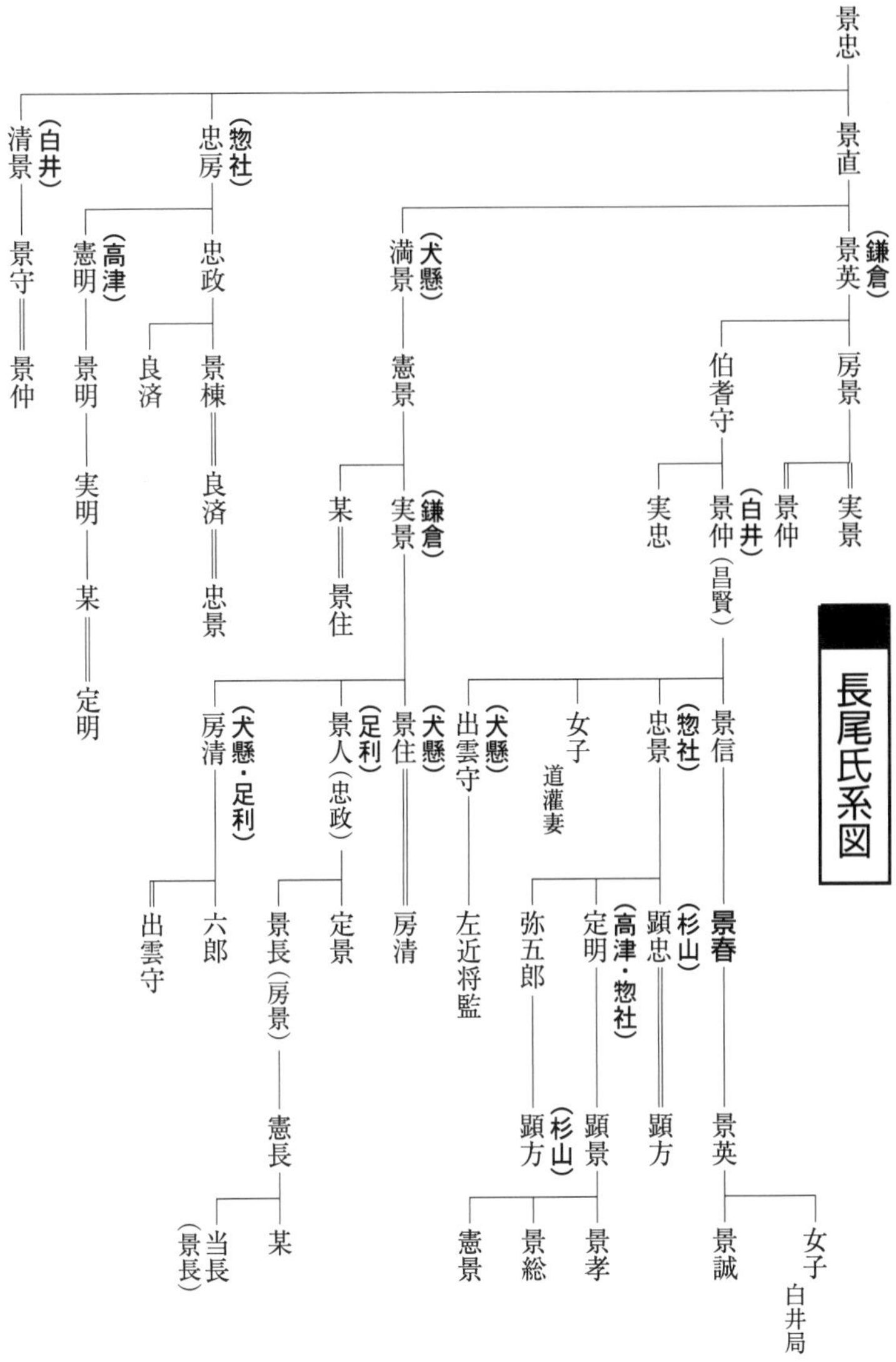
景忠
景直
(鎌倉)景英
房景
実景
景仲
伯耆守
(白井)景仲(昌賢)
実忠
景信
景春
景英
女子 白井局
景誠
(物社)忠景
(杉山)顕忠
顕方
(高津・惣社)定明
顕景
景孝
景総
憲景
弥五郎
(杉山)顕方
女子 道灌妻
(犬懸)出雲守
左近将監
(犬懸)満景
憲景
(鎌倉)実景
某
景住
(犬懸)景住
房清
(足利)景人(忠政)
定景
景長(房景)
憲長
某
当長(景長)
(犬懸・足利)房清
六郎
出雲守
(物社)忠房
忠政
景棟
良済
忠景
良済
(高津)憲明
景明
実明
某
定明
(白井)清景
景守
景仲

Ⅲ　道灌を支えた武士団と反旗を翻す長尾景春

戦国乱世へ橋渡しをした〝裏方の実力者〟景春

長尾景春は、山内上杉氏への恨みをその後も持ち続けていく。景春の乱そのものは文明十二年（一四八〇）六月二十四日、本拠にしていた武蔵秩父郡日野城（埼玉県秩父市）を道灌軍に落とされて収束に向かう（太田家記）。敗戦を契機に出家して伊玄《いげん》と号した景春は、あきらめなかった。武蔵太《おお》田庄高柳《たのしょうたかやなぎ》（同久喜市）にいた雪下殿《ゆきのしたどの》（尊倣《そんじょう》）のもとに駆け込んだのだ。その見返りとして武蔵戸《と》森郷《もりごう》（同川島町）の代官を拝命する。長享元年（一四八七）のことだった。

ここは足利鑁阿寺《ばんなじ》の所領であり、景春は挨拶を兼ねて同寺に出向いている。寺当局は、「恐怖」だと雪下殿の奉行人に訴えている。寺側では、武蔵国が戦乱状態であることを知っており、また景春に戸森郷を奪われるのではと恐れたのだ。奉行人は、寺から力者《りきしゃ》（警備役の従者・用心棒）を派遣し、とりあえず景春に任せよ、と公方雪下殿の意思を伝えている。その後、戦勝祈願の礼状を景春は鑁阿寺に出すなど、公方家臣として活動していくこととなる。

長享二年（一四八八）二月、景春は上野鳥取に出陣し山内上杉顕定軍を攻撃する。足利長尾氏の力を借りた景春だったが敗北する。だが、この直後から両上杉氏の内部崩壊が始まっていく。史上には二月「実蒔原《さねまきはら》合戦」（神奈川県伊勢原市）、六月「須賀谷原《すがやはら》合戦」（埼玉県嵐山町）、十一月「高見原《たかみはら》合戦」

（埼玉県小川町）と続く山内・扇谷上杉氏の戦いである。これらの戦いにも、景春は公方足利政氏《まさうじ》の下に従軍し山内上杉顕定《あきさだ》方を攻撃している。須賀谷原合戦では、兵力五分の三ほどの不利な戦闘だったが、景春軍は退くこともなく上杉定正の軍勢との戦闘に勝ち抜いたという。その「勝利の誉」は関八州に隠れもないほど評判となった（上杉定正状）。顕定への怒りと憎しみは、いまだ消えていなかったのだ。

上：実蒔原古戦場跡　神奈川県伊勢原市　下：須賀谷原古戦場跡　埼玉県嵐山町

明応三年（一四九四）、政氏は山内上杉顕定支持にまわった。家臣景春は足利を離れるしかなかった。これまでともについてきた景春嫡子の景英《かげひで》も、足利長尾氏との婚姻関係を基盤に父とは異なる道を進む。彼もまた山内上杉氏に仕官していく。

明応五年（一四九六）、景春は扇谷上杉氏方として、小田原城を守る大森藤頼《ふじより》の援軍として、相模に出陣する。敵方山内上杉氏陣営には、子の景英がいた。すでに七沢《ななさわ》要害を落とし、相模西郡まで進出し、小田原城への「陣城」まで築いていた。七月に扇谷上杉氏と提携する伊勢宗瑞《いせそうずい》の弟伊勢弥次郎《やじろう》を派遣する。結果は惨敗であった。長尾景英自身が陣城内から討って出て、弥次郎自身も討ち死にした。同時に上杉朝昌《ともまさ》（朝良《ともよし》の子）、家臣上田一門、三浦道寸《すん》（朝良の従兄弟）なども退いた。その後、長尾景英は勝利の勢いで、上田正忠の拠る実《さな》（眞）田《だ》城（平塚市）まで攻撃せんとする。景春の要請を受けた上杉朝良も相模への出陣を決める。だが、景春と実子景英の親子の対決の動きは不明だ。

永正《えいしょう》三年（一五〇六）、古河公方足利政氏・高基《たかもと》親子の亀裂が、永正の乱を引き起こす。越後上杉氏当主房能《ふさよし》と家宰長尾為景《ためかげ》との対立・戦陣も起きた。上杉顕定（可諄《かじゅん》）も越後上杉氏への肩入れを始め、政氏の三男を顕実《あきざね》として上杉当主に入れようとする。公方の血筋を軸に、上杉氏と家宰長尾氏の分離抗争が続出した。

永正六年（一五〇九）、長尾為景の支援要請を、伊勢宗瑞と景春が請けいれた。宗瑞はこれを契機に、扇谷上杉氏の拠る相模・武蔵に侵攻、景春もまた翌七年に反山内上杉氏への兵を挙げ、「自火して退く」とあるように反逆を示す（歴代古案三）。長尾帯刀左衛門《たてわきざえもん》、吉里一類なども津久井《つくい》城（相模原市緑区）に入り、武蔵横山の椚田《くぬぎた》城（東京都八王子市）を攻撃中の宗瑞と結ぶ。顕定は「一代両度の不儀（義）」と景春を激しく弾指する（歴代古案三）。それは六月十二日付けで、宿老長尾景長《かげなが》へ想いを込めた長文の手紙であった。だが六月二十日、顕定は越後の長尾為景・当主上杉定実《さだざね》との戦闘で命を落とす。

その後も景春の動きは神出鬼没だ。山内上杉憲房《のりふさ》との対陣では、上野国沼田《ぬまた》庄内相俣《あいまた》（群馬県みなかみ町）、宮野（同）でこれを迎え撃ち、勝利している。同時に、越後上杉定実に援軍を要請しているが、うまくいっていない。ついには「罰文《ばつぶん》」（起請文）をも提出する羽目になっている（御書集）。結局、この戦闘は負け戦となり、景春は甲斐国《かいのくに》に密かに脱出した（勝山記）。

永正九年（一五一二）正月、越後上杉定実が藤沢《ふじさわ》清浄光寺《しょうじょうこうじ》の時衆厳阿から得た情報で、景春が「駿河」にいることが知られる（上杉文書）。ただ、宗瑞の対応が変わったと伝えている。それは前年の十一月以前、扇谷上杉朝良と宗瑞との停戦和睦の結果だろう（尊経閣文庫蔵飯尾文書）。これまでのように、上杉氏への敵対は実質できなくなり、景春への支援も停止せざるをえない。そこで景春の体面をも保てるよう、宗瑞は親族の駿河今川氏のもとに送る。そして、永正十一年八月二十四日、景春は死去する。法名は、「涼樹院殿大雄伊玄庵主」と付された（双林寺伝記）。

景春の三〇年以上にわたる抗争のエネルギーの根源について、黒田基樹氏は「（山内上杉）顕定への強烈な敵愾心」と指摘する。と同時に、若い時期から親族の太田道灌と交流し、その後、伊勢宗瑞の支援を受けつつ、自己の行動を示していくために古河公方の直臣となったことを重視する。それは「武将としての生涯」であったと。わたしは、最後まで自己を貫いた人生によって、室町後期から戦国時代への橋渡しの人物であり、道灌と宗瑞を世間に知らしめた「裏方の実力者」と評価したい。

太田氏系図

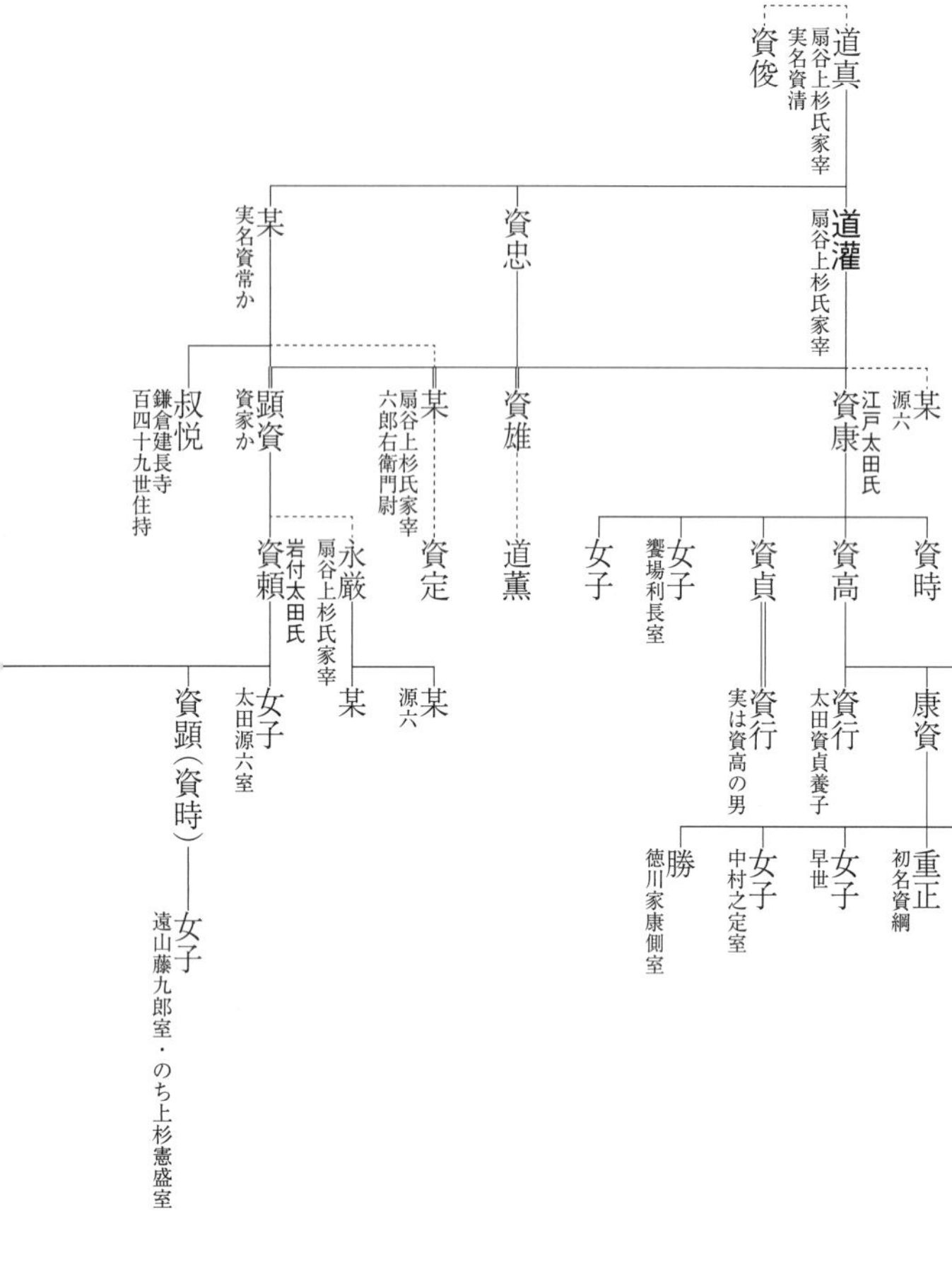
道真 扇谷上杉氏家宰 実名資清
資俊
道灌 扇谷上杉氏家宰
資忠
某 実名資常か
某 源六
資康 江戸太田氏
資雄
某 扇谷上杉氏家宰 六郎右衛門尉
顕資 資家か
叔悦 鎌倉建長寺百四十九世住持
資時
資高
資貞
女子 饗場利長室
女子
道薫
資定
永厳 扇谷上杉氏家宰
資頼 岩付太田氏
景資
女子
康資
資行 太田資貞養子
資行 実は資高の男
某 源六
某
女子 太田源六室
資顕（資時）
某 源七郎
某 駒千代
重正 初名資綱
女子 早世
女子 中村之定室
勝 徳川家康側室
女子 遠山藤九郎室・のち上杉憲盛室

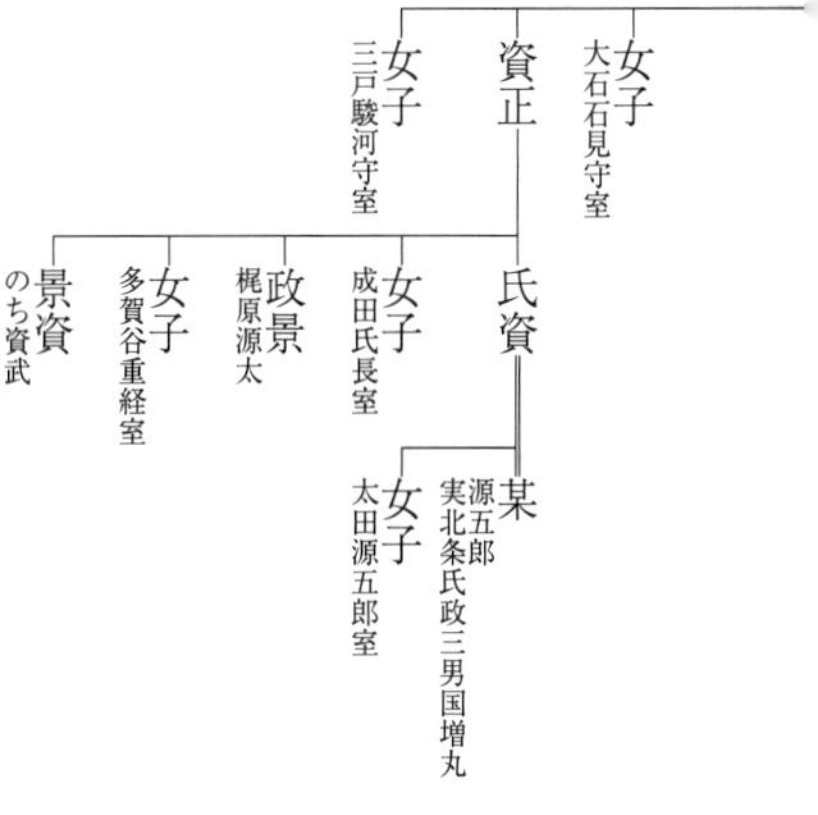
女子
大石石見守室
資正
女子
三戸駿河守室
氏資
女子
成田氏長室
政景
梶原源太
女子
多賀谷重経室
景資
のち資武
某
源五郎
実北条氏政三男国増丸
女子
太田源五郎室

Ⅲ　道灌を支えた武士団と反旗を翻す長尾景春

岩付・江戸・河越の築城と堀越公方足利政知の元服

長禄元年（一四五七）という年は、北武蔵地域の築城バブルラッシュといえる時期だ。四月には、太田資清（道真）が岩付城《いわつき》（さいたま市岩槻区）を取り立て、息子の太田資長（道灌）が江戸城を築く（鎌倉大草紙）。ほぼ同じ頃には上杉持朝が河越城を取り立てている。同年六月、室町幕府から渋川義鏡《よしかね》が蕨城《わらび》（埼玉県蕨市）に派遣される。これは一族の渋川義行《よしゆき》が、以前よりここに城を構えていたためだったという。幕府の支援を得た上杉房顕はこののち関東への影響力を強めようとしていく。十月には、鎌倉公方足利成氏が古河城普請の完成を契機に移動していった。十二月、上杉房顕は五十子に陣を構え、成氏方とにらみあうこととなる。

先に武蔵に来た渋川義鏡は、将軍家一門で九州探題を務めた家柄を誇っていた。その権威を利用して武蔵・相模の武士たちに反成氏方となるよう下知を出したが、まったく効果がなかった。歌人で大名の東常縁も上総・下総の武士層を召集しようとしたが、これもまた当てが外れ十分に集まらなかった。そこで、将軍足利義政は天龍寺僧だった弟を還俗させて政知《まさとも》と名乗らせた。それから上杉政憲《まさのり》らを付けて伊豆堀越まで派遣している。長禄元年十二月のことだった。

戦記物である「鎌倉大草紙」には、政知が伊豆三嶋明神前で元服する様相が描かれている。木戸孝範が加冠役、上杉政憲が理髪《りはつ》を調えている。冷泉《れいぜい》派歌人の木戸氏は「千代ふる霜の白髪なるまで」と主君政知の安泰を祈念した。その他の側近衆としては南伊勢守・飯河《いがわ》河内守・布施為基《ふせためもと》など、幕府官僚層がついていた。当時の鎌倉を「御所もなく、要害あしく、敵地も近ければ」と同書は記す。だが、公方政知は鎌倉内寺院からの寺領維持の要請に積極的に滞在する伊豆堀越から支援する。早速に、円覚寺黄梅院《おうばいいん》や建長寺へ禁制を交付している。

長禄三年（一四五九）十月、頼りとする上杉房顕軍は武蔵太田庄、上野羽継原《はねつぐはら》合戦で足利成氏方に敗れてしまう（御内書案）。十一月には、幕府方として活動していた渋川伊予守が武蔵浅草で死去する。こうした戦局の動きは各陣営へ影響を及ぼし始めた。すなわち、公方政知は伊豆国、古河公方成氏は上野国、上杉房顕は武蔵国、同持朝は河越地区、渋川義鏡の将板倉頼資《いたくらよしすけ》は相模一宮、今川範忠《のりただ》が鎌倉地区を、というようにそれぞれの勢力が均衡するようになっていくのだった。このことを鎌倉鶴岡八幡宮香蔵《こうぞう》（象）院《いん》の十五代供僧の珍祐《ちんゆう》はその日記で語っている。

こうした経過からみれば、長禄元年の城郭建設バブルから同三年にいたる時期こそ、北関東の戦国史のなかで重要なエポックと捉えられるだろう。関東地域は将軍家と旧鎌倉府足利一門の対立から、さらに各地の在地武士層もまた、自己の思惑に従って混乱対立する様相を見せ始めていたのだ。

Ⅲ　道灌を支えた武士団と反旗を翻す長尾景春

両上杉氏が築いた最大の駐屯地・五十子陣の構造と攻防

志度川をわたって埼玉県本庄市に入る。大河川の小山川に沿って小山川水循環センター（前身は本庄市の水質管理センター）・タツムテクノロジー工場・本部事務所一帯が、かつての五十子陣跡である。「武蔵志」の図（写真参照）には土塁と掘割のつくる直角の折れと曲がりが明確にあり、稲荷社のある本丸跡が堀によって囲まれた様子がよくわかる。北と東が三〜四メートルほどの崖状地形と小河川に囲まれ、陣城として取り立てるには都合の良い場所であった。近くには鎌倉街道も通過し、現在の国道17号線に沿った重要拠点といえる位置を占めている。

長禄元年（一四五七）、山内上杉房顕がこの五十子陣に拠点を設けたという（鎌倉大草紙）。このとき、幕府では事前に堀越公方名代として上杉政憲を武蔵・相模・上野方面の一揆衆への下知・召集のために派遣し、房顕方への参陣を働きかけている。この時期、古河の足利成氏勢力は拡大状況で房顕方は苦戦していた。寛正元年（一四六〇）には伊豆の公方政知までも攻撃されてしまう。幕府もこうした状況への対応には苦心していたのだった。

寛正四年（一四六三）八月、房顕の家宰であった長尾景仲が死去した。房顕はこの頃から関東管領職を辞任する意向を幕府に伝えていた（御内書案）。だが幕府は許さず、翌年も彼を引き留めている。

こうした中の文正元年（一四六六）二月、房顕は五十子陣にて病没してしまう（鎌倉管領九代記）。幕府・古河公方、そして両上杉氏との政治状況とその精神的対応が彼の健康を害したのではなかったか。

幕府は同年六月、越後上杉房定の子顕定に扇谷上杉房顕の遺跡を継承させる。この翌年の応仁元年（一四六七）正月、ついに応仁の乱が始まる。古河の成氏は、翌二年に幕府と一時だが講和する。関東につかの間の平和が訪れていた。文明元年（一四六九）、太田道真は武蔵河越城において、連歌師の宗祇《そうぎ》や心敬《しんけい》らを招いて河越連歌会を開いている。

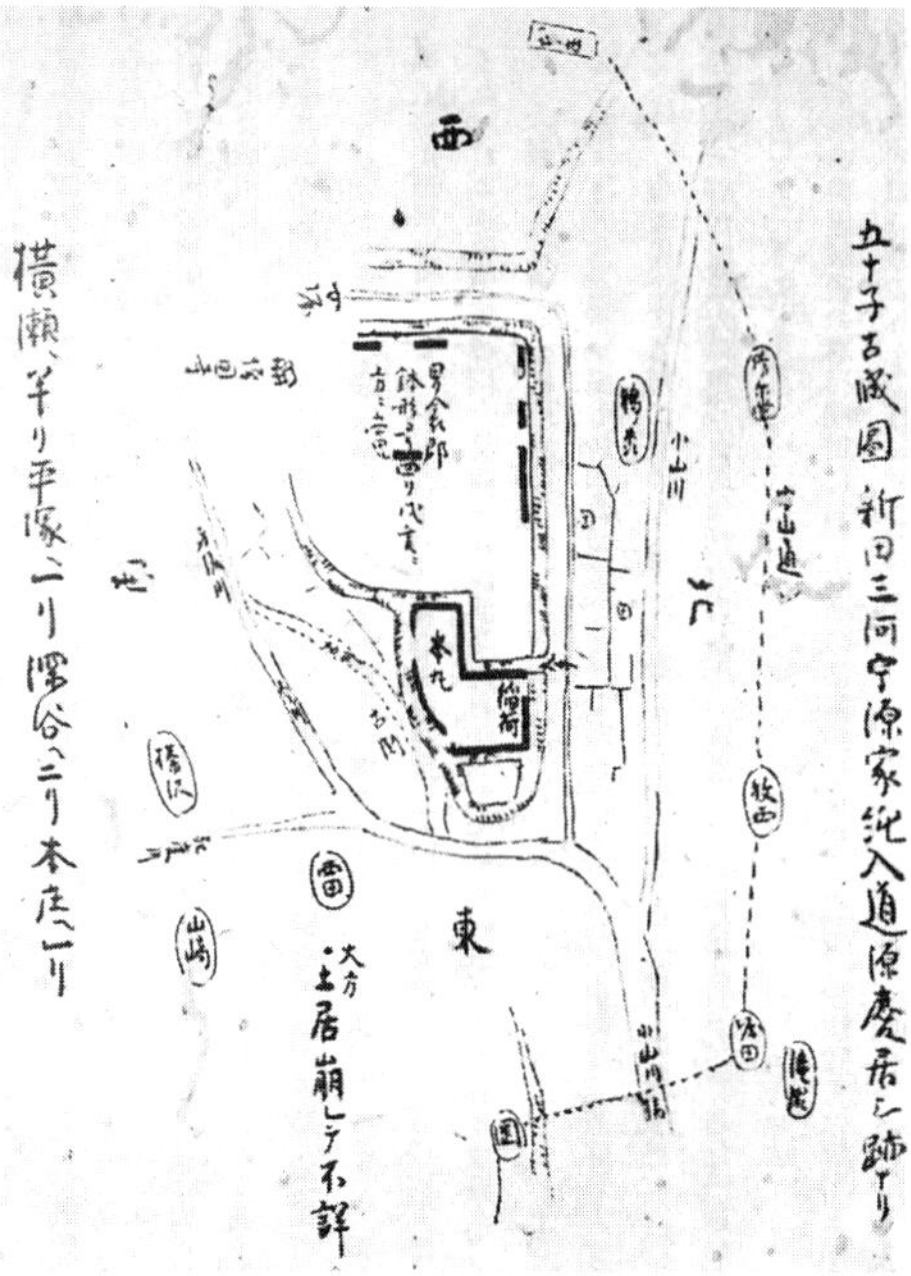

五十子古城図「武蔵志」　国立国会図書館蔵

文明三年（一四七一）三月、古河公方成氏が伊豆三島で堀越公方政知と戦うが敗北する。それと合わせるかのように扇谷上杉政真の将太田資忠《すけただ》は上野国館林城を落としていく。幕府は五月には関東の和平への努力を呼びかけていくが、戦乱は拡大しつつあった（御内書符案）。六月、扇谷上杉氏家宰の長尾景信が古河城を攻撃、成氏は支え

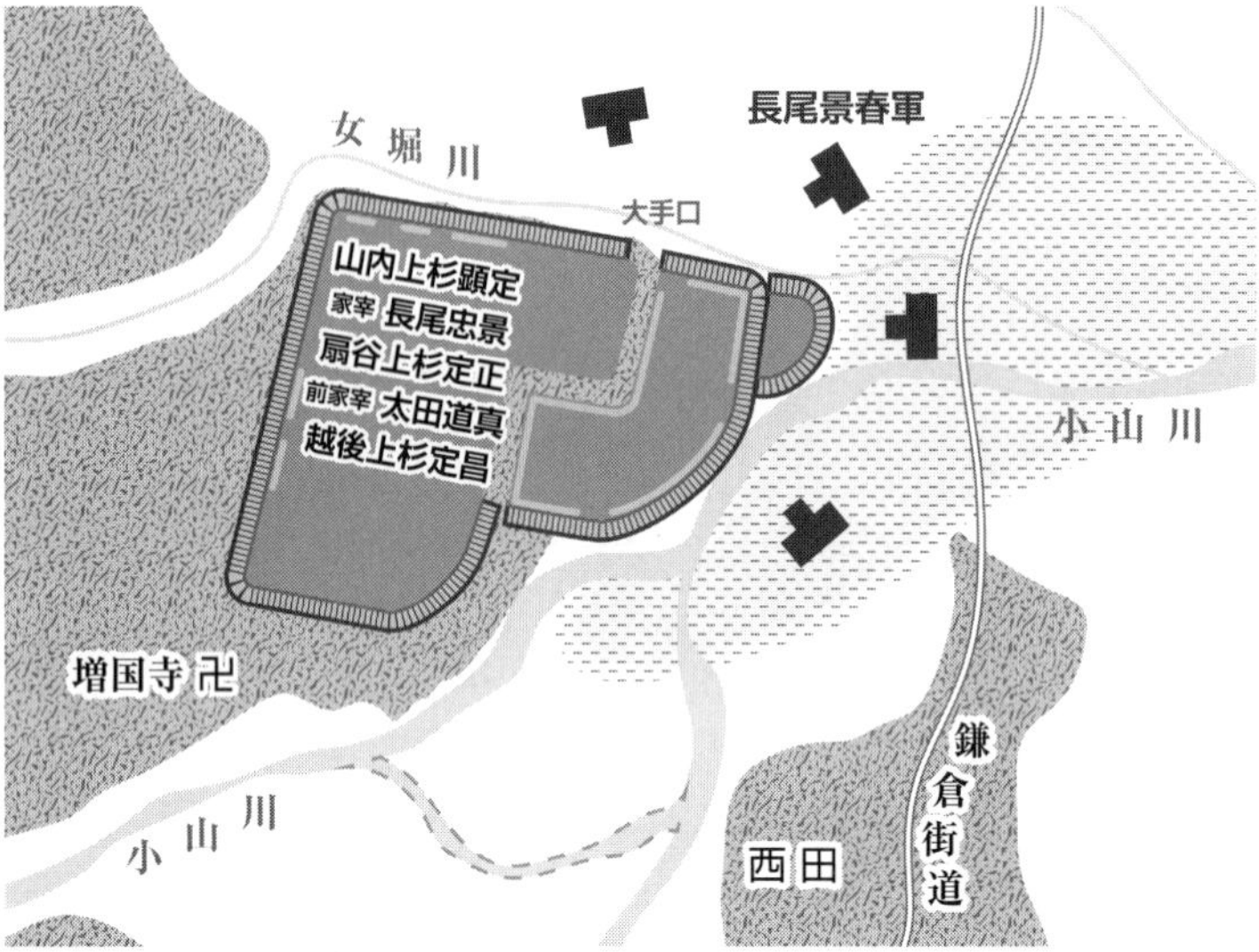

五十子陣の両軍配置の概念図　広大な陣城を長尾景春の軍勢が取り囲む

切れずに脱出し下総の千葉孝胤を頼って移動する。この時期、長尾景信は鎌倉報国寺《ほうこくじ》領那瀬村（横浜市）に太田（道灌）方の違乱につき、これを停止するように命じている（報国寺文書）。両上杉氏相互の目配りと配慮も必要だった。翌四年に入り、足利成氏は古河城へ再び戻ることができた。

同五年六月、山内上杉顕定の家宰長尾景信が突然に死去した。そして、その弟忠景が家宰となった。当ての外れた景春（景信の子）はその人事を怨念として、以後、長期にわたり上杉顕定に背き続けるのである。

文明五年（一四七三）十一月二十四日、五十子陣では扇谷上杉政真が足利成氏軍により敗北、討ち死にしてしまう。行年二十四歳、子はいなかったという（鎌倉大草紙）。家臣らは定正

（持朝の子）に扇谷上杉家を継承させていく。その後の五十子陣は、文明八年（一四七六）六月、鉢形城に拠る長尾景春から攻撃され、翌年にも上杉顕定・定正は破れている（鎌倉大草紙）。さらに文明九年（一四七七）には、太田道灌が顕定と定正を当陣に迎えて景春を用土原に攻撃、これを破っている（太田道灌状）。

五十子城跡　微高台地の主郭跡を望む。現在は国道17号線が城跡の中央を貫通し、周囲にはほとんど城跡の痕跡は残っていない　埼玉県本庄市

本庄市教育委員会による五十子陣跡の発掘調査では、小山川に突き出した低地部分で掘建建築物跡や土壙などが出土している。特に掘割状の溝は方形で、一辺が八〇～一〇〇メートル、上幅約二メートル、深さ一メートルほどの十五世紀後半時期のものが多数発掘されたという。この場所からはたくさんの一括投棄されたカワラケ、それも山内上杉系の特徴を持つ品々が出土し、さらに青・白磁など輸入陶磁器の出土も目立つという。

こうした状況証拠からみて、まさに上杉氏の拠点化した城跡として、その意義を改めて問わなくてはならない。

Ⅲ　道灌を支えた武士団と反旗を翻す長尾景春

覇権をめぐって両陣営に分かれた国衆たちの虚々実々

文明九年（一四七七）、長尾景春と連動した動きが活発化していく。武蔵では道灌の膝元の江戸城近辺をおさえる練馬城・石神井城主の豊島氏兄弟、赤塚郷の千葉実胤、相模では中郡小沢城主の金子掃部助、西郡小田原城主の大森成頼、景春被官の溝呂木《みぞろぎ》氏、小磯城の越後五郎四郎などに留まらず、上野や甲斐国衆らも動きだす。武蔵国では、このような広範囲にわたる反上杉方への対応が可能だった勢力は、道灌しかいなかったといってよい。道灌はまず、主君の顕定に景春方の降参者への進退と所領安堵の保証を取りつけてから行動を開始する、という用意周到な対応だった。

三月下旬ごろには、武蔵南部から相模方面の景春方を攻撃、四月までにほぼ押さえていく。道灌方の軍勢は、扇谷上杉朝昌・三浦道含《どうがん》はじめ宅間上杉憲能《のりよし》の一門、大森実頼・吉良成高《きらしげたか》・渋川義堯《よしたか》・千葉自胤ほか、扇谷上杉氏の宿老である上田入道などであった。こうした広範囲の軍勢への指揮命令が可能だったのは、道灌が上杉顕定の命とその承認を得ていたからだろう。

一方、長尾景春方は武蔵鉢形城を出て五十子と梅沢（埼玉県本庄市）に布陣する。道灌の方策は次郎丸という場所に陣を敷いて、景春軍の両陣所を分断する計画であった。すでに家宰である長尾忠景の手勢も主君山内上杉顕定の配慮で神流川《かんながわ》から清水（同上里町）に派遣されてきていた。五月十四日、

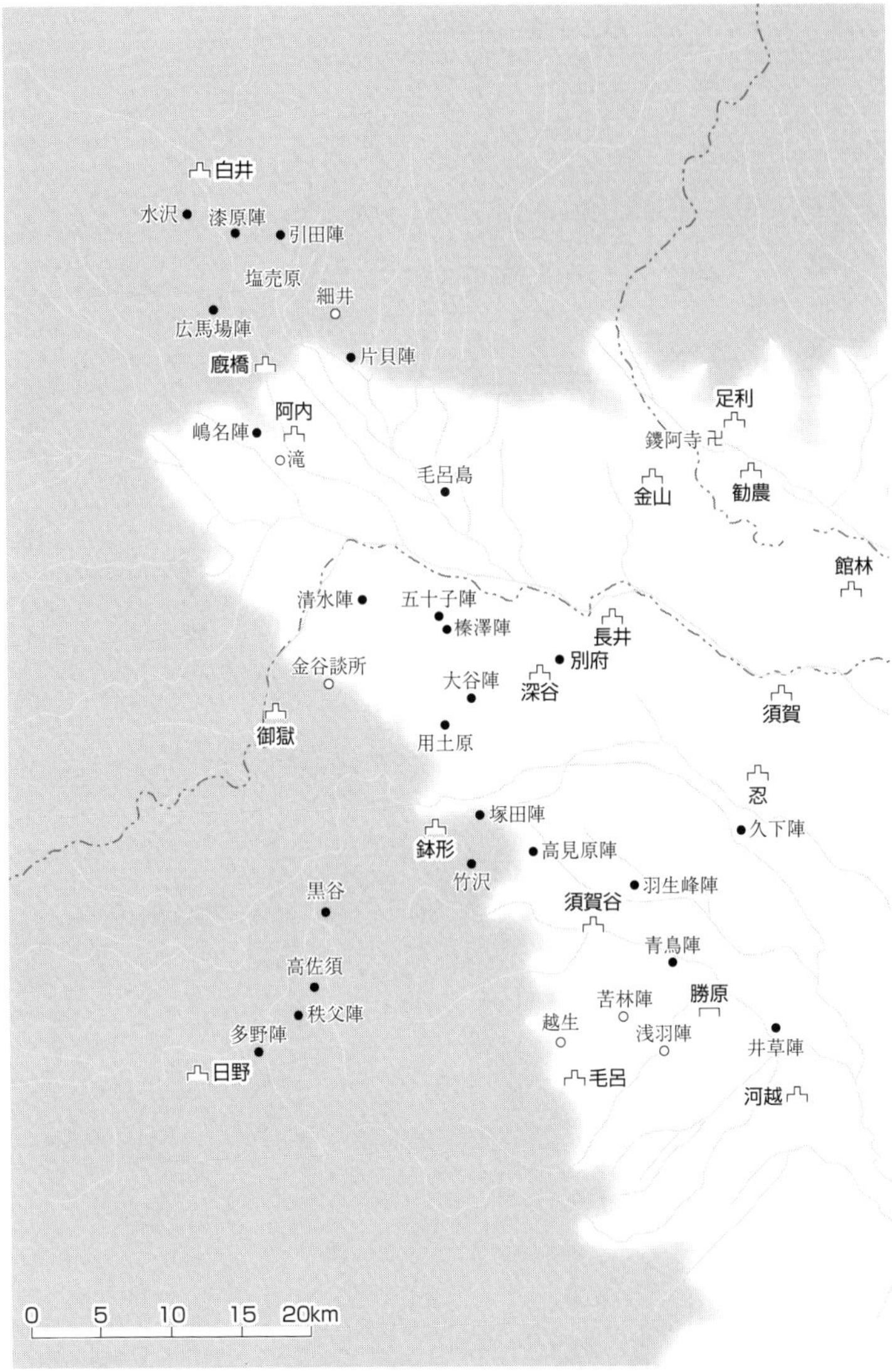

図４　長尾景春の乱における武蔵国西北部・上野国の関係図　黒田基樹著『太田道灌と長尾景春―暗殺・反逆の戦国史』（戎光祥出版）より転載

道灌が布陣した次郎丸に長尾忠景も移動する。顕定から忠景には「御旗」が預けられていたのだった。道灌は用土原（同寄居町）まで出陣するが、景春軍とは針谷原（同深谷市）での合戦となった。「太田道灌状」によれば、大石源左衛門尉（房重《ふさしげ》か）が討ち死にしている。彼は山内上杉氏の宿老であった。景春方は長野為業《ためなり》が戦死した。彼は上州一揆の中心となっていた国衆である。なお、「松蔭私語」によれば合戦日が五月八日となっているので、こちらが信用できそうである。

勝ちに乗じた道灌方の軍勢は、四方田（本庄市）や甘粕原（埼玉県美里町）に分散して長尾景春軍に備えていく。対する景春軍は富田（本庄市）に布陣し、その体勢を立て直そうとしていく。そして新たな選択をする。すなわち、古河公方足利成氏に属して、その怨念を晴らそうとしたのだ。ここに長尾景春と太田道灌との対戦は、両上杉氏内部の闘争から国を越えての国衆と連動する動きに変化していく。

一方、足利成氏方へ属する国衆も増えてくる。上野金山《かなやま》城（群馬県太田市）にいた岩松家純《いえずみ》は嫡子明純《あきずみ》とも義絶してまでも成氏に従った。下総結城氏、那須氏ら多くの軍勢を率いる成氏軍への上杉氏による攻撃は不可能とみて、退去の方策に転換する。すなわち、上杉定正は河越城へ、顕定は北上野の白井《しろい》城（群馬県渋川市）への撤退措置をとっていくのである。

上杉方は、九月に白井城から片貝（前橋市）に出陣、道灌も荒巻・引田（前橋市）に布陣した。足利成氏方も結城・佐々木・横瀬・那須氏等の軍勢と長尾景春・同房清《ふさきよ》を伴い、出陣してきた。しかし、十一月末まで戦闘準備が行われた形跡はみられない。その後も年末に太田道真軍を保戸田《ほどた》（群馬県高崎市）に派遣し、道灌は攻撃計画を提案するが、越後上杉方による意見であった白井城を陣にして戦えばよい、という発言で一蹴されている。

こうした状況のためか、翌文明十年正月元日、古河公方足利氏筆頭の簗田持助による仲介で成氏と幕府との和睦提案がなされ、翌二日に締結される。白井雙林寺に滞在していた上杉顕定へ太田道真（道灌の父）は和睦成立を上申する。顕定は成氏方についた景春の行動を恨んでおり、すぐには納得しなかった。道真は成氏との和睦優先を説く。その後、顕定は倉賀野《くらがの》（高崎市）を陣所としてしばらく滞在する。道真・道灌父子の選択は和戦両様の中にも平和的な落としどころを考えていたのではないだろうか。

Ⅲ　道灌を支えた武士団と反旗を翻す長尾景春

一貫して古河公方を支えた古参国衆の安保一族

文明十年（一四七八）正月、倉賀野に駐留していた上杉定正と太田道真・道灌父子らの軍勢は河越城に帰還する。武蔵豊島氏が平塚城を取り立てて江戸城を狙う動きをし始めたからだ。道灌軍は正月二十五日、膝折宿（埼玉県朝霞市）に進軍する。豊島氏は荏原郡丸子（川崎市中原区）、小机城へと長尾景春方軍の拠点を逃亡先としていたのである。

道灌の執拗な追撃は、正月二十八日付けの足利成氏自身の手紙が、道灌の小机要害への陣取りを記している（小山氏文書）。さらに、上杉定正が河越から吉見（埼玉県吉見町）に出陣している情報も掴んでいる。長尾景春はこの時期、武蔵成田から板屋なる地へ成氏支援の軍勢を出している。また、下総の国衆である千葉輔胤《すけたね》も景春支援のための出陣準備をしていた。成氏は、さらに下野の小山梅犬丸（成長《しげなが》）に出陣の要請をしている。そして景春の被官である吉里宮内左衛門尉らを武蔵二宮城の大石憲仲《のりなか》に送り、道灌軍への対応とその準備をさせている。

二月二十八日、上杉顕定が倉賀野から大塚（群馬県藤岡市）に布陣した（安保清和家安保文書）。この情報を伝えたのは、武蔵児玉郡安保郷《あぼ》（埼玉県上里町）の国衆である安保氏泰《うじやす》だった。安保氏は鎌倉初期より当地区を支配してきた在地の古参武士である。彼は、すでに早くから足利成氏の偏諱《へんき》「氏」

を受けたと考えられ、それだけ公方家との結びつきを強く持っていた。彼が「御成敗式目抄《ごせいばいしきもくしょう》」「職源抄《しょくげんしょう》」という有職故実書の註釈学「安保流」を生み出したことも、鎌倉時代以来の足利公方家との関りを強く意識していた証拠でもあるだろう。さらに三月三日、安保氏泰は上杉勢力の攻撃に対して防戦して勝利したことを成氏に伝えている。そこで成氏は「詳しい情報をさらに欲しい」と依頼し、上杉顕定が倉賀野へ陣を移動したことの状況報告を求めている（安保清和家安保文書）。

上：安保氏惣領家の館跡　埼玉県神川町　下：伝安保氏一族の墓　埼玉県上里町・安保山吉祥院

　上野から北武蔵方面での戦況は、古河公方足利成氏と上杉勢との「和睦」という文言からみれば、まさにそれは形だけで内実はまったく異なる事態であった。成氏方である安保氏は、上杉顕定が率いる軍勢を大塚で撃退し元の倉賀野へ押し戻している。この和睦は、公方成氏と上杉勢が一時的に双方最寄りの場に移動するための時間稼ぎだけであった。

長井城攻めで数百人の犠牲を出した道灌と景春の憂鬱

文明十一年（一四七九）九月、長尾景春が傍輩の長井《ながい》憲康《のりやす》を巻きこんで、再び道灌方への抵抗を企てた。「長井城」と「秩父」勢をいかに攻撃するのか、長尾忠景と道灌は意見を言い合った。結局、道灌の意見で長井城を攻撃することとなった。同年閏九月二十四日付け足利成氏書状には、「長尾景春、長井六郎要害へ馳せ籠る由注進」と記されている（別符文書）。さらに、上杉顕定が景春を攻撃するような事態が起きれば別符《べっぷ》宗幸《むねゆき》も共同して戦闘に向かい、同時に騎西郡の「忍《おし》城用心」（埼玉県行田市）を図り、成田下総守とともに相談して対応せよ、と命じていた。この時期、公方成氏に従う成田下総守、長井憲康方と道灌勢は対峙することとなった。長井憲康の「要害」とは児玉郡御嶽《みたけ》城（同神川町）ではないかとされている。閏九月二十八日、長尾景春は足利の鑁阿寺安養院に見舞い挨拶への丁重な返事を出している（鑁阿寺文書）。足利には一門の長尾房清《ふさきよ》がいることも景春が彼を頼りにしていたことを想定させるものがある。

道灌は十一月二十八日に江戸城を出発する。十二月十日に金谷談所（埼玉県本庄市）に至る予定でいたが、忍城の成田氏の下でトラブルがあったようで、久下（同熊谷市）に着陣した。文明十二年（一四八〇）正月、長尾景春は児玉郡に出陣する。これに対して六日には道灌が塚田（同寄居町）に進む。これで鉢形城に滞在する上杉顕定からの支援をも得ることが可能となった。河越城の上杉定正も大谷（同深谷市）から沓懸（同）に出陣する。長尾景春も飯塚（深谷市）へ出て定正と対峙する。景春の動きは早く、二十日には越生（同越生町）に出陣する。しかし、同地には道灌の父親である道真が龍隠寺にいたため、反撃されて再び秩父へ景春は戻ることとなった。

景春は横瀬国繁《くにしげ》・成繁《なりしげ》親子を味方にするため、書状ですでに依頼していた。正月二十七日付けの西谷右馬頭宛て長井憲康の手紙からこのことが知られる（武家書翰）。一門の横瀬駿河守とも談合して西谷右馬頭（岩松氏一族）が景春方となれば「関東中御静謐」になるとも記されている。長尾景春自身の二月六日付け西谷宛ての書状でも、横瀬四郎なる者への誘いがうまくいかず不本意で口惜しい次第だ、とこぼしている。

だが、長井要害（御嶽城）への道灌方による二度の攻撃に、「凶徒手負死人数百人」にもなったとその勝利を語っている。そしてこのたびの「甚深御懇志・御意見等」に対して「生前忘れ奉るべからず」と最大限ともいうべき感謝の言葉を贈ったのである（武家書翰）。

道灌方による長井要害攻撃は二度にわたる大規模なものであった。山内上杉氏の宿老である大石氏などもこれに参陣している。対する長尾景春方は長井憲康や矢野右京進の支援を得て、しばらくは要害を維持するが、落城は五月以前の時期だった。

Ⅲ　道灌を支えた武士団と反旗を翻す長尾景春

江戸城に足利成氏の弟を招き治まらぬ戦乱を嘆いた道灌

太田道灌は、梶原能登入道《かじわらのとにゅうどう》に本心を吐露する手紙を書いた（古簡雑纂六）。梶原は古河公方足利成氏の奉公衆である。関東大乱が応永年来から静まることなく、特に「当乱三十年に及び鉾楯断絡なからんがため仏陀民屋、日を遂って滅亡、誠にあさましく候」と嘆いている。この手紙が「都鄙和睦」についての内容であることから、文明十二年（一四八〇）のものとわかる。まさに幕府将軍足利氏・上杉氏と古河公方足利氏との対立抗争が始まったのも、この書状に記された「当乱三十年」（実際は二十八年）前の享徳三年（一四五四）十二月の事件、関東管領上杉憲忠の謀殺からだった。

こうした内乱状態を解消しようと、道灌は江戸城に足利成氏の弟熊野堂守実《くまのどうしゅじつ》を招いた。道灌も講和への交渉が進まないことに苦慮していたらしい。のちに守実が交渉の連絡を取っても関東管領山内上杉顕定や扇谷上杉定正からの応対がまったくなかったという。守実から成氏へはそのことが伝わったはずだ。その原因の一つが、成氏の家臣である多賀谷入道の動きらしい。具体的には不詳だが、両上杉氏からは彼が小人であり、その物言い（意向）は「諸家執念相ひ止まず」「公方様御難儀に及ばれる儀、度々に候」というものだった。さらに道灌は、多賀谷氏が「神明冥慮《しんめいめいりょ》」にも背く者で「讒人《ざんにん》」だとも記している。

こうした意向を請けて成氏自身が動きだすこととなる。文明十二年七月、京都政界に影響力のある上杉房定に連絡を取る。さらに上杉顕定に言上するが、京都には連絡も何もしない、今に何の対応もない、と憤りながらも「御合躰」を申し入れてほしいと記している（蜷川文書）。さらに長尾景春も大徳寺長老以浩を仲介に幕府へ「私曲」のない旨を取り持ってほしいと願っている、と成氏自身からも幕府の宿老である細川政元へ依頼しているのだ（蜷川文書）。

なお、長尾景春自身も成氏から関東管領山内上杉長棟《ちょうとう》（憲実）名代として和睦交渉担当を命じられていたことから、細川政元被官の小笠原備後守へ、その仲介希望を主人である細川氏への披露を申し入れている（蜷川文書）。結局、それはかなわず、堀越公方政知の執事である上杉政憲などに仲介を再び依頼していくこととなる。

このような京都との和睦交渉が逡巡している間に、関東の状況は不穏になってきた。上杉顕定は長尾景春の動きを止めることが主目標であった。古河公方成氏は改めて長尾景春の保護へと方向を変えていく。一方の道灌は、山内上杉顕定の関東管領としての立場を尊重しつつも、武蔵国衆らの政治的安定を志向していたのである。文明十四年（一四八二）十一月、将軍義政と古河公方成氏は和睦する。改めて鎌倉公方の位置づけを認め、堀越公方政知には伊豆を御料所《ごりょうしょ》とし、将軍家一門とさせたのである。上杉顕定は関東管領として存続する。長尾景春は、上杉家「名代」という立場を対立しながらも適宜活用し、両上杉氏の間を働きまわることとなるのである。

Ⅲ　道灌を支えた武士団と反旗を翻す長尾景春

道灌を支えた渋川左衛門佐とその家臣板倉美濃守の功績

太田道灌はその生涯のなかで、多くの困難に直面した様子であった。扇谷上杉家家宰として、山内上杉顕定とともに同家家宰の出身、長尾景春の反乱を克服してきた。しかし、ともに戦った多くの武士たちの活躍を無視するような山内上杉家に対して、憤りの手紙を残しているのである。

その手紙の中に、渋川《しぶかわ》左《さ》衛《え》門佐《もんのすけ》のことが出てくる。非常に丁重に道灌に迎えられていた渋川左衛門佐義堯の家臣板倉美濃守が、初めから道灌への支持と同心の意志をもって活動してくれていた。具体的には、武蔵有土原合戦・相模奥三保《おくさんぼう》合戦・下総境《さかい》根《ね》原《はら》合戦である。

有土原合戦は文明九年（一四七七）五月十四日、現在の埼玉県寄居町用土《ようど》駅付近で行われた戦いで、道灌が長尾景春と合戦、景春は敗北して富田へ退却する（梅花無尽蔵、松陰私語）。下総境根原合戦は今の千葉県柏市境根付近で、文明十年（一四七八）十二月十日に行われた千葉孝胤《のりたね》との合戦である。関東武士の多くが足利成氏方か道灌方となって参陣した大規模な戦いであった。道灌の弟太田資忠《すけただ》自身も、参陣して敵数百人を討ち捕らえたと鎌倉円覚寺黄梅院に報告しているほどである（黄梅院文書）。

相模奥三保合戦は文明十年四月十四日、景春方の本間・海老名氏がここへ逃げこんだため、道灌は弟資忠とともに村山から当地を攻撃した。籠城した場所は、後の津久井城になったと考えられている。

渋川左衛門佐は義堯といい、三つの大きな合戦に道灌ともども活躍し、上野白井の御留守居役をも務めている。相模や鎌倉に出陣して自身も太刀をとって敵と戦い、また、御家風《ごかふう》らも討ち死にさせての軍功をあげていた。こうしたなかで、本拠地たる名字の地、渋河庄が未だに渋川氏の知行差配になっていないのは「都鄙の聞こえは誠によくない」と道灌は手紙の中で、理解しない上杉顕定を憤っていた。

もともと渋川氏は、上州群馬郡渋川が名字の地と思われるが、活動の拠点は足利郡小俣《おまた》に置いていたようだ。「尊卑分脈《そんぴぶんみゃく》」によれば足利泰氏《やすうじ》の子を板倉少輔次郎義顕《よしあき》と呼び、また、渋川氏とも記すので渋川名字はこの系統としてよいだろう。「関八州古戦録《かんはっしゅうこせんろく》」（近世初期の刊行）には、戦国期の小俣城主渋川相模守義勝《よしかつ》は刑部《ぎょうぶ》大輔《だゆう》義季《よしたか》の子孫といい、長尾政長《まさなが》の妹婿になったという。のちに由良・長尾・桐生一族につき、古河足利義氏《よしうじ》の家臣となった。そののち後北条氏家臣となるが、永禄《えいろく》壬

上：境根原古戦場跡の首塚・胴塚　千葉県柏市　下：津久井城跡　周辺は奥三保と呼ばれた　相模原市緑区

中年（元亀三年＝一五七二か）四月二十日、善備中守宗次《むねつぐ》や萩田備後守らにより城を奪われそうになった。城代の石井入道尊空《いしいにゅうどうそんくう》が力を尽くし、先祖足利義国《よしくに》以来の城地を敵に渡せないと奮戦し、中嶋から暗闇沢《くらやみさわ》へ移動した敵方の善氏・萩田氏勢力を、石井の一党七〇余人らがこれを防いで戦ったという。

もう一つの源氏系統に渋川義鏡《よしかね》がいる。特に武蔵足立郡蕨城によっていた源氏一門である。これも近世初頭の軍記物「鎌倉大草紙」にみえている。康正三年（一四五七）六月、幕府は下総の東常縁《とうつねより》を京都に召還させるため、渋川左衛門佐義鏡を武蔵国に派遣する。彼は九州探題渋川氏の近親であり、祖父義行《よしゆき》は武蔵国司で足立郡蕨の土地を与えられ、城を構えたという。幕府は古河公方を従わせるように武蔵・上野の国衆らに命じ、また、板倉大和守が彼らの召集に尽力していた。

道灌と板倉氏の関りを示す史料をみると、鎌倉円覚寺塔頭《たっちゅう》の黄梅院・西来庵寺《さいらいあんじ》領への乱暴狼藉の禁制を発給しているのが板倉大和前司頼資《よりすけ》である（黄梅院・西来庵文書）。特に西来庵領では、糟谷《かすやの》庄《しょう》沼部郷《ぬまべごう》内稲荷田ほか鎌倉・高座郡《こうざぐん》域との結びつきが強いことが特徴である。これこそ、太田道灌のもとで活躍していた先の板倉大和守の辞任後の姿ではないだろうか。このように、板倉氏は渋川氏とは関りが深く、九州探題渋川氏や室町幕府渋川氏の被官として京都関係史料に頻出する。

板倉氏はその後、後北条氏二代氏綱の家風となっていく。それは大永《たいえい》六年（一五二六）六月の武州蕨城の「自落」が契機になったという（本土寺過去帳）。以上のように、関東渋川氏の業績がおぼろげながらも浮かんでくるのである。

吉良殿様と呼ばれた吉良成高と禅僧・万里集九の交流

太田道灌は「吉良殿様《きら》」をかなり評価していた。享徳の乱が始まった直後から江戸城に詰めていたようで、彼の下知で城中の者たちがよく働きまわり、数回の合戦にも勝利することができたと「太田道灌状」は記している。

関東吉良氏の動きをみると、まず鎌倉円覚寺へ納めた大般若経《だいはんにゃきょう》の刊記が貴重である。ここからは吉良上総《かずさ》兵部大輔治家《ひょうぶだゆうはるいえ》（明徳二年＝一三九一）、吉良兵部大輔頼治《よりはる》（応永十二年＝一四〇五）の生存が確認できる。「吉良系図」では、頼治―頼氏《よりうじ》―頼高《よりたか》とあるのみである。世田谷深大寺《せたがやじんだいじ》僧長弁《ちょうべん》の「私案抄《しあんしょう》」によれば、応永三十三年（一四二六）に「世田谷吉良殿逆修《ぎゃくしゅ》」を行った様子で、すでに地元木田見悉地房《きたみしっちぼう》との和歌の交歓などを行っていたことがわかる。

文明十八年（一四八六）、万里集九は道灌の江戸城静勝軒に滞在中、吉良閣下から便面《びんめん》（扇面）へ賛《さん》を求められた。使者を待たしての揮毫《きごう》だったのだろう。集九も鼓角場《こかくば》（戦場）では逸興《いっきょう》もないと、その思いを吐露している。まさに、道灌が暗殺される直前だった。吉良閣下には、後の人が本文脇に「成高、俗蒔田御所《まいたごしょ》ト号」と注記している。

道灌亡きあとも、集九は上杉定正の懇請によって江戸城に滞在している。文明十九年春、定正は江戸城で漢詩会を主催した。「吉良閣下の幕」から、吉良氏家臣で更幽《こくゆう》と号す広瀬政盈《まさみつ》が別巻画軸をもってきた。賛を書いてほしいと懇願にきたのだ。

茅舎は鋭い岩山から隔たっている。夕餉《ゆうげ》の煙は木々の秋に包まれている。主人も穏やかな面持ちである。柴木を降ろす下僕もカモメを見ている（意訳・梅花無尽蔵）。

同年中に、今度は主人の吉良閣下から梅枝と実の付いた扇面画への賛を求められている。ここにも注記として「成高」と記されている。さらに「吉良の第《てい》」に京都東山瑞龍山南禅寺《ひがしやまずいりゅうざんなんぜんじ》の僧・文波《ぶんぱ》が来ていた。かれは応仁の乱を避けて関東に寓居《ぐうきょ》しており、第では「左氏春秋《さししゅんじゅう》」の講義が行われ述作もなされていた様子であった。このとき、集九もそこに参加していたようで作詩を残している。

あなたに問う。洛陽の寺を離れてどのくらい経つや。わが旅の寓居でホトトギスの声を聞くのは良いことではない。雨模様の中を静に法句経を看ている。明け方の赤い光を海棠《かいどう》が受けている（意訳・梅花無尽蔵）。

集九は詩文の盟友ともいうべき太田道灌を失い、都を思い出していた。禅僧文波への思いやりとともに、関東に残留する自分を振り返っていたのである。この後、吉良氏は「蒔田殿・蒔田御所」（快元僧都記）と尊称され、小田原北条氏の御一家衆となり関東の名家として存続していくのである。

第二部　太田道灌と相模武士団

I　矢野・小沢・溝呂木ら在地武士団の実態

権現山で伊勢宗瑞と戦った矢野氏は神奈川の〝有徳人《うとくにん》〟

矢野氏は、その出自が伊勢国長野《いせのくにながの》氏の後裔と伝わる。文明五年（一四七三）以前には「前安芸守憲《のり》信《のぶ》」が山内上杉氏家宰長尾忠景《ただかげ》のもとで活動し、忠景を「神奈川　上様」と尊称している（雲頂庵文書）。その後、出家して「永盛《えいせい》」と称した。文明年間、円覚寺雲頂庵の小机・神奈川の所領管理を行う立場にあった。福田浄営父子負担の御用銭、また棟別銭の徴収など、在地の又代官である石井孫七を指図しながら、主人長尾忠景の強引な命令に苦慮していた（雲頂庵文書）。この又代官の石井氏は、近世には神奈川本陣の役務を継承する家筋、石井家になるのだろう。

文明十年（一四七八）、太田道灌が小机城を攻撃する。そこに矢野兵庫助《ひょうごのすけ》・豊島泰経《やすつね》・同泰明《やすあき》らがいた。武蔵石神井城（練馬区）主の豊島兄弟は、道灌に追われて矢野氏を頼り、ここまで逃げてきていた。

明応三年（一四九四）九月、相模玉縄《たまなわ》要害（神奈川県鎌倉市）が伊勢宗瑞軍に落とされ、矢野右馬助《うまのすけ》が討ち死にした（石川忠総留書）。この時点では玉縄城方は扇谷上杉に属し、伊豆から相模に侵攻してきている伊勢氏に終始抵抗していたのが、この矢野氏といってよいだろう。

ところが扇谷上杉氏の家臣・上田蔵人が突然、伊勢宗瑞方につき、武蔵権現山《ごんげんやま》（横浜市神奈川区）に布陣して反旗を翻した。永正七年（一五一〇）、神奈川権現山の合戦である。朝良がみずから出陣したので、山内上杉憲房は成田《なりた》下総守《しもうさのかみ》はじめ渋江《しぶえ》・藤田《ふじた》・大石・武州南一揆のほか、長尾孫太郎の代官「矢野安芸入道」（永盛）ら多数を権現山城に派遣する。七月十一日に攻撃を開始し、十九日の夜中にこれを落としている（武家事紀三四）。

北条上杉神奈川闘戦　神奈川権現山の合戦を描く　「江戸名所図会」

権現山城は別名青木《あおき》城と言われ、洲崎《すざき》神社の裏手に位置している。中世の地形では、南は崖ですぐ海が迫り、江戸湾を挟んで葛西・房総方面を見据える眺望の良い場所と思われる。旧東海道にあたる鎌倉下つ道のほか小机城に通じる「飯田道」をも押さえることができる交通の要地で、同時に神奈川湊をも防衛する役目もあったと思われる。

矢野氏は伊勢御師《おんし》の久保倉藤三《くぼくらとうぞう》とも交流があり、当時の神奈川「やの殿」は、御師の手土産「さけを《下緒》・帯・あふき《扇》」を受け取っている（永正十六年道者日記）。このとき神奈川には「はやま《端山》殿」「とくしやう」「さくらき《桜木》左京進」など、同様な勢力を持つ人々がいたことがわかる。かれらは「有徳人《うとくにん》」として、伊勢の道者から把握されていた地域の名士経済人たちであった。

I　矢野・小沢・溝呂木ら在地武士団の実態

道灌訪問のおり神奈川の風情を漢詩に認《したた》めた万里集九

十五世紀中後期、京都から江戸・鎌倉へ旅した道興准后《どうこうじゅごう》の「廻国雑記《かいこくざっき》」に、丸子《まりこ》（川崎市中原区）から多摩川を渡り駒林《こまばやし》（横浜市港北区）・新羽《にっぱ》（同）・帷子宿《かたびらじゅく》（同保土ヶ谷区）、岩井《いわい》（同）へ出たことが書かれている。新横浜駅方面から横浜駅周辺に下るルートの一つで、芝生《しぼう》宿が当時の人々の集まる宿であった。今の横浜市西区浅間《せんげん》町芝生にあたる。

すでに鎌倉時代後期の正中《しょうちゅう》二年（一三二五）、遊行五代安国上人がここで賦算《ふさん》を行ったことも知られるほど、早くから人々の往来する地区であった（遊行系図）。応永二年（一三九五）、金沢称名寺の造営資金に充てるため、品川・神奈川湊の船籍帆別銭《ほべちせん》の徴収事務に道阿弥《どうあみ》と井田殿なる者たちが関わっていた（金沢文庫文書）。神奈川湊には時衆成仏寺《じしゅうじょうぶつじ》もあり、多摩川地区の有力者で畠山一族の井田氏などとともに帆別銭徴収を担当していることも注目される。

嘉吉元年（一四四一）、鎌倉府はここに関所を設けていた。鶴岡八幡宮《つるがおかはちまんぐう》が公方の安全を図る本地護《ご》摩《ま》祈禱《きとう》料を得るための「師岡保柴関所《もろおかほしばせきしょ》」であった（鶴岡八幡宮文書）。関銭を修造費用に当てられるほど人通りがあった証拠だ。この時期、当地域は鎌倉公方の直轄地だったのである。

京都から太田道灌を訪ねて来た万里集九の「梅花無尽蔵《ばいかむじんぞう》」には、文明十七年（一四八五）に子安あたりから見た神奈川の町が漢詩に詠み込まれている。「板の屋根を連ねた神奈川民屋、その前の道路は泥まみれで馬は進みにくく、（子安の廃寺観福寺の）鵜《う》の森は春の様相、老松（龍灯松《りゅうとうまつ》）が伏せた龍のようだ」と記す。多くの庶民の板屋、そして頻繁な馬の往来を彷彿《ほうふつ》とさせる。「龍灯松」とあるように、夜間航行する船のための灯台が必要なほどだったことがわかる。ここにはまた茶屋もあったようで、武蔵碑文谷《ひもんや》法華寺《ほっけじ》に住む日蓮宗の僧日運《にちうん》伝記は、そこで天台宗《てんだいしゅう》との法門争いが行われていたことを記している（門徒古事・日蓮宗宗学全書 五）。今の横浜につながる神奈川湊地域の賑わいが、すでにはじまっていたようである。

近世後期の神奈川の町は、西ノ町・中ノ町・飯田町・浜横町で成り立っていた（新編武蔵風土記稿）。「西ノ町」境を流れる滝ノ川が、青木町と神奈川町を東西に分ける境となっていた。では、神奈川町の原型はどこまで遡れるのだろうか。

地理的にも鶴岡八幡宮との関りが最初にみられ、文永三年（一二六六）に北条時宗《ときむね》によって「武蔵国稲目《いなめ》・神奈河両郷役夫工米」を免除して、鶴岡八幡宮に留めることを認めら

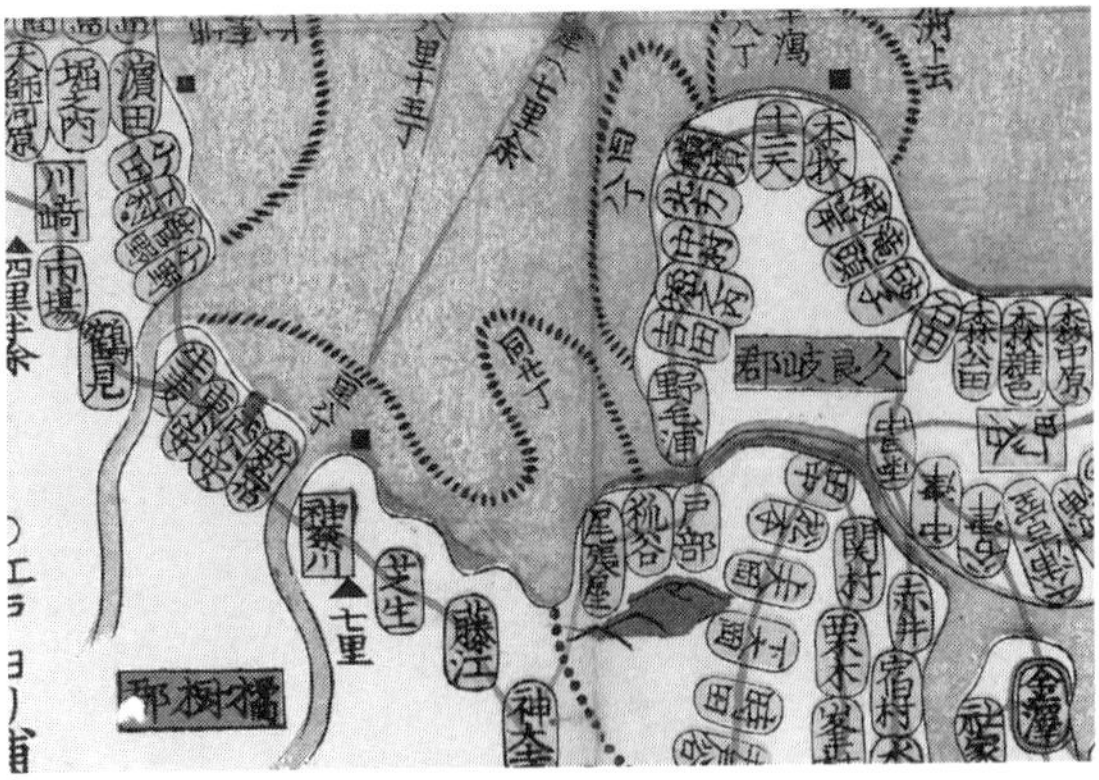

神奈川湊周辺　「伊豆七嶋絵図」（部分）　個人蔵

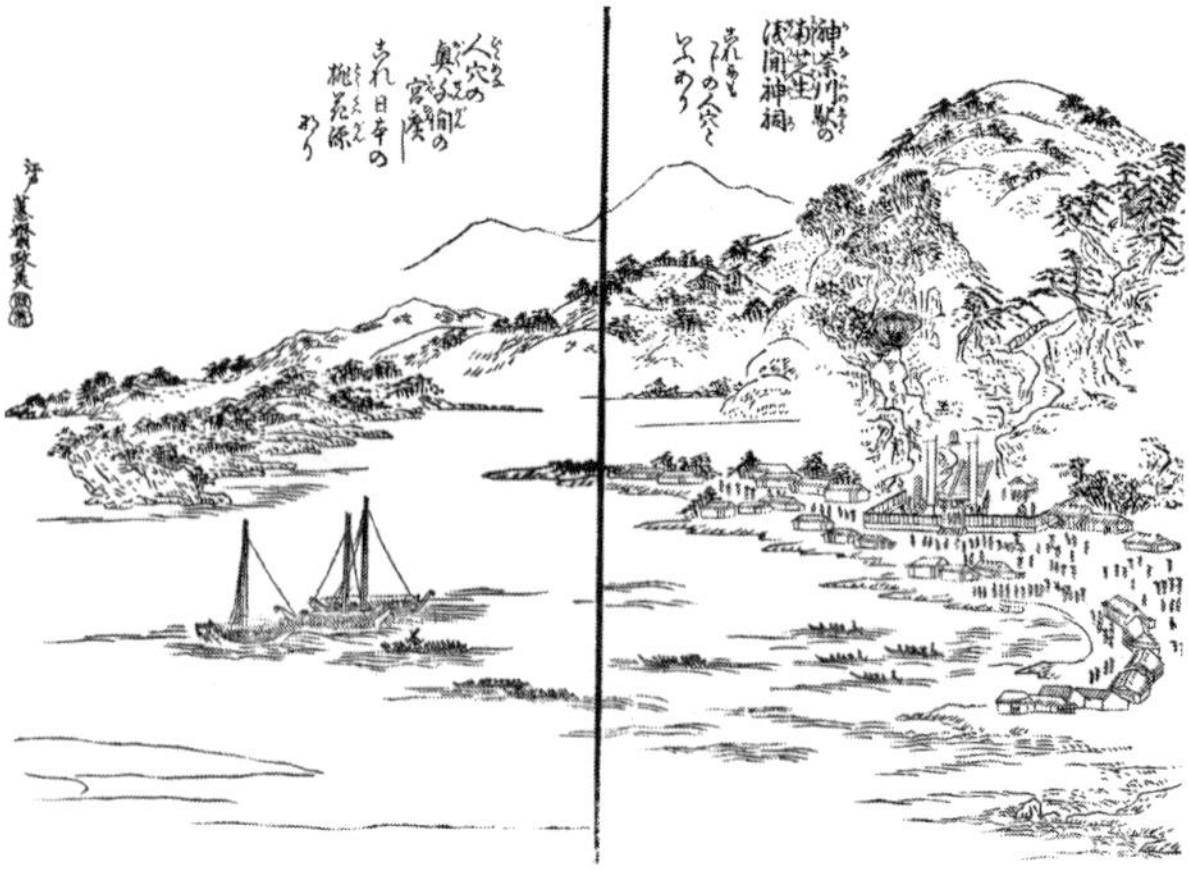

「神奈川駅」　浜辺に浅間神社の鳥居が描かれている　「東海道名所図会」

れたことが注目される（覚園寺文書）。すでに両郷に住む人々が住む多くいた証拠といえるだろう。「神奈河」は「金河村」とも記され、覚園寺の子院である持宝院《じほういん》領となっていた（覚園寺文書）。この子院は嘉元《かげん》三年（一三〇五）、北条貞時《さだとき》に殺害された北条宗方《むねかた》の所領であることがわかっており、北条得宗とその一族の者が継承する特別な地区であった。なお、弘安《こうあん》十年（一二八七）に浄土宗西《せい》山義《ざんぎ》観導《かんどう》が神奈河宿で「観経疏玄義分愚要鈔《かんぎょうそげんぎぶんぐようしょう》」なる仏書を書写していることからも、ここは最新情報が入る土地だったことがわかる。

南北朝時代の文和《ぶんな》元年（一三五二）三月、新田義宗《よしむね》らが鎌倉攻撃ののちに「武州狩野川之城」に立て籠ったが、足利尊氏軍に追われているとの記事がある（園太暦）。青木の洲崎《すざき》神社の裏手、権現山《ごんげんやま》城がこれに当たると考えられている。鎌倉下ツ道（東海道）の陸上交易を支える地・神奈川湊を臨む要地としての重要性が、こうした城を生み出したのだ。

Ⅰ　矢野・小沢・溝呂木ら在地武士団の実態

小机城将・矢野氏と神奈川湊に入った廻船「日吉新造」

室町時代から小机・神奈川地域の管理を上杉氏から委託されていた矢野氏も、戦国大名後北条氏の時代を迎えるようになった。玉縄城に拠る北条氏綱《うじつな》の次男為昌《ためまさ》がこの地域の支配者となったのだ。そこで神奈川郷は、これまでの玉縄領から分離されて小机領に再編成され、代官だった小机城将の笠原《かさはら》氏に代えて矢野右馬助が任命された。天文六年（一五三七）六月のことである（藩中古文書十二）。

矢野氏は、室町後期以来の役職だった代官に再び返り咲いたのだ。だが、これが新たな火種となった。意気込んだ矢野氏が神奈川代官夫を小机地区に賦課しようとしたところ、沼上《ぬまがみ》某がこれを拒否したのだ。在所にいた彼はこの地の有力住人であり、先任の代官、笠原氏の被官となっていた。笠原氏も、引き継ぎの際に在所者・被官等にまで違乱がないようにと申し送っていたが、結局、「未断《みだん》の輩《ともがら》」が新人役人の矢野氏に反発したのだ。笠原氏は被官らに命じて、代官夫は出させるように手配すると玉縄城主の為昌に報告してきた。為昌はこの経緯を踏まえ、矢野氏代官夫の賦課と徴発の許可をだす旨を矢野氏に伝えた（藩中古文書十二）。その文書に小田原本城主の氏綱の虎印判を副えて、従わない者は「在所において生涯《しょうがい》（殺害処分）を加えよ」とも記されている。矢野氏にも、小田原の権威を借りないと対応できない状況が、現地ではすでに生まれていたのだった。

トラブルはこれだけではなかった。一度決裁しておいた白幡《しらはた》について、森新次郎なる在地者が再び河越城将として、現地河越の為昌のもとに訴えに来た。天文十一年（一五四二）十月のことだ。為昌の決定は不変だと森に伝えよ、と矢野にはこう返事を伝えた。さらに、追手書に「森らの連中は只々、心中がよくわからない族たちなので、心しておくように」と付け加えている。為昌自身がすでに河越城で森との対応に相当苦労していたことを物語っているようである。

それだけではなかった。笠原越前信種《のぶたね》自身が六角橋の支配地についてクレームを付けてきたのだ。「当地は神奈川郷内には含まれない、だから矢野氏が関与できないはず」というのだった。

二重の問題に悩み、矢野氏は再び為昌に訴えた。為昌は、「六角橋は元から笠原の主張のようだった訳ではない。神奈川郷の境界を知る者がいたら為昌のもとに出頭させ、またそのような証拠があれば連絡してほしい」と改めて矢野右馬助に伝えた（藩中古文書十二）。

矢野右馬助の役目は、陸地ばかりではなかった。「廻船日吉新造」という船に注意し、津に着岸したら荷物を押収し、船は係留させて為昌に連絡せよと伝えている（藩中古文書十二）。積み荷は「十丁之まさ」（十丁の杉柾目板《まさめいた》）が登載物であり、それを古河公方足利晴氏《はるうじ》館へ流用しようとした。おそらくこの船は敵方（里見《さとみ》氏方か）の廻船であり、手紙で、今は廻船が見えなくても、いつ往来するやもしれないから油断するな、と命じている。為昌からの極秘情報ともいえる伝達で、矢野氏が神奈川湊に出入りする船を管理する代官でもあったことが、一連の経過から知られる。

為昌の死去後（天文十一年＝一五四二）、その部下たち本光院殿衆《ほんこういんでんしゅう》は、本城主氏康《うじやす》の時代に、玉縄城将北条綱成《つなしげ》の配下に再編成されていくのである。

弘治元年（一五五五）十一月、小田原の評定衆《ひょうじょうしゅう》からある裁判の決定が下された。なんと矢野右馬助親子が裁判沙汰を起こしていたのだ（藩中古文書十二）。譲状もないのに「一跡約諾」があると息子が主張して父を訴えていたのであった。その内実に「神奈川郷をはじめとして相拘《あいかかわ》」るとあることは、北条氏にとってもゆゆしき問題であった。神奈川湊の警備が不十分となる可能性があったからだ。結局、父の意思を尊重して彦六に譲与する決定となった。父右馬助の遺跡を継承する息子が二人いたらしい。

その後の矢野氏の動向は不明である。父子相論という一族内部の大きな不協和音は、その後の発展の足を引っ張ることになっただろう。ただ、都築郡山田《つづきぐんやまだ》（横浜市都筑区山田町）の名主を務めてきた大嶋《おおしま》氏の先祖が、この矢野右馬助政信《まさのぶ》にあたることが知られている。大嶋家の「系譜抜書」によれば、政信の死没年は天文二十三年（一五五四）四月、六二歳である。先の親子相論前後にかかわりそうな状況を考えさせられる。

政信の兄は矢野安芸守昌祐《まさすけ》で、明らかに玉縄北条為昌の一字を下賜され、家臣として存続してきたことがうかがえる。その弟は「大嶋因幡守茂成《しげなり》」と改姓し、その子久成《ひさなり》から尾張藩に出仕したと同系譜は語る。時代を越えて「イヘ」を継承させることの難しさがわかるようである。

I　矢野・小沢・溝呂木ら在地武士団の実態

八丈島と神奈川を結ぶ湊や宿で活躍する流通商人たち

武蔵国碑文谷《ひもんや》（東京都目黒区）の法華寺僧であった日寿《にちじゅ》は、死去する直前に京都から神奈川の檀那方妙浄《みょうじょう》方へ手紙を出す。弟子の日調《にっちょう》に寺を継承させたいとするものだった（日蓮宗宗学全書一八巻・書置事）。日調は、鎌倉の長尾小五郎や下総千田庄の国衆である原氏の親族だった。江戸湾岸を領域とする武士出身の彼らは、利根川から江戸湾の塩流通に関わっていることが知られている。神奈川地区内の滝ノ川左側にあった浄瀧寺《じょうりゅうじ》（横浜市神奈川区）が、日寿一門の根拠地となっていたらしい。ここの寺伝では、戦国期に北条氏綱と上杉朝定《ともさだ》による深大寺原の戦いで寺は焼失し、その後の再建という。後北条氏の滅亡期には地頭の平尾某がここに拠って抵抗したが、結局、敗北したと伝える（新編武蔵風土記稿）。

その活動の場でもある神奈川には、南北朝期から海船も航行していたことは周知の事実だ。南朝方の武士が乗る船が難破して神奈川や相模一宮《いちのみや》（神奈川県寒川町）などで討たれ（鶴岡社務記録）、新田義宗《よしむね》も「武州狩野川（神奈川）之城」で足利尊氏に敗北するなど、武蔵・相模国境の重要拠点となっていたことを物語る。「狩野川之城」とは、神奈川区青木の洲崎神社背後に当たる権現山城のことだ。先の平尾某の没落は「新編武蔵風土記稿」に伝承されており、平尾武蔵（大膳）が神奈川六角橋で九月九日（重陽の節句）に討ち死にしたため、住民は九月十九日に節句を行う、という伝承をもつ。また、平尾山《ひらおやま》に城郭を構えたのは平尾内膳《ないぜん》だと記す（神奈川砂子）。今の神奈川町内の平尾前・平尾谷に当たる（横浜市史稿・地理編）。まさに地名を名乗る国衆平尾氏にとって、狩野川（神奈川）・六角橋・平尾が領域と考えてよい。

もう一人の奥山《おくやま》氏も、また重要な氏だった。「八丈嶋年代記《はちじょうじまねんだいき》」は、室町中期に神奈川の奥山宗林《そうりん》なる者が同島を根拠地にしていたと伝承する。さらに近藤富蔵の「八丈実記」は、寛正《かんしょう》六年（一四六五）八月銘のある「武州師岡保青木村瀧十王堂之鰐口」が八丈島の三島神社に奉納されていたことを記している。その施主は「民部」某である。文明十六年（一四八四）、「神奈川ノ八郎五郎」が八丈島の山木ならびに奇木をとって舟を十二端帆製作し、奥山宗林に進めたとある（八丈実記）。青木村の「瀧十王堂」とは青木権現瀧の十王堂、すなわち青木洲崎権現とその滝にあたり、鰐口を八丈島に贈った人物はやはり奥山氏と考えるべきだろう。

なお、文明五～八年の頃と考えられる「長尾忠景書状」（小机保領主・長尾忠景）から、興山式部丞を通じて関銭・浦方銭の徴収管理と蔵衆との談合を命じていることからも（雲頂庵文書）、興山（奥山）氏による神奈川の湊管理を明確に知ることができる。

文明六年（一四七四）六月十七日、江戸城において太田道灌と、増上寺《ぞうじょうじ》長老音誉《おんよ》・鈴木《すずき》長治《ながはる》・木戸《きど》孝範《たかのり》ら道灌の親族・家臣、僧侶らとともに奥山好継《よしつぐ》（宗善）が、連歌師心敬《しんけい》が判者を務める連歌会に出席しており（武州江戸歌合）、彼は道灌と親しく、文芸に優れた力をもっていたことがわかる。

さらに、神奈川の住人たちで、熊野社の檀那となっている人々に注意したい。「かな川ゑとやのふるい」（永享五年〈一四三三〉米良文書）と屋号の江戸屋をもつことから、神奈川と江戸を結ぶ流通に関わり、また「かな川の筒屋ふかす殿」（寛正五年〈一四六四〉米良文書）もまた質屋として活動していたことがうかがわれる。

また、伊勢神宮の御師久保《くぼ》蔵藤三《くらとうぞう》が記す神奈川地域の有力者は、「かの川は山殿」「やの殿」「はやまたくミ殿」「はやま二郎三郎殿」など、「端山《はやま》」「矢野」名字をもつ一族がすでに存在感を示している。特に「はやまたくミ殿」は、横浜弘明寺《ぐみょうじ》（横浜市南区）に残る扁額に「板旦那神奈（川）住人、端山内匠助国重《たくみのすけくにしげ》」と見える人物と考えられている（区制五十周年記念神奈川区誌）。神奈川湊の住人として、彼は「本願宗閑《ほんがんそうかん》」とともに建長寺一六四世玉隠英璵《ぎょくいんえいよ》に表書を依頼し、扁額の板材を提供していた。それは奉納願文に「板旦那」とあることからわかる。彼は神奈川湊で材木を扱う流通商人の可能性がある。さらに「本願宗閑」は、横浜杉田から神奈川地域に勢力を持つ間宮《まみや》氏と考えられており、横浜桜木町弁天橋にあった秀閑寺《しゅうかんじ》の開基者であったという。

後北条時代、間宮氏は小田原本城主の家臣となり、矢野氏もまた玉縄城主北条為昌の家臣として存続していく。

I　矢野・小沢・溝呂木ら在地武士団の実態

二つの小沢城（おざわ・こさわ）をめぐる国衆たちの動向

川崎市多摩区菅《すげ》と東京都稲城市矢野口《やのくち》にわたる地域に、室町時代の遺構を残す小沢城跡が知られている。ここで武蔵七党の小沢氏や畠山一族の小沢左近将監が稲毛庄を管理していたらしい（新編武蔵風土記稿）。文献史料で知られるのは、南北朝時代の正平《しょうへい》七年（一三五二）正月の「高麗《こま》経澄《つねずみ》軍忠《ぐんちゅう》状《じょう》」の記述である（町田文書）。観応《かんのう》二年（一三五一）十二月二十日、高麗氏は足利義詮《よしあきら》方として上杉憲顕《のりあき》勢力を倒すため武蔵府中へ押し寄せ、さらに「小沢城」を焼き払う戦闘があった。

その後、しばらく見えなくなるが、大永六年（一五二六）九月に関東管領上杉憲寛《のりひろ》と扇谷上杉朝興《ともおき》らが小沢城を攻撃したという（続本朝通鑑）。さらに享禄《きょうろく》三年（一五三〇）には、小沢・世田谷城に拠る北条氏綱の家臣遠山《とおやま》氏を朝興が追っている（相州兵乱記）。同年六月、北条氏康が今度は小沢原で上杉朝興を破っている（同）。

こうした動きから室町後期には、小沢地域が北条氏の関東進出の第一線に位置していたことが想定できるとともに、扇谷上杉氏による必死の守りを知ることができるだろう。なお、この地は室町期には京都西芳寺《さいほうじ》領で（蔭凉軒日録）、永禄二年（一五五九）段階でも二〇〇貫文の知行高をもつ地として後北条氏が把握していた（小田原衆所領役帳）。

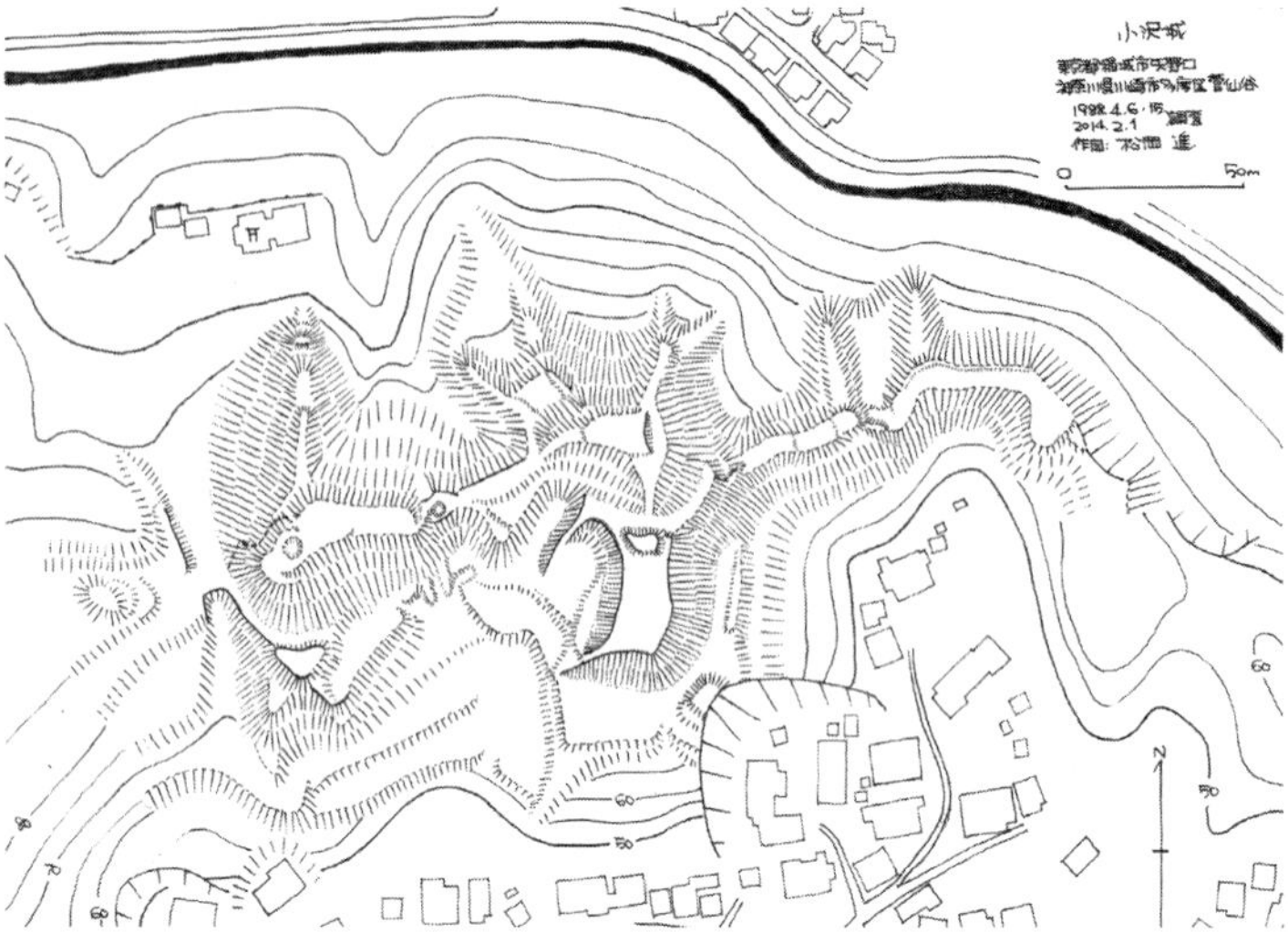

小沢城（川崎市多摩区）の縄張り図　作図：松岡 進　『神奈川中世城郭図鑑』より転載

小沢城跡の様子をみてみよう。多摩区菅に位置する当城跡は、東西にのびる天神山と浅間山の尾根伝いに展開する。北側は急斜面で三沢川へ落ち、南側は数段にわたる平場が続く。中でも中央の平場が三〇×二〇メートルほどあり、西側の堀切から山頂の物見台へと続く。川崎市では、ここを領主の居館跡ではないかと指摘している。城跡内の各所に小規模な平場跡や堀切状の溝、井戸溝なども見られる。物見台下のやや広い平場には土塁が残されており、そこからは下の平場を見下ろすことができる構造となっている。仙石谷の中央部は東西尾根に抱かれるような地形にあり、地名の残る「城下《しろした》」に相当するのかもしれない。全体として中世後期の根小屋《ねごや》と居館を組み合わせた城跡遺構の可能性が高いことに注意すべきではないだろうか。

その他の小沢城にも触れてみよう。神奈川県愛川町角田《すみだ》には、小沢城と小沢古城と呼ばれる地区がある。文明九年（一四七七）の長尾景春《かげはる》の乱の際、地域の武士金子《かねこ》掃部助《かもんのすけ》が二ヶ月近くも籠城していたという（鎌倉大草紙）。文明十二年の太田道灌状は、文明十年、金子氏が再びそこに立て籠もったと伝える。道灌方は分国内の平定を先として、大石駿河が籠もる相模東郡二宮《にのみや》城、磯部《いそべ》城など、これまでの行きがかりを許して「先忠」に服させたので、結局は小沢城も自落していったと伝える。道灌は一族を率いて、武蔵村山から奥三保へ攻撃をかけ、海老名・本間・甲州住人加藤氏らを、甲州郡内鶴河まで放火等をしてこれを押さえた。こうして相模の東西地区は、道灌の勢力が浸透することとなったのである。金子氏の動向は、これから以降、しばらくは見えてこない。

磯部城跡　相模川の東岸、磯部の渡し近くに築かれた在地武士団の城。現在は土塁の一部が残されている　相模原市南区

永禄二年（一五五九）、小田原北条氏が支配下にいれた地域の国衆らの知行地を把握し、軍役を賦課するための帳簿「小田《おだ》原衆所領役帳《わらしゅうしょりょうやくちょう》」には、津久井衆下の武士として「拾貫文小沢　金子新五郎」の名がみえている。地元小沢には、金子氏の子孫が残っていたのである。地域に根付く武士の伝統はたやすく消えないことが、これによってわかるだろう。

I　矢野・小沢・溝呂木ら在地武士団の実態

景春与党の溝呂木・越後・金子氏の本拠地はどこか

文明八年（一四七六）、長尾景春は五十子陣から退去する。すでに長尾氏の家宰職を巡り、叔父景忠とは水面化での争いが発生していた。太田道灌からの景春優遇策をも父道真は聞き入れることなく、上杉顕定もまた、道灌を煙たく感じていたらしい。これを契機に景春は反旗を翻すこととなる。こうした動きを肌で感じていた武士たちがいたのである。ここで相模国の溝呂木・越後五郎四郎・金子掃部助の三人を取り上げてみたい。

「太田道灌状」では文明九年三月の記事に出てくる三人である。この時期、武蔵国では有力な国衆ともいえる豊島勘解由左衛門、弟平右衛門尉がそれぞれ石神井城と練馬城を本拠に反旗を翻している。この溝呂木某は景春の被官人とされ、彼の在所を要害に「誘《こしら》へ候」と記す。溝呂木という姓は、その出身が上野国勢多郡溝呂木（群馬県渋川市）と考えられている（姓氏家系大辞典）。主人の景春が白井長尾氏の出身であるため、溝呂木某の出は上野国で間違いないだろう。

では、溝呂木氏が要害をこしらえた在所とはどこだったのだろう。そのまえに「在所」の意味を確認しよう。戦国から近世初頭の語彙をキリシタン宣教師が編纂した「日葡辞書《にっぽじしょ》」に、「在所」とは「ある人が住んでいる処、あるいは今居る所」と記される。つまり、溝呂木某がいる所は「溝呂木」という通称名（土地名）となっていたのだろう。「太田道灌状」には「相模国」とあるので上野ではない。そこに要害、すなわち城跡、城郭を構築したのである（日葡辞書）。通説では「溝呂木」は厚木市所在である。ところが、明治九年（一八七六）の「上溝村字地書上」（相模原市立博物館寄託）では「在昔溝呂木城〈横溝五郎所在〉ノ址ナリ」と記すし、「下溝村皇国地誌」（同）でも「丸山〈横溝五郎構内ト伝ヘリ〉」とある。そのほか中丸（上溝南小学校付近）、的場（上溝中学校）など城館地名が残っていることもわかる。また、下溝にある天応院境内が「溝呂木城址」だとも指摘する。

天應院　その後、八王子城主・北条氏照の庇護を受け栄えた。境内の各所には北条氏が使用する三鱗の紋所が掲げられており、それを現在に物語っている　相模原市南区

横溝五郎とは、鎌倉時代の御家人名で溝呂木氏との関連は不明だ。だが、天應院付近は現在の相模原市南区下溝で相模川が間近で、寺前を県道五十二号線が通る交通の要地でもある。近隣には下中丸・堀之内の字名も残る。この地域が武士関係の土地であったことがわかる。ここを「要害」としたことは、防塁などの防御施設を持ち、かつ交通を遮断する機能を持つ戦闘施設となったことを知ることもできるだろう。

越後五郎四郎もまた長尾景春に従っていた武士である。文章上からみて、彼もまた被官の一人と考えられる。その本拠

小磯城跡　神奈川県大磯町　写真提供：田嶌貴久美

地は「小磯」とある。今の大磯町国府本郷付近にあたる。かつては旧三井家邸内の丘陵地とされ、今はそこから南側の旧吉田茂邸内で標高約二十八メートルほどの丘陵付近とされている。「小磯」という地名からみても、海岸に面してそれほど広い地区でもないだろう。そこに「山城」を構えたとあることも、海側を意識した設置と考えてよい。東に血洗川、西には不動川、そして南側は海、かつて存在していた北側の旧三井家邸内丘部分の「堀切」痕跡を想定すると、河川交易・交通を意識した武士であったと考えられる。「越後」が姓名とは思えないが、関東管領扇谷上杉家の家宰である白井長尾氏に従う者としても、こうした通称を名字のごとく使用していたとみられる。

なお、溝呂木某も越後某も国府を起点とした交易交通の視点から、相互の根拠地への往来は大磯湾から相模川を使用するルートが想定できる。陸路が不可の場合には大いに機能するはずだ。金子掃部助は長尾景春の傍輩《ほうばい》とされ、その「在所小沢《こさわ》」を要害に成したと記されている。「傍輩」とは、鎌倉時代から使用され中世後期には頻出する言葉だ。山内上杉可諄顕定なども「傍輩・被官」とよく使用している（永正七年六月十二日書状写・歴代古案三ほか）。「日葡辞書」

小沢城跡（右端）　長く続く相模川の河岸段丘を利用して築城された　神奈川県愛川町

では「仲間」とある。すなわち、上下関係ではなく同じ立場の武士といえるだろう。

金子氏は武蔵村山党の金子氏子孫ともいわれるが、確実なことは不明である。「小沢」は、今の愛川町小沢地区にあたる。右に相模川を見下ろす段丘上にあり、小沢坂の遺称がその場所を暗示している。遺構はほとんどないが、城ノ内・馬繕《うまつくろい》場《ば》などの遺称は残る。諏訪神社が鎮座する地域で、相模川にさらに近く小沢古城があったと地域では伝承している。ここもまた、相模川の水運を意識した城跡といえるだろう。

こうした「在所」を「要害に成した」ということは、溝呂木要害と同様に改めて防御・交通遮断施設に改変していったことになる。道灌方の軍勢もこの城に対して「向い張り陣」を施していくが、「小沢要害」は「難城」と記されている。だが、約一ヶ月後の四月十八日に道灌から加勢攻撃の指令を受けていた河越城兵によって落城する。奇しくもその日は、道灌と石神井城主の豊島勘解由左衛門とが戦後の扱いを相談するため対面していた日であった。

Ⅱ　伊勢宗瑞の侵攻と名族三浦氏の滅亡と伝承

三浦道香が自害した地で今も供養を続ける家臣の末裔

相模岡崎城《おかざき》（神奈川県平塚市）に詰めていた武左京亮《たけさきょうのすけ》は、三浦義意《みうらよしおき》（道寸《どうすん》の子）から感状を与えられた（相州文書）。伊勢宗瑞が岡崎城を攻撃してきた永正九年（一五一二）八月七日のことだった。宗瑞方の伊東氏《いとう》も、八月十二日卯刻《うのこく》（午前六時頃）の岡崎台合戦で、宗瑞・氏綱から後日の恩賞授与約束の感状を得ている（伊東文書）。このことから、八月十二日に岡崎城から出撃した三浦軍と宗瑞軍が合戦し、三浦方が岡崎城を追われた様相を知ることができる。三浦氏は相模中郡の拠点となる平塚岡崎城を失ったのである。

一方、伊勢氏には、高座郡から鎌倉郡・三浦郡方面も、占拠予定地区に入ってきていた。三浦方は翌十三日には岡崎城の搦め手から退去し、「すみよしの城」に移動したと「北条五代記」は記す。ここに「鎌倉合戦に道寸討負敗北」とあることから、「すみよしの城」とは現在の神奈川県逗子市小坪所在の「住吉城跡」であることがわかる。道寸の家臣としては佐保田豊後守、大森氏などがおり（鎌倉九代後記）、逗子市小坪地域の伝承によれば、道寸の弟の道香《どうこう》がここ住吉城を半島防御の拠点として再整備したらしい。

伊勢宗瑞は三浦道寸を追って東郡を制圧し、同じ十三日に鶴岡八幡宮に「枯れる樹に、また花の木

岡崎城跡　神奈川県平塚市

を植えそえて、もとの都に成りてこそ見め」という和歌を奉納したと伝える（快元僧都記）。伊勢氏による相模国全体の制圧が、すでにその構想の中にあったと知ることができる。その手始めの計略は、永正九年十月に伊勢宗瑞による「相州甘縄《あまなわ》城築」がなされていることから、三浦半島の入り口を扼する玉縄城再整備にあったといえる（北条記巻六）。侵入の経路に当たる鎌倉洲崎《すざき》大慶寺《だいけいじ》蔵の御本尊である木造《もくぞう》釈迦《しゃか》如来《にょらい》座像《ざぞう》の胎内銘には、伊勢宗瑞が相模洲崎付近まで乱入、住人と住僧らは離散せざるを得なくなり、敵方は山門鐘や大鐘を鋳つぶし、寺内は仏殿と惣門のみが残る惨劇であったと記している。

玉縄城は、これ以前の明応《めいおう》三年（一四九四）、一応は和睦していた山内・扇谷両上杉家が合戦を始め、九月には扇谷上杉方になっていた玉縄要害が攻撃された経過があり（石川忠総留書）、武蔵国久良岐《くらき》郡に接する当城の歴史を熟知していたのが宗瑞自身であったといえるだろう。こうして、伊勢氏の具体的な攻撃目標は、半島部に本拠を持つ三浦道寸・義意親子に絞られていった。ちなみに、道寸自身は扇谷上杉持朝の子で三浦氏を継いだ道含《どうがん》の子どもである（大森葛山系図）。

押し詰められた三浦氏は宗瑞方へ反撃したらしい。永正十年

三浦道香と家臣たちの墓　神奈川県逗子市・延命寺

（一五一三）正月二十九日、藤沢清浄光寺《しょうじょうこうじ》（通称遊行寺《ゆぎょうじ》）が焼かれてしまう（遊行歴代譜）。その原因は宗瑞（早雲）と道寸の同寺の取り合いであったと伝承する。そして道寸は小坪住吉城から三崎《みさき》城（新井城：神奈川県三浦市小網代）へ移動し（北条記巻二）、住吉城には弟の道香を入れていったという（新編相模国風土記稿）。

宗瑞は四月に三崎要害の道寸本拠地にまで追い詰めていったようである。僧智宗《ちそう》なる者が足利政氏から感状を得ている（岩本院文書）。疵を蒙るほどの活動とあり、三崎要害での戦いが激しかったことを物語っている。この文書からは同時に、三浦道寸方が古河公方足利政氏と扇谷上杉氏の支援を受けていたことを知ることができる。

小坪住吉城を守る道香は、永正十年（一五一三）七月七日、北条氏綱軍によって追われ逗子の延命寺《えんめいじ》（神奈川県逗子市）まで逃げるが、ここで自害したと寺伝は語る（新編相模国風土記稿）。境内には道香主従七騎の墓が今も伝えられ、供養されている。

逗子市役所の地（小字高畠《たかばたけ》）にある亀岡《かめがおか》神社背後には、一部土塁の残る旧家菊池家があり、その先祖はかつての里正《りしょう》を務めてきた菊池家一族である。先祖幸右衛門《こうえもん》は道香の家臣で、三浦氏滅亡後はここに土着し、延命寺を造替して主人道香とその主従らを供養してきたと伝えている。ＪＲ逗子駅前から市役所・延命寺・逗子小学校付近一帯は、残る小字からかつての領主館の存在が想定される地域でもあり、こうした伝承の背景を物語っている。

菊池家屋敷の全景　森に囲まれ現在に受け継がれている　昭和 62 年撮影　神奈川県逗子市

逗子延命寺にゆかりで、小坪南に立地する海潮山阿弥陀寺仏乗院《ぶつじょういん》には、永正十年八月の胎内銘を持つ木造阿弥陀如来立像が安置されている。その記年は、ちょうど住吉城が落ちてひと月めにあたる。また、寺からは住吉城がよく見える。おそらくは、七七日(四十九日)の供養に修理・造立された仏様ではないだろうか。

さらに、池子神武寺本堂の阿弥陀三尊の中尊も、また永正十一年九月の銘を持つ、東大寺仏師小野氏による造立である。これも三浦氏と北条氏、敵味方の供養のために安置されたのでは？　と深読みしたくなる仏さまである。

伊勢神宮の大庭御厨所管責任者だった道灌の職権

寛正五年（一四六四）八月、相模高座郡にある大庭御厨《おおばみくりや》（神奈川県茅ヶ崎市・藤沢市）では年貢米が送られてこないので早急に納入せよ、という伊勢神宮庁宣《ちょうせん》が出された（内宮引付）。当時、伊勢神宮内を流れる御裳濯川《みもすそがわ》が大きな災害にあい、諸人の参詣する官道や神事のためにのみ使用する道なども破壊されてしまったという。さらに造替遷宮をも控えて、河の堤防をも修復しなくては神事に差し支えるというものだった。とくにこれらの負担を神宮では「堤防役河籠米」と呼んでいる。神宮では、この賦課を武蔵国飯倉御厨（東京都千代田区）、高座郡堤郷（神奈川県茅ヶ崎市）、大庭御厨の三ヶ所に負担させていたのである。

この年、関西地方では異常気象が起きていた。五月十日（グレゴリオ暦1464年6月23日）、大和国では大雨洪水だった（経覚私要抄）。それから一週間も雨が降り続き、五月十五日に止雨祈禱で一時止むも、さらに降雨が続く（同）。五月十九日には清賢法師が伊勢神宮から下向し、大水で迷惑している、と奈良大乗院の門跡尋尊《じんそん》大僧正に語っている（尋尊大僧正記）。尋尊自身も、「六十年の体験の中で希代のことで、諸方破壊だ」と日記に綴っている。さらに六月からは「炎天、熱殺人也」（蔭凉軒日録十四日条）、「炎熱苦人」（同六月十六日条）というように、まさに異常気象の時期だった。

伊勢神宮からの御裳濯川の崩壊した堤防修理の負担要請は、一刻も猶予はあってはならぬ切実なものだった。その後も大雨で洪水が続き、翌年から「天下大飢饉」となっていく（異本塔寺長帳）。神宮側の要求する河籠米の「河籠」とは、御裳濯川の壊れた堤を修築し直すことで、莚俵に石を詰めて決壊した場所に積み重ねていく工事方法をいうのだろう。その人夫を徴発する代わりに米を代替としてするものだった。この庁宣写しには、堤郷・飯倉御厨・大庭御厨の三地区が対象地であったことが記され、さらに「大庭」については、「太田左衛門大夫方」にこの庁宣を遣わしたことが記されている。ここでも大庭御厨地域の政治行政事務の所管責任者は、太田道灌であることが改めてわかってくる。

鳥森皇大神宮　天長９年の創建。伊勢神領の大庭御厨の総鎮守として尊崇を集めた　神奈川県藤沢市

さらに、現地では問題が起こる。文明元年（一四六九）頃、神宮代官である出口・室田が現地の年貢を掠め取っていることが発覚、出口だけは「御敵」となって他国へ逃亡する。その後、出口の代官職と管理地は一時、神宮に戻された。神宮の「御敵」

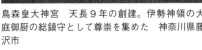

だけではなく、反扇谷上杉方との接触を持っていたのかもしれない。手紙では「そののち国事御成敗候」と、神宮一禰宜の荒木田氏経が太田道真と持資（道灌）に伝えている。その結果、出口にかわり後任は「香河方」となった。こうした代官名は現在の茅ヶ崎市内の地名であり、太田道灌の職権による地域有力者の登用といえるのだろう。

なお、室田地区には室町時代の康応元年（一三八九）年、「神皇正統記」（吉田家旧蔵）を写した者がいたことが知られている（天皇招運編奥書）。先祖が武士とは限らないが、武士社会に関心を持つ人たちがいたことが想定できる。代官職となるような階層人の文化的素養の一端を垣間見る思いである。その後、文明五年（一四七三）七月、幕府（将軍義政）から奉行人奉書が出された（内宮引付）。伊勢神宮内宮造営のための役夫工米が三年前から未納のため、幕府は太田道灌の父道真に催促した。堀越公方政知、さらには山内上杉家家宰の長尾景信へも同様に出している（御内書符案）。

室町幕府政権下では、政治集団は将軍・堀越公方・鎌倉公方と大きく分かれていた。特に関東では、関東管領家の山内上杉氏と家宰長尾氏、扇谷上杉氏と家宰太田氏の二分割担当地域ごとに室町幕府の意思命令を伝える手続きが必要だった。だが、大庭御厨の年貢米のその後は、まったく出てこないのである。

Ⅱ　伊勢宗瑞の侵攻と名族三浦氏の滅亡と伝承

伊勢宗瑞の猛攻で落ちた大庭城跡の遺構が語るもの

三浦道寸が陣を敷いた大庭城跡の碑　神奈川県藤沢市

大庭《おおば》城は天守や石垣のない「土の城」である。時代は室町後期、扇谷上杉氏の支配する城郭であった。相模湾方向へ張り出していた相模原台地の東西は引地川と小糸川に囲まれ、南部の羽鳥方面は湘南砂丘の縁を旧東海道と大山道が通る。東側一帯は、かつては「ドブッ田」といわれるほどの湿地帯が広がり、孤立したように見えるが水運を活用できる環境を持っていた。さらに東丘陵付近には厚木道、星谷道などが通り、まさに武蔵・甲斐方面への交通の要地でもあった。

大庭城跡周辺には今でも特徴的な地名が残る。城跡がある「城山」（城址公園）、馬の集合場所である「駒寄」、「二番構」は、そこにあったかは別として城郭の「構」、構造物の遺称名を示すものだろう（邦訳日葡辞書）。舟地蔵方面の「築山」もまた「人工的に作った山」（同）のことで、有力者の屋敷や山水などに使われる庭園装飾である。ならば「池ノ辺」とは、すなわち庭池がしつらえられていた付近を示していたのだろうか。「一の坪」は、古代中世では検地などで最初に行われた場を示し、条里地名に多く残る。「聖ケ谷」「丸山」「七ツ塚」は、いわば世俗を離れた世界で、「聖」や黄泉の国へ旅だった者たちの住まう場、土饅頭や塚と考えれば良いだろう。

現存する小字地名がこうした施設や場・世界がその場所に実在したことを顕しているとは限らない。地名は時代や都合で動き作られるものといえるからだ。

大庭城跡は、現状では四つの区画に分かれている。かつては大庭中学校方面に丘陵部が続いていたが、すべて土取りで消滅している。公園管理事務所の脇から曲線の遊歩道を登り切ったところが今は城跡第一から二郭地区の入口で、この北側（一郭）方向には小字「裏門」名が残されている。ちなみに「門先」地名は東側谷下に残るので、本来の正門は東だった可能性が高い。入口右方向には樹木に覆われているが、幅約四メートルほどの土塁が西側方向へカギの手状にはっきりと残されている。また、この入口付近で半円状の堀跡も見つかった。それは「丸馬出」と言って、馬を出陣待機させる場所といえるものだ。

第二郭と第三郭には、丘陵部の東西を分割するように等高線にそって堀跡が今でもはっきり見ることができる。中央部に「からぼり」という石柱が立つが、そこを覗くと往時の深さを想像できる。他の場所での発掘でも、U字型で人の背丈を越える深さであることがわかっている。関東ローム層まで掘り下げており、落ちたら這い上がることはまず難しい。

第四郭は、「館址広場」と呼ばれ、四棟の掘建柱建物跡が発掘で確認された。三棟は側柱に支えられ、四面庇をもつ「寄棟造」か「入母屋造」の構造である。身分の高い者や客人などが集ったとも考えられる。また、柱穴から炭化米も見つかり、化学分析で十五世紀中から十六世紀初頭のものであることがわかった。そのほか、瀬戸窯の擂鉢《すりばち》・卸皿なども出土し、それらも十五世紀後半のものであった。なお、現在は二棟跡のみ石柱表示でその規模を知ることができる。最近の発掘によれば、西側斜面には掘割・土塁・竪堀、さらには帯曲輪なども発見され、まだまだ遺構が多く埋もれていることが想定される。

舟地蔵　伊勢宗瑞による大庭城攻めの際、近くに住む老婆に沼地の干上がる方法を聞いた。情報漏洩を恐れた武士たちによってその老婆は殺害されてしまうが、その供養のために立てられたと伝える　神奈川県藤沢市

明応八年（一四九九）九月、上杉朝良は祖父である持朝の三十三回忌を鎌倉扇ケ谷の健徳寺《けんとくじ》で挙行する。導師は、建長寺の玉隠英璵だった。その陸座法語《しんぞほうご》の中で、持朝の子が大庭の塁を堅めていると記す（玉隠和尚語録）。それは朝昌で、彼は愛甲郡七沢城主でもあった（上杉系図）。永正九年（一五一二）八月、大庭城は伊勢宗瑞により落城する。

Ⅱ　伊勢宗瑞の侵攻と名族三浦氏の滅亡と伝承

在りし日の住吉城跡と三浦道寸の向城を訪ねて

昭和六十三年（一九八八）春先、逗子市小坪五丁目地区の扇山と呼ばれる山頂一帯に広がる住吉城跡本丸跡に入った。地主からの許可を得て、逗子市教育委員会の花井和男氏と考古学者の塚田明治氏にも同道していただいた。通称「ぼんばたけ」といわれる縦七〇メートル、横幅五〇メートルほどの楕円形をした畑地を抜けて本丸跡へ向かう。この地域一帯の谷戸《やと》は、南北朝時代は「うばかたい」といい、今は「うばこだい」というバス停留所名で残されている。鎌倉円覚寺領であった場所だ。

バス停脇から南側細道を丘陵部へ登る。「ぼんばた橋」をわたって、さらに上がる。右正面は現在は大きなマンションが建つ、すぐ右上の山稜部に当たる。昭和五十五年に入ったときは、この「ぼんばたけ」上部には高さ約二・一メートル、長さ約二〇メートルの見事な土塁が残っていた。正面切岸状の崖には二段の平場と隧道《ずいどう》が見えた。この隧道が本丸への入口で、およそ四〇メートルほど抜けると、そこは別天地だった。小字「げんじケ谷」と呼ばれる広場で、台形上の平場が二段となって海側に広がる。上段はおよそ四五×二五メートル、下段はおよそ三五×一八メートルである。おのおのの平場東南の隅には井戸があった。

この平場を南東の尾根に沿って登っていくと崖上に出た。正面には相模湾、北側は材木座・由比ケ

昭和30年代の住吉城跡と鷺の浦　「広報ずし」923号より転載

現在の「ぼんばたけ」　神奈川県逗子市

浜一帯から江ノ島、南側は小坪湾（旧名は鷺の浦）、大崎山（現、大崎公園）、名越《なごえ》方面まで一望のもとにできる場所だ。標高六〇メートルの小さな土塁状のその場所は、まさに「物見」跡とも思われた。目の前には逗子マリーナのマンション群が広がる。

「げんじケ谷」は、戦前には幣原《しではら》喜《き》重郎《じゅうろう》氏の別荘が建っていた。彼の日記に、この邸宅のことが出てくる。塚田氏の調査では地下五〇センチほどで中世面となり、カワラケや陶磁器が出土したという。ここが「本丸」跡と考えてよい。

上段部の平場から

左：殿の井　右：小坂天王社の旧蹟碑　神奈川県逗子市

二カ所の隧道があった。一つは海前寺《かいぜんじ》背後の尾根途中に通じ、一つは正覚寺住吉社門前（本殿脇に開口している隧道ではなく、東側奥に所在）に出るものだ。地元では戦国時代の抜け穴と言われるが、後世のものというべきだろう。今はともに崩壊の危険性により封鎖されている。

　住吉城跡の裾側には周辺の地割に注目すべきものがあった。標高二二メートルの位置にある神明社（中里・なかっと）から、かつての海岸跡（西町）までは二段から三段にわたる平場となっており、今は民家が建て込む。わずかに人一人が通れるほどの道が、海に向かって凸状の形を造っていた。塚田氏は、このような区画の道はかつての防衛指揮陣地跡ではないかという。

　実は、これとほぼ同じような凸状の区画道は、小坪大崎山裾の鎌倉光明寺末寺である富士見山養性院《ようしょういん》跡（南町）が該当する。旧境内地に以前は南北朝から室町期の五輪塔が多数建っていた。今は三段にわたって石垣（コンクリート）が設置されているが、明らかに平場跡だ。ここは、昔から屋号「ほり」「ようしょういん」とよばれている。東側には披露山からの水流が道沿いを下る。西側は伊勢天照大神宮、披露山をぬけて七曲・瀧不動・鐙摺《あぶずり》方面への旧道が通る。鎌倉時代の武士である朝夷奈義秀《あさひなよしひで》が将軍源頼家への趣向として、小坪湾からサメを捕らえてきた宴会場所、小坂太郎の屋敷跡は「小坂天王社」「殿ノ井」として今に伝わる（吾妻鏡）。

さらに住吉城跡南東部を見据える位置に、伊勢天照大神宮境内は位置する。伊勢町八幡宮背後から一気に今は石段が取りついている。登り切ると、今でも二段構えの平場跡と土塁の一部を境内に見ることができる。昔はここから三百メートル南東に伊勢山山頂があり、小字「こしまき」といって二段の平場が楕円形に取り巻き、まわりは切岸となっていた。

「こしまき」は城郭用語の一つである。ここに立つと住吉城跡をはじめ小坪一帯から江ノ島、正面は伊豆半島、東側は逗子湾、葉山方面が一望できる。住吉城を伊勢宗瑞に奪われた三浦道寸らが、ここに向城を置いて死守したのではないかと思われる場所である。今でも石垣や古木の絡まった丸石、旧家の柱礎石に「つぶて石」のような手ごろな丸石があちこちに散らばっている。平場に溜めておいた石なのだろうか。小坪地区の住人は、和賀江島の置石を他のものが使うと祟りがある、と言っていた。それは、かつての住吉城に係わる者たちが石を独占するための方便だった記憶なのかもしれない。

令和五年（二〇二三）の今、すでに述べてきたような遺構は、ほとんど消滅か、または封鎖処置で中へ入ることすら不可能となっている。だが、飯島の正覚寺と住吉神社の境内など、当時の雰囲気を残している場所もあることは幸いといえるだろう。

Ⅱ　伊勢宗瑞の侵攻と名族三浦氏の滅亡と伝承

八丈島の支配をめぐり代理戦争を行った宗瑞と道寸

永正年間（一五〇四～二一）、伊豆七島付近では、太平洋を航行する海民たちによるトラブルが起きていた。その争点は八丈島であった。

八丈島は五箇村からなる。四箇村と小嶋が扇谷上杉氏方で、武蔵神奈川郷領主である奥山宗麟の配下の代官として奥山忠督の支配が行われていた。一方、中之郷村（八丈支庁八丈町）は三浦道寸方の代官である朝比奈弥三郎の管理下にあった。伊勢宗瑞家臣の長戸呂《ながとろ》七郎左衛門も八丈島代官となっていた。その後、三浦方の代官が北村秀助《きたむらひですけ》に代わると、これを契機に奥山との行き違いから騒動が起きていく（八丈実記）。ここに伊勢氏と三浦氏による現地八丈島代理抗争となっていくのである。

永正七年（一五一〇）七月、三浦道寸は扇谷上杉朝良方に付いて宗瑞方と交戦状態となる。朝良は最初、宗瑞方についた武蔵権現山城の上田氏を攻撃、これを降伏させる。同九年五月、宗瑞の八丈島代官である藤兵衛は三浦氏の出撃を警戒して島の防御体制をとったが、このときは三浦方の出陣はなく収まった（同）。　その後の永正十一年（一五一四）、上田氏の被官である奥山氏（忠督）が宗瑞方と戦闘を始めていることから、この時期には上田氏・奥山氏は三浦氏に従っていたらしい。

同年、八丈島から二艘の船が三浦に向かって出航した。途中で宗瑞方の十三艘が追いかけてきたが

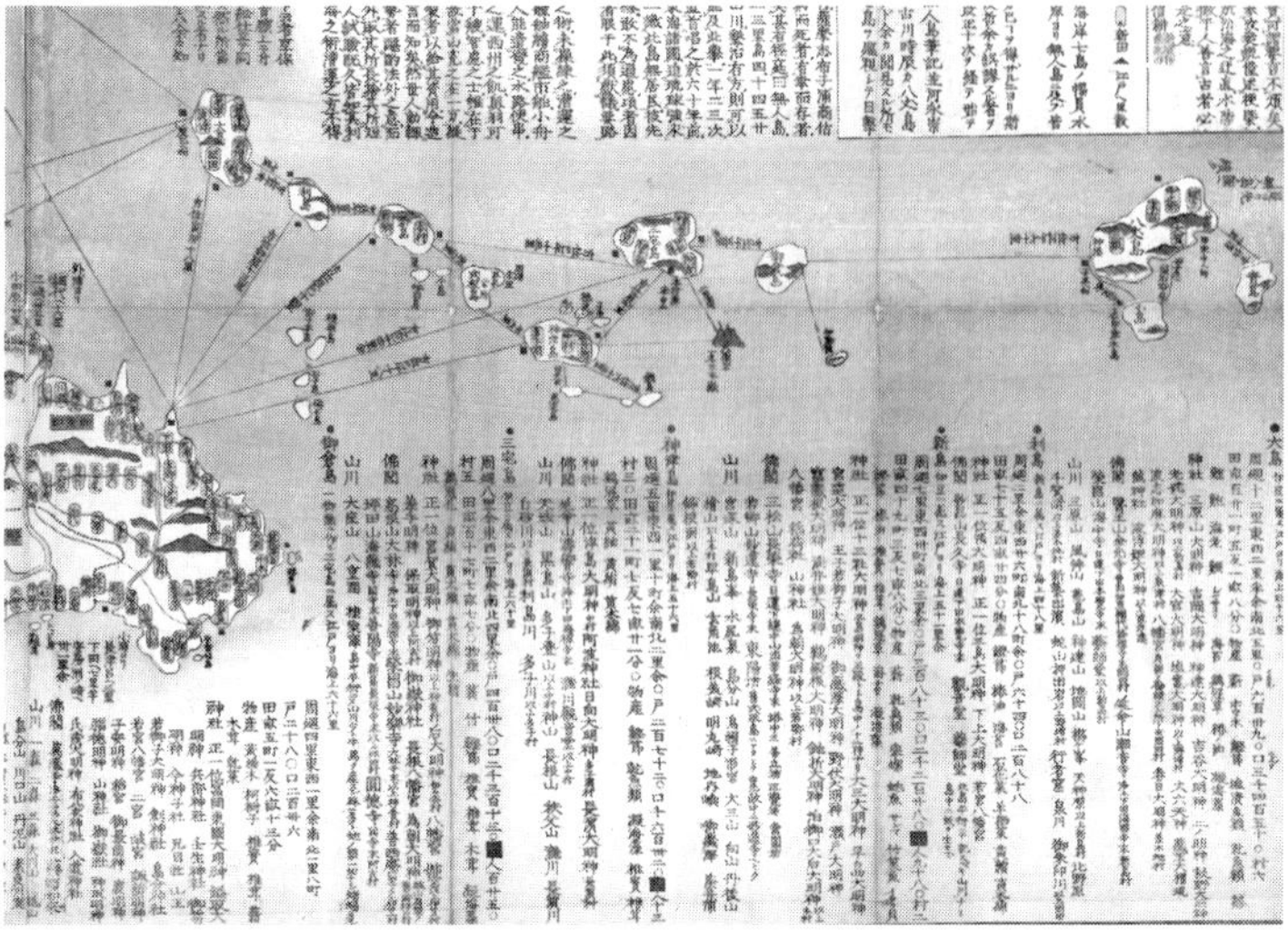

「伊豆七島全図」 右端の島が八丈島で「中之郷」や「小島」の名称が見える 個人蔵

振り切り、三浦に到着している。その帰途、大嶋に拠っていたところ、宗瑞の代官の駿河円明なる者が二百余で夜討ちを仕掛けてきた。三浦方の神奈川代官である奥山忠督や三浦代官の弥三郎らは、再び三浦へ戻っていくのである。

同十二年四月十八日、奥山と朝比奈弥三郎は八丈島へ帰島する。翌十九日、宗瑞方の代官奥山忠《ただ》弘《ひろ》・駿河円明方の太郎次郎が加勢して奥山や弥三郎と抗戦になった。三浦方は、もと奥山方の西村与市郎（与次郎とも）や地元の星名七郎・岩波五郎三郎、宗瑞方は太郎次郎・弥六・六郎三郎・船頭の彦次郎など五人が討ち死にしてしまう。死者三千余りとあるが、双方に大きな死傷者が出たことは間違いないだろう。

五月に入り、互いに城を構えて用心堅固にしたという。六月、宗瑞方の駿河円明の勢十二艘が伊豆から八丈島に入り、さらに新崎に陣屋を構える。六月十二日の合戦で三浦方の中村久蔵・弥三郎ら二十四人が生け捕りになってしまった。三浦方から鴻崎《こうざき》隼人を通じて和談の申し入れが行われた。そこで円明は、奥山忠弘を諭して兄忠督を宗瑞方に付くようにせよと伝えている。六月十五日、駿河円明は八丈島の年貢を請けとり、三浦の代官弥三郎・船頭を捕縛して帰国、そこで斬首して宗瑞に報告・献上した。奥山忠督は再び宗瑞方となり、八丈島に代官として残るのである。

永正十三年、宗瑞方の便船が八丈島に三浦道寸らとの合戦の報を伝えてくる。島内でも大岡郷大里のクルマヤマノ人塚を城とし、岩崎の人塚を田地に成し、小嶋を枝城に拵えるという。八丈島での防御体制の一コマを知ることができる。大永五年（一五二五）、奥山忠督・忠俊《ただとし》親子は八丈島に再び入る。その後、航海に出ていくが難破を繰り返しつつ、大永六年八月に忠督は病死してしまう。

三浦道寸と伊勢宗瑞による外洋交易・交通支配をめぐる抗争は、これまで携わってきていた武蔵・相模の在地土豪の奥山氏や朝比奈氏など、扇谷上杉氏による伊豆七島支配以来の伝統をもつであろう氏族が、実際は独占してきたといってよい。その意味では、八丈島の遠洋廻船と航路支配の争奪戦に勝つことが必須であった、その実態がまさに「八丈実記」の世界でもあった。

伊勢氏はこれから本格的に、伊豆半島沿岸から太平洋、さらに江戸湾岸・相模湾岸への制海権を広げて関東領国を創り上げていくこととなる。

Ⅱ　伊勢宗瑞の侵攻と名族三浦氏の滅亡と伝承

道寸の奮戦及ばず三崎で自害、名門三浦氏が滅亡

三浦道寸の生まれは宝徳三年（一四五一）か享徳二年（一四五三）という。これまで不明だった実名も義同であることが確定している。母は駿河の大森氏頼の娘である。

父道含も、三浦氏の継承者として長年にわたり実家の扇谷上杉氏に尽くした歴戦の勇士だった。道含は家宰太田道灌とは親しく交誼を結び、相模国での扇谷上杉領国の准一門としての政治力を発揮していた。ところが、扇谷上杉定正による道灌謀殺事件は彼の思考を変えることとなる。道灌子息の資康はこれを契機に主君を山内上杉氏に変えた。

長享二年（一四八八）の時期、道含と道寸はともに出家しており、明らかに両上杉家の対立（長享の乱）、古河公方足利政氏の動きなどとも連動した行為と考えられる。このことは太田資康の妻に道寸の女が入ったことによく表れている（三浦系図伝）。武蔵国では千葉自胤が同様に山内上杉方と結び付くなど、関東武士層への政治的影響は大きかった。

三浦道寸木像　神奈川県三浦市・真光院蔵

道含・道寸父子も山内上杉氏に従い、武蔵国須賀谷（埼玉県嵐山町）に出陣、そこで禅僧万里集九と漢詩の宴を持っている（梅花無尽蔵）。道含は自邸不改軒《ふかいけん》の、道寸は南紙（渡来紙）に漢詩の所望をしている。道含の雅号「不改軒」こそ、主君替えの「逆意思」を表しているのだろうか。また道寸にとっては、中央文化人との交流がのちに彼の和歌・漢詩文への傾注契機となったと言えるだろう。

長享三年三月、地元三浦郡和田郷の龍徳院《りゅうとくいん》は自衛のため、早々に扇谷上杉朝良方の兵士による乱暴狼藉禁止の禁制を獲得している（津久井光明寺文書）。これは三浦氏が山内上杉方についたことから、扇谷上杉氏を三浦半島への侵攻へと招いた要因だった。すでに道寸の本貫地の喉元まで侵入されてしまった。

江戸時代以来、三浦道寸が養父の時高《ときたか》を攻めて本拠地新井（神奈川県三浦市）要害を落城させたという「北条記」巻二の記事は、実はこの時期の扇谷上杉勢の攻撃による落城伝承の一つと考えるべきものだ。まさに、ここまでやられてしまうと三浦氏もその去就を模索し始めたようであった。

明応五年（一四九六）七月、道寸は山内上杉方の小田原城に大森定頼（道寸の従兄弟）・上杉朝昌・

山内家家宰上田何某・太田資康・伊勢弥次郎らとともに籠城していた（伊佐早謙採集文書）が、扇谷上杉方の長尾景春による攻撃でここが「自落」する。このとき、伊勢宗瑞の弟の弥次郎など多数が討ち取られた。まさに「西郡一変」となったという。

永正元年（一五〇四）九月、両上杉氏の対立をめぐり越後上杉勢による相模侵攻の動きがでる。山内上杉顕定と越後上杉氏が連携し、河越城の扇谷上杉朝良を攻撃する方針だった。対する朝良は、宗瑞・今川氏親《うじちか》と連携する。山内方は越後守護代長尾能景《よしかげ》の軍勢支援を受け、武蔵椚田《くぬぎだ》要害（東京都八王子市）、相模実田《さなだ》要害（神奈川県平塚市）など扇谷上杉氏の拠点を順次落としていく。道寸も大庭御陣（同藤沢市）へ出陣する。翌年春、両上杉氏の抗争である長享の乱は、扇谷上杉朝良からの和睦で終結した。少なくとも三浦氏は、永正元年九月以降に扇谷上杉氏に復帰していたと考えてよい。三浦道寸が金沢称名寺からの「制札」（家臣らの乱暴狼藉の禁止保障書）要請に謝礼一貫五百文を受け取り、道寸本人や使者への茶接待なども記録されているから確実である（称名寺文書）。

実田城跡　周囲に明瞭な遺構が遺されていたが、近年の住宅開発によって跡形も無く消滅した。写真はわずかに視認ができる堀跡　神奈川県平塚市

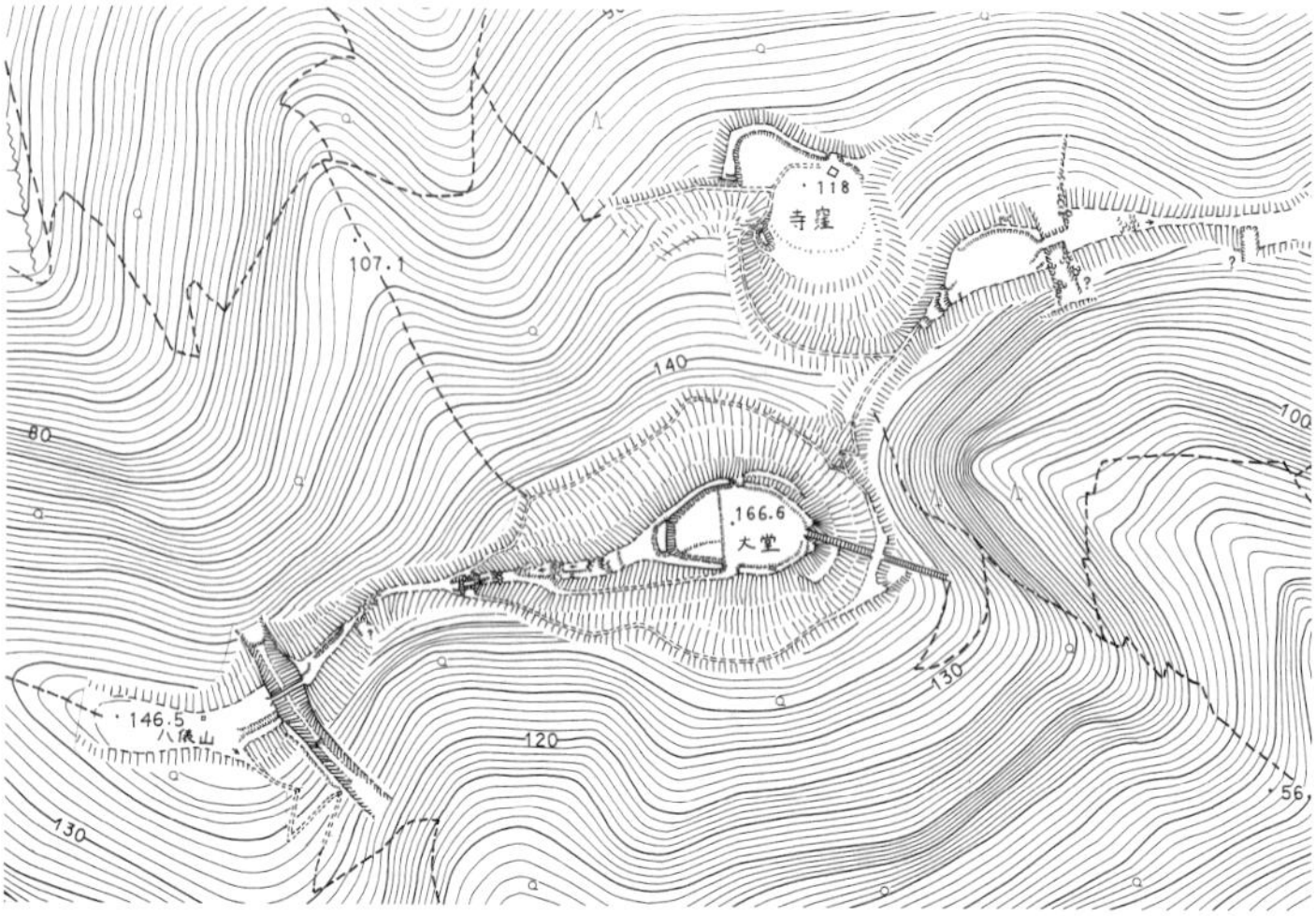

高麗山要害の縄張り図　作図：田嶌貴久美　『神奈川中世城郭図鑑』より転載

永正三年（一五〇六）、永正の乱が始まる。古河公方足利政氏・高基父子の抗争である。道寸は両上杉氏方として房総半島へ渡海する。だが、公方高基から道寸の帰国要請が出され、山内上杉顕定は道寸伯父の扇谷上杉朝昌に説得するように伝えている（静嘉堂本集古文書）。ここにも、三浦水軍がまさに機能していたことがよくわかる。

その後の道寸の動きは、子の義意とともに扇谷上杉朝良に従軍し、伊勢宗瑞との戦陣を展開していく。前年より宗瑞は室町将軍家や今川氏とも手を切り、自立して独自に相模国に侵攻する。道寸側は永正七年（一五一〇）七月、上田政盛《まさもり》の拠る権現山城（横浜市神奈川区）、高麗寺要害（神奈川県大磯町）、同住吉要害（同平塚市）、津久井要害（同相模原市）などを攻撃、十月には小田原城を囲むまでになった。十二月には扇谷上杉朝良と道寸軍が相模西郡から鴨沢要害（同中井町）を猛攻撃する（相州文書）。こうした成果で中郡岡崎城（同伊勢原市）を三浦氏は拠点化することができた。

特に、鴨沢要害で討ち死にした家臣の武《たけ》源五郎宛て感状が注目される（相州文書）。永正七年十二月十日付けで扇谷上杉朝良は、戦死した父和泉守への戦功を讃えつつ道寸からも御感の御書があるだろうと源五郎を慰めている。もちろん道寸からの感状も残る。さらに、古河公方足利政氏からも使者簗田《やなだ》政助《まさすけ》を通じて武氏の主君三浦義意に感状が与えられている。

新井城（三崎城とも）跡の空堀と土塁　神奈川県三浦市

前日九日、扇谷上杉朝良らに従う三浦の軍勢は、鴨沢要害「城涯」での一戦、双方が相当激しい合戦に及んだことがわかる貴重な手紙である。三通の感状のうち、朝良の手紙が陪臣である遺児武源五郎に対しても「恐々謹言」と最も丁重な言葉使いとなっていることも、この合戦の重さとともに総大将朝良の他者への配慮の心待ちがよくわかる。もちろん、こうした行為が上杉氏からなされたことは、そこに武氏の主人たる三浦義意の上申とともに家臣への慈しみが根底にあるのだろう。

永正九年（一五一二）八月、三浦道寸・義意父子は中郡岡崎城

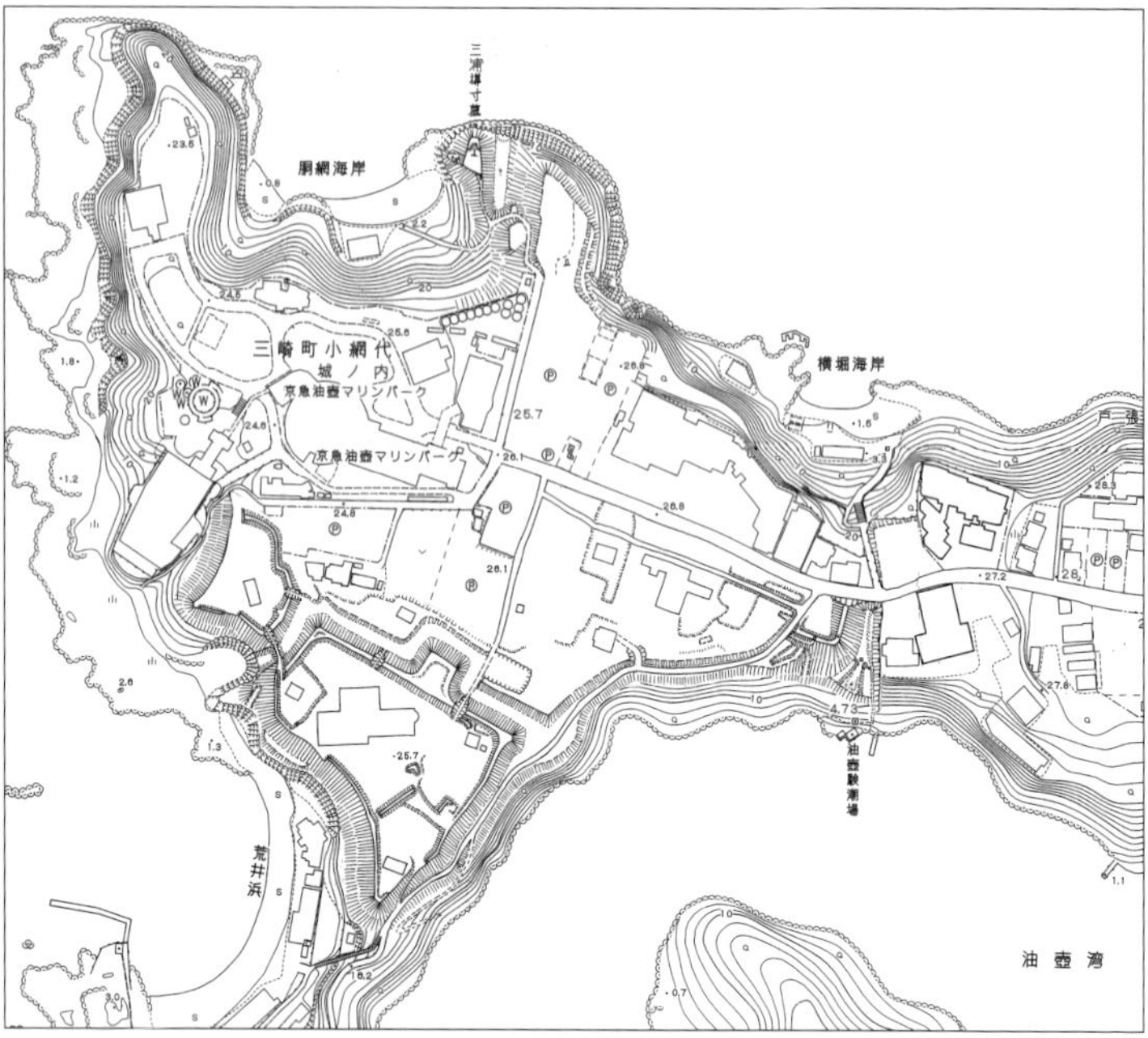

新井城の縄張り図　作図：田嶌貴久美　『神奈川中世城郭図鑑』より転載

を宗瑞軍により落とされ、三浦郡小坪の住吉城まで撤退、翌十年八月、ここも落城する。小坪仏乗院《ぶつじょういん》の阿弥陀如来立像の墨書銘に一周忌の年号があるのも、地元住人の暖かい眼差しがあるようだ。義意は先の武左京亮（源五郎カ）に感状を与えている（相州文書）。同十年正月、藤沢清浄光寺も宗瑞軍により炎上、四月にはついに三崎要害まで宗瑞軍が差し迫っている状況がうかがえる（岩本院文書）。

永正十三年（一五一六）七月十一日、道寸・義意はじめ家臣の大森越後守・佐保田河内守・同彦四郎・三須三河守ほか百余が三崎要害で自害、平安時代以来の名門三浦氏はここに滅亡する（北条記）。

Ⅱ　伊勢宗瑞の侵攻と名族三浦氏の滅亡と伝承

滅亡した三浦氏の怨念とされる〝北条滅亡〟

伊勢宗瑞に攻められ最期の宴を行う三浦道寸　「北条五代記」　個人蔵

永正十四年（一五一七）三月、扇谷上杉朝良は陸奥国の普門寺《ふもんじ》住職、用林顕材《ようりんけんざい》に手紙を書いた（秋田藩家蔵文書十）。昨年七月に三崎が落ち、三浦道寸父子は城中にて討ち死にしてしまった。定めて痛ましく思うところだ。そうなると、我が武蔵国でも早雲庵との一戦を覚悟していたところ、それ以後、敵である伊勢方は打ち出して来ない様子だ。この春の内には、相模国でも軍役が伊勢方により催促されるかもしれないと報じていた。時々刻々の政治情勢の変化にともない、これまで両上杉氏それぞれへの接近と離脱を繰り返してきた相模三浦半島の国衆・三浦道寸を、かつての主君扇谷上杉朝良はこのように見ていたのである。

江戸時代前期の寛永年間（一六二四～四四）に編纂された「北条五代記」には、三浦家伝正宗《まさむね》の大太刀を鬼神のご

北条氏の虎の印判

とく振り回して多数の敵を倒しながらも次第に討たれていく部下たちの忠節を讃える三浦荒次郎義意の姿が特に強調されていく。そして、父道寸の辞世の句「うつものも討たるる者もかはらけよ、くたけて後はもとのつちくれ」を聞きつつ、最期の合戦に城門の外に出ていく。羅刹《らせつ》のごとく鬼王の怒りを顕わして多数の敵兵をさらに倒し、最期に自ら首を掻き切る。だが、眼は逆様に裂け、鬼の鬚は針を立てた様相、喰いしばる牙、睨みつけながら光る目の義意の首は、そののち三年も朽ち果てることがなかったという。

有験《うげん》の貴僧や高僧が祈禱しても首は死ななかった。のちに小田原久野総世寺《そうせいじ》の僧が「うつつとも夢ともしらぬ一ねふり、浮世のひまをあけほのの空」と読みかけて手向けると、たちまちに白骨となったという。父道寸の自害を見届けた義意、そして小田原の伊勢宗瑞への怨念を道寸支配下にあった地域の人々は、この軍記物の生きている義意の首に仮託して描いた作品ともいえるだろう。

落城の日にち、七月十一日は毎回にわたり新井の城に霧がかかり、異類異形の物が闊歩し雷が轟くとも記す。義意が自害した場所には、地元住人の牛馬も入れず田畠も作らないともいう。さらに、当代（江戸前期）の武士も外堀で下馬して徒歩で入城するともある。まさに「道寸父子は名誉の武士」と崇められ、地元の抵抗のシンボルとしての扱いともいえる。さらに、こうした特異性は小田原北条氏滅亡の記憶とも重なっていくのである。

　天正十八年（一五九〇）七月十一日は、秀吉の命令により北条氏政《うじまさ》と氏照《うじてる》が小田原城下で自害させられた日であった。それに合わせるかのように「北条五代記」では、三浦道寸らの滅亡年月日を永正十五年（正しくは十三年）七月十一日寅の刻として、ともに「寅」に改竄している。「虎の朱印」に代表される北条氏への、旧三浦道寸・義意の統治時代を慕う人々による、「寅」に始まり「寅」で「虎の朱印」（北条氏政権）を封印するというゲンを担いだのかもしれないのだ。その証拠に、「北条五代記」の当該記事には「此道寸いくさの次第、三浦の老人物語をあらかし記し侍る者也」とあることからも知ることができるだろう。

家屋型絵馬　神奈川県三浦市・海蔵寺蔵

　三浦市の小網代港の近く、曹洞宗の小網代山海蔵寺《かいぞうじ》本堂には「家屋形絵馬」が掲げられている。松の枝に掛かる生首とその下に倒れた武士、脇に立つ数珠を持つ僧の姿。まさに不気味な絵馬だ。明治時代に地元、長井の三社丸船頭である源五郎なるものの奉納である。小田原北条氏への怨念をはらし、三浦の海の豊かさを願う漁師の想いと重なって見えてくるようだ。

公方足利持氏を助けた大森一族と箱根権現別当

応永二十三年（一四一六）十月、鎌倉を追われた鎌倉公方足利持氏《もちうじ》は小田原宿まで逃げた。前管領の上杉禅秀《ぜんしゅう》が反旗を翻したのだ。地元の武士である土肥《どい》・土屋《つちや》氏もまた、禅秀方として持氏を追い詰め、公方は駿河大森館（静岡県裾野市）まで逃げていく。この逃亡の手引きをしたのが箱根権現別当の証実《しょうじつ》であった。その後、幕府の援軍と駿河今川氏の助けをえた持氏は、再び鎌倉に戻ることができたのだ。箱根別当証実は大森氏出身で、こうした手助けがあって公方からさらなる支援が箱根権現になされていく。権現内にあった熊野堂の造営費用として上総国の段銭《たんせん》が寄進され、その他の修理費用も負担するというサービスが約束された（金沢文庫文書）。

公方と結んだ大森氏は、当主が頼春《よりはる》・憲頼《のりより》父子であった。彼らは小田原方面に改めてその足場を築いていくこととなる。応永二十八年（一四二一）、相模西郡飯田郷（市内堀之内から中曾根・飯田岡付近）を駿河国鮎沢《あゆさわ》御厨二岡大権現《にのおかだいごんげん》（静岡県御殿場市）に大森憲頼が寄進したことが、その出発点となる（内海文書）。一方、これまで小田原地域に進出していた土肥・曾我《そが》・中村《なかむら》・土屋など、かつて上杉禅秀方であった在地国衆層を押さえていったのも大森氏であった。特に公方御料所《ごりょうしょ》であった狩《か》（苅）野《のうの》庄《しょう》（神奈川県南足柄市）が大森氏の預かりとなっていることは、大森氏の本拠地の駿河駿東《すんとう》郡から箱根・

足柄《あしがら》・小田原を経由する交通上の要地を押さえていくようになったことを意味する。

　大森氏が直接に小田原と鎌倉公方との関係を示すのは、永享四年（一四三二）十月、公方持氏が大森信濃守《しなののかみ》に小田原関銭を三年間充《あ》て行《が》い、鎌倉の松岡八幡宮修理の費用とさせたことだ（鶴岡八幡宮文書）。この信濃守は氏頼《うじより》と思われるが、まさに主君たる公方持氏の一字「氏」を下賜された人物だろう。系譜では憲頼の弟である。すでに大森氏内部でも役割の交代があったことを思わせる。

箱根神社　神奈川県箱根町

　この誘因は、箱根別当証実が永享二年九月に死去したことも大きい。醍醐寺《だいごじ》の満済准后《まんさいじゅごう》などから、彼の死は「関東もってのほか周章云々」（満済准后日記）といわれた。つまり、公方を支える有力国衆の大森氏自身への影響力、すなわち箱根権現別当がもっていた幕府・公方と大森氏との連携と、箱根山系軍事提携ルートを確保するバランスが崩れてしまう可能性があった。箱根別当の後継者に実雄《じつゆう》が継ぐ。彼は大森頼春の子で、葛山《かつらやま》氏の養子となり備中守と呼ばれていた者だった（葛山家譜）。また、鎌倉公方家臣としての大森氏の継承は、幸いにして先述のように弟氏頼にバトンタッチされた。すなわち、大森氏内での役割分担が逆転し、これまでの兄から弟の系統に代わって繋がっていったのだろう。この流れが、後の小田原をめぐる支配に大きく関わっていくのだ。

Ⅲ　西相模の雄・大森氏の盛衰と痕跡

ゆめ、まぼろしとなった〝伊豆国守護〟大森氏

永享十年（一四三八）九月十日、幕府軍が箱根山を越えて伊豆相模方面に攻撃を加えてきた（鎌倉大日記）。小笠原政康《おがさわらまさやす》・今川範忠《のりただ》・武田信重《のぶしげ》・足利（篠川）満直らの軍勢だった。箱根山では大森伊豆《いずの》守《かみ》（憲頼）と箱根別当実雄勢力の箱根水飲《みずのみ》関所での奮戦によって幕府軍は敗北した。

大森伊豆守は、すでにこの八月段階で、河村《かわむら》城（神奈川県山北町）を攻め落とした大森式部少輔の勲功を賞している（三村文書）。河村城には上杉禅秀の乱以来、大森氏と敵対関係にある河村一族が籠もっていた。当該地区では曾我氏も幕府・上杉憲実方で、やはり大森氏とは対立関係にあった。大森式部は河村城に相対する春日山城に入って、これを攻め落としたのである。

京都の伏見宮貞成親王《ふしみのみやさだふさしんのう》は、遠江国人の大谷甲斐一族が大森一族の首を二、三ほど都に送ってきたと日記に書いている（看聞日記）。また、大森氏が関東管領上杉氏の分国である伊豆国を与えられたが、「大森城郭」は没落してしまったとも記している（同）。公方持氏による幕府方攻撃への布石の一つであった。大森氏を箱根・三島を越えて伊豆国の守護とさせ、彼らの勢力を利用しようとしたのだった。だが、大森勢力の隆盛はさほど続かなかった。

続く九月二十七日には、箱根早川口（小田原市早川）・風祭《かざまつり》（同風祭）合戦となり、鎌倉府の大将

である宅間《たくま》上杉憲直《のりなお》をはじめ、二階堂下総守・宍戸《ししど》備前守・海老名上野介季長《すえなが》以下三〇〇余が従ったが、敗北している（室町将軍家御内書並奉書書留・永享記）。鎌倉方総大将の憲直は幕府には捕縛したと報告があったようで、管領細川持之《もちゆき》は駿河守護今川中務大輔某と家臣である興津《おきつ》美濃守にその忠節を賞している（同）。ところが、憲直以下の兵は撤退して鎌倉に逃げ帰っている（今川記）。情報が錯綜《さくそう》していたことがうかがえる。

　結局、大森氏が拝領したという「伊豆国守護」は、ゆめ、まぼろしとなったのである。

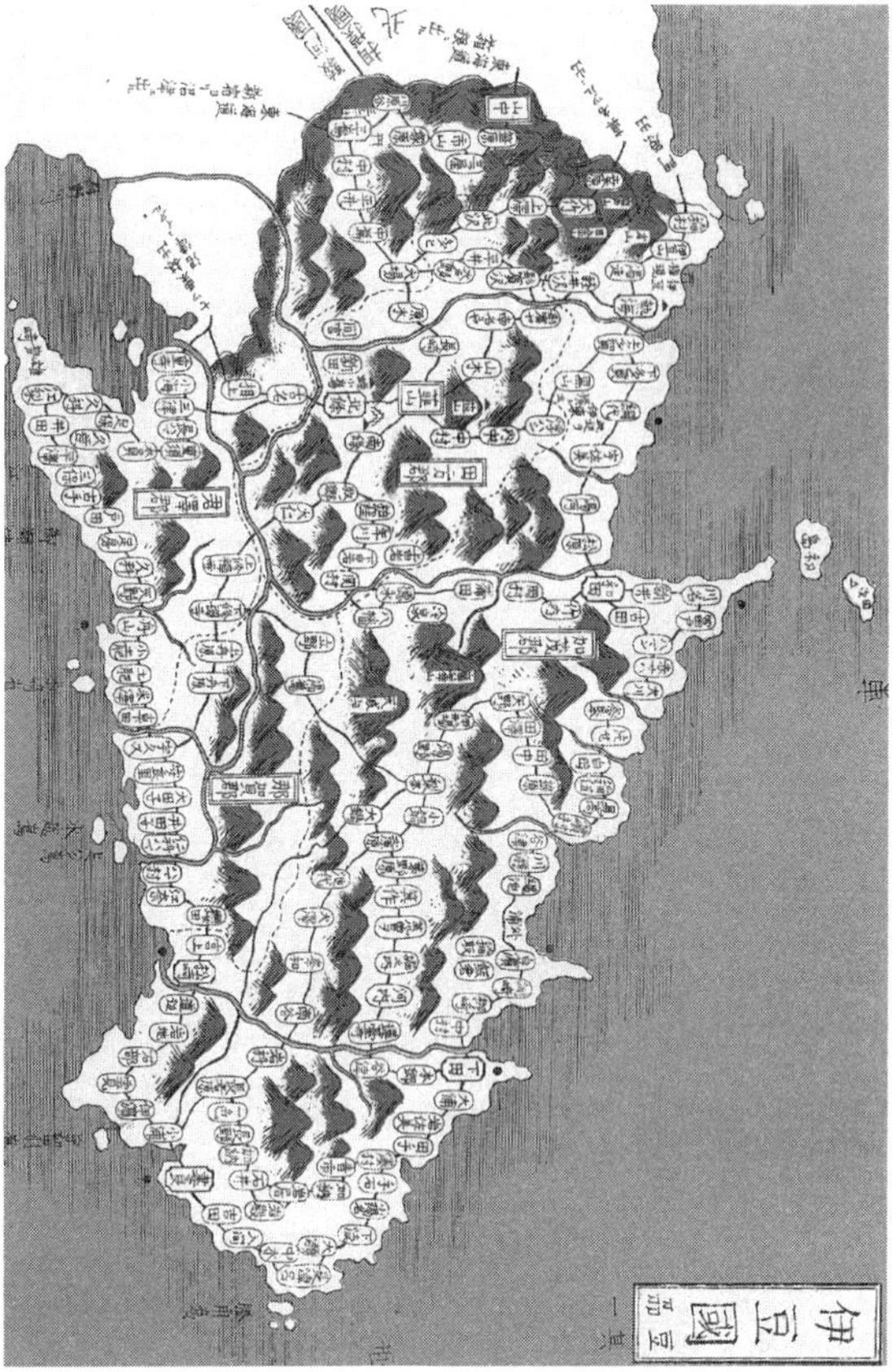

「旧国郡全図 伊豆国」　個人蔵

Ⅲ　西相模の雄・大森氏の盛衰と痕跡

足利成氏の登場と結城城で討ち死にした大森六郎

永享十二年（一四四〇）七月頃、信濃国の武士大井持光《おおいもちみつ》が足利持氏の遺児を旗印に挙兵した（永享記）。のちの足利成氏《しげうじ》の登場である。碓氷峠にまで出陣してきたと聞いた上杉清方《きよまさ》は国分に陣を敷き、相模勢に備える上杉持朝《もちとも》（氏定《うじさだ》の子）は、相模高麗寺の徳宣《とくのぶ》（神奈川県平塚市徳延）に布陣した。永享の乱に破れた大森憲頼と箱根別当実雄は、これを契機と再び結城城に出陣しようと動きだした。

一方、幕府・管領上杉勢力は急遽の対応をとる。鎌倉攻撃に向かっていた駿河今川上総介《かずさのすけ》は相模平塚に陣を取る。一族の蒲原《かんばら》播磨守は「国府の道場」に布陣した。この道場とは、国府津の時宗蓮台寺《れんだいじ》（神奈川県小田原市）を指す。門前を東海道が通り、湊に面した交通と情報取得の要地ともいえる場所であった。

ここには鶴岡八幡宮における両界一切経《りょうかいいっさいきょう》修理費用捻出のための関所が鎌倉府によって設けられていたほど、街道宿として人の往来が盛んであった（等覚・相承院文書）。

徳延神社　上杉持朝が陣を引いた地、徳延の鎮守社　神奈川県平塚市

さらに、上杉持朝と上杉清方は旧持氏方追討のため、路地の軍勢を催しながら七月末に結城城（茨城県結城市）に布陣している。この合戦による相模地域の状況は明らかになっていない。「永享記」に大森六郎なるものが討ち死にしたとあるが、不明である。

「結城合戦絵詞」　国立国会図書館蔵

恩賞関係の史料からは、甲斐武田信長が相模曾比郷《そびごう》（神奈川県小田原市）と千津島《せんどしま》村（同南足柄市）ほかを与えられているが、その恩給主体は不明である。おそらく幕府関係者ではなかろうか。

幕府優勢の状況下で、大森氏もまた微力ながら大森憲頼と箱根別当実雄の勢力がその命脈を伝えていたのであった。

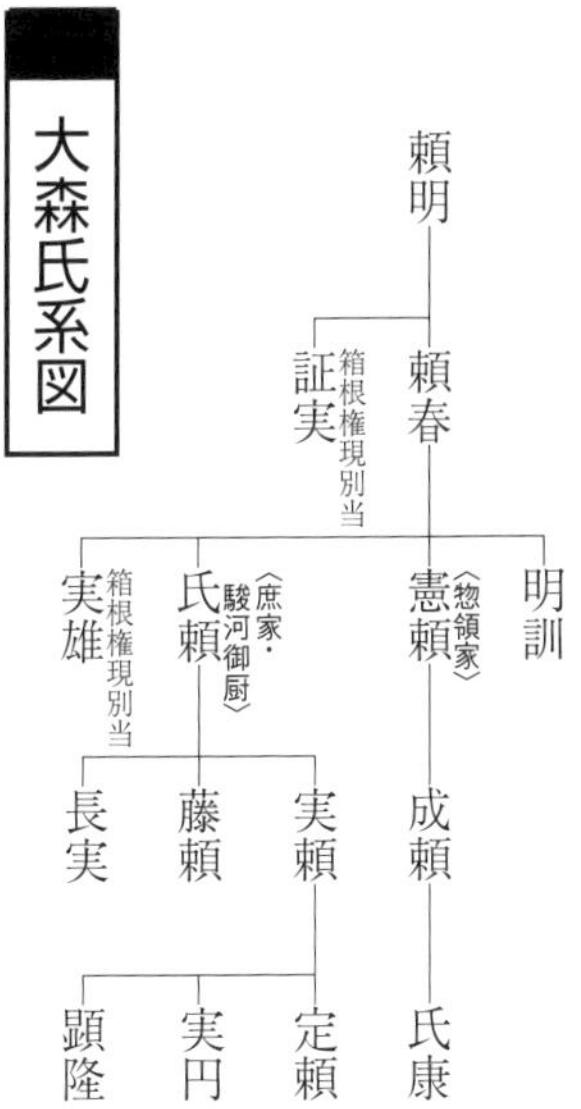

Ⅲ　西相模の雄・大森氏の盛衰と痕跡

鎌倉府崩壊に一役買った有徳人や財産家たち

享徳三年（一四五四）四月、鎌倉公方足利成氏は、関東管領上杉憲忠《のりただ》を殺害した。これまでの鎌倉府体制はこれで崩壊していくことになる。史上「享徳の乱」と呼ばれ、関東地域は戦国時代の入り口に立つ。こうした経過をたどらざるを得なかった理由はなんだったのか。

これを考えるために、宝徳二年（一四五〇）九月、足利成氏がとった徳政に注目すべきだろう。成氏は鶴岡八幡宮小別当である大庭《おおば》氏に、それまで「地下人《じげにん》」によって買われていた八幡宮御料所を徳政と称して返還することを通達している（大庭文書）。「代替わりの徳政」といわれるものだ。具体的には、武蔵国青木村の宗興寺《そうこうじ》や慶昌庵《けいしょうあん》、船役、相模早川庄久富名、同阿久和郷内水田（横浜市）、桑原郷内田畠（神奈川県小田原市）、箱根山関所などが八幡宮小別当の大庭氏にその権利を戻させたのだ。

購入していた「地下人」として中村掃部助《かもんのすけ》、落合式部入道の名が挙げられている。彼らは、この西相模地域の在地の武士層であった。中村氏は名字の地が中村庄（小田原市小船・中村原・沼代、神奈川県中井町、同大井町）であり、鎌倉時代の土肥・中村氏の子孫たちであった。落合氏も綾瀬《あやせ》や秦野《はだの》地域に広がっていた氏族と考えられている。彼らは田地だけではなく、寺庵・船役・関所の権利なども買得していることから単なる地域領主に留まらず、寺院運営を行い（勧進・経済担当）、交易や流通に水運を活用できる「有徳人《うとくにん》」といわれる財産家たちであった。

　宝徳四年（一四五二）四月、小田原関所に出された鎌倉府の禁制《きんぜい》もこうした動きと関連する（鶴岡八幡宮文書）。関所を通過する甲乙人《こうおつにん》（一般人）が違乱狼藉を繰り返していた。ここでの関所料は八幡宮両界一切経の修理料として使用されるものであったが、彼らはこれを拒否していた。

　そして享徳元年（一四五二）十月、関東八ヶ国に所在する富士浅間社《せんげんしゃ》・二所《にしょ》（箱根・伊豆山・三嶋権現社）・熊野三山（本宮・新宮・那智各大社）の修験者たちが鶴岡八幡宮境内に集まり、諸関破却の御衆会《ごしゅうえ》を開こうとしていたのだった（小野寺文書）。そこには山臥《やまぶし》・聖道《しょうどう》・神職に限らず、広く参加するよう神職奉行人頭が鎌倉月輪院《がちりんいん》から二度も廻状を出した様子であった。手札を小田原で確認し、不参加の者は道中移動をも停止させるという強制力を発動する用意もしていた。

　そのとりまとめの中心役は、熊野大先達《だいせんだつ》の法印宗俊《ほういんそうしゅん》であった。そして何よりも事務担当の月輪院そのものが、鎌倉公方の護持僧《ごじそう》を務めてきた寺院であった。さきの鎌倉公方禁制など、まったく関知しない状況が公方のおひざ元・鎌倉ですでに生まれていたのであった。

「地下人」と呼ばれる人々は、在地の国衆《くにしゅ》のみならず修験者や聖《ひじり》・神職層と、多様な職域集団がそれぞれ孤立していた状況から連携を取り合い、異業種集団として鎌倉府や幕府権力に対峙《たいじ》していこうとしたのであった。こうした意味では、「甲乙人」や「地下人」と呼ばれる不特定名称者集団の実力が、公権力への圧力団体として試される時代がすでに始まっていたとすべきだろう。

Ⅲ　西相模の雄・大森氏の盛衰と痕跡

小田原で一族内紛の末、実頼系が実権を掌握する

「鎌倉大草紙」によれば、大森安楽斎《あんらくさい》父子が箱根竹の下から勢力を伸ばし、小田原城を取り立てたという。安楽斎父子とは憲頼・成頼《しげより》を示す。「成」字が足利成氏からの下賜とすれば、鎌倉公方成氏に直属しつつ活動していた証拠となる。さらに長尾景春の乱で「大森信濃守」（実頼《さねより》）は父子兄弟に分かれて太田道灌に従い、下総境根原《さかいねはら》（千葉県柏市）・臼井《うすい》（同佐倉市）の両合戦にも参加していた（太田道灌状）。憲頼と実頼は、実の兄弟でまさに分裂しはじめていたのだった。

すでに文明十年（一四七八）五月、長尾景春方の平塚城に立て籠もる大森伊豆守（成頼）を道灌とともに攻撃したのも実頼であった（鎌倉九代後記）。その結果、伊豆守は箱根山中へ逃亡していったという。これまでの権力基盤、鎌倉公方・上杉氏体制、そして事実上政治を動かしてきた両上杉氏家宰（長尾氏・太田氏）をも利用していこうとする、地域領主層の「確かな選択眼」をここに見ることができるだろう。大森氏は、ここに成頼系（憲頼子）を追放し、実頼系（氏頼子）の政治的主導性を獲得したのである。このことは、各地の領主情報を逐一蒐集していた熊野御師《おし》にも早速熟知されており、文明十年十月「檀那書立」にも「大森・葛山・行ト（竹ノ下）・藤曲、四流一円、勝覚院」と把握されていた（米良氏諸国檀那帳）。

大森実頼の父氏頼は早川海蔵寺《かいぞうじ》（曹洞宗）を開いたという。鎌倉の高僧であった玉隠《ぎょくいん》和尚とも懇意であり、箱根でともに法華経を題材に漢詩の交遊をしたことが玉隠の記録に残っている（玉隠和尚語録）。一方、氏頼は宗派を超えて交流し、一族を住持にさせてもいる。記録に残る曹洞宗総世寺の安叟宗楞《あんそうそうろう》による活躍が特に大きい。氏頼自身、法名を寄栖庵日昇明昇禅師《きせいあんにっしょうめいしょうぜんじ》としており、日蓮宗にその基本を置いていたようだ。宗派は異なるが、東海道に面し交通の要地にあたる海蔵寺を創建したのも、信仰的な面だけでなく日蓮宗と交易商業関係を視野に入れて小田原を押さえようとしていたのではないだろうか。十五世紀後期の青磁や白磁、そして大量の土器《かわらけ》類が低湿地に当たる近世小田原城三の丸地区から発見されていることからも、すでに戦国期以前に、城下町としての「小田原」宿の基本形が生まれつつあったと考えられるだろう。

大森氏６代の墓　大森頼明夫妻・頼春・氏頼・実頼・藤頼が祀られている　静岡県小山町・乗光寺

明応三年（一四九四）八月十六日、駿河小山の乗光寺《じょうこうじ》で氏頼は亡くなる（同寺蔵・宝篋印塔《ほうきょういんとう》銘）。そこは上杉禅秀の乱で恩賞として与えられた岩原《いわはら》城（南足柄市）の所在地でもあった。鎌倉公方・両上杉氏との政治的狭間を生き抜いてきた大森氏にとって、新たな対抗者、伊勢宗瑞との厳しい問題が課せられるのであった。

Ⅲ　西相模の雄・大森氏の盛衰と痕跡

大森氏の記憶を色濃く現代に伝える岩原城跡

伊豆箱根鉄道大雄山《だいゆうざん》線岩原《いわはら》駅から徒歩二〇分ほどで岩原城跡に出る。足柄平野の中央部に張り出している尾根台地の先端あたりに位置する。周囲は住宅地に囲まれ、城跡がどこにあるのか迷うほどだ。目印となる八幡神社と公園のある薬師堂が城の北側入り口に当たる。その東側麓を近世の甲州道が通っている。城跡のある台地上北西部にはカナ（狩野）街道という古道も通っている。

「新編相模国風土記稿」によれば、岩原村里正所蔵の「古城略記」に大森頼春の子氏頼の活躍を述べ、城は頼春が古城を取り立てた、と記している。あわせて「城蹟図」が付けられている。この図から、本城を中心に五つほどの曲輪が尾根の東側へ続き、それらを堀で囲んだ階段状の構造となっていることが察知される。絵図には数値も入っているが、現状とはあわないらしい。

城跡の案内板があるところが曲輪《くるわ》の一つである。東西一七メートル、南北一五メートル、北と西に堀状の地形がわずかに見られる。東と南方向は切り下げられて住宅地と畑になっているので、本来の様子はわからない。幅七メートルほどの窪地を隔てて西側に続くもう一つの曲輪がある。東西二三メートル、南北三五メートルで、尾根の南側へ張り出している。かつて北側に堀跡が、西側にも南側の斜面に向かって開く堀跡があったというが、宅地造成ですべて消滅している。今は道がないが、この尾根を南に下る道が「せいせんざか」と伝承されている。それは「みたらし湧水」の跡へ出る道である。当時の「水場」を押さえる重要な曲輪を繋《つな》ぐ道であったのだろう。

その途中の斜面には五輪塔《ごりんとう》類が立つ一角が残されている。ここが伝大森氏墓石群とされている場所だ。先の絵図では「山王蹟」とある部分に続くように、二基の墓石と社《やしろ》が描かれている。これらの場所は先の八幡宮や薬師堂が鬼門《きもん》（北東）の方向、この山王蹟が裏鬼門《うらきもん》（南西）にほぼ該当するのも

上：岩原城跡　西郭付近の城跡碑と大森氏の墓碑　中：空堀の跡　下：岩原薬師堂　御本尊の薬師如来像は大森氏の守本尊と伝える　神奈川県南足柄市

当時の信仰を考えさせるものがある。

なおこの両地点には、台地の縁に沿って流れる水路があることに注意したい。特に八幡神社の南側を尾根を南北に断ち切るようにある水路は、その幅が神社裏で幅二メートル、深さ一～一・二メートル、尾根の東側開口部で幅八～一〇メートル、深さ三～六メートルほどもあることから自然の沢とは考えられず、人工的な堀とみなされている。

応永二十九年（一四二二）、大森憲頼は岩原の「しけん入道かひかえふん《控分》」と「ぬまたのかう《沼田郷》」を駿河鮎沢庄御厨二岡《にのおか》権現社（静岡県御殿場市）に寄進している。彼は氏頼の兄にあたる。憲頼がこの地域を知行していたことは明らかだ。現在、この岩原城跡の一角に大森寄栖庵《きせいあん》墓碑が立つ。つまり、弟氏頼が住む屋敷であったと伝承されてきたのである。歴史上では兄弟の系統が分立しあい、最後に氏頼が大森氏の嫡流となっていく。こうした時期を経験した岩原城は、まさに大森氏の記憶を色濃く残した城跡といえるだろう。

Ⅲ　西相模の雄・大森氏の盛衰と痕跡

大森氏と共に籠城した道寸と宗瑞の弟・弥次郎

明応五年（一四九六）七月、大森式部少輔《しきぶのしょう》・刑部大輔《ぎょうぶだゆう》（扇谷上杉朝昌《ともまさ》）らが籠もる要害から自ら落ちていったという（伊佐早氏採集文書）。その攻撃軍は山内上杉顕定であった。実は、城内には三浦道寸・太田六郎《ろくろう》右衛《え》門尉《もんのじょう》・上田名字中、そして、なんと伊勢新九郎入道（宗瑞）の弟弥次郎もいた。その結果、「西相模の政治地図がまったく変わってしまった」といわれるほどの歴史的合戦であった。

北条早雲（伊勢宗瑞）画像　岡山県井原市・法泉寺蔵

高座郡大庭城（神奈川県藤沢市）主の扇谷上杉朝昌、岡崎城（同平塚市）主の三浦道寸、伊勢弥次郎など、名だたる武士がいた要害が小田原城であることは衆目の一致するところである。つまり通説のように、大森氏と伊勢氏は初めから小田原城をめぐって対立していたわけではないのである。当初、大森氏は伊勢氏とともに西相模を支配していた扇谷上杉氏に従い、小田原

上：小田原城天守から望む八幡古郭。後北条氏の時代の主郭であったとされる　下：小田原城跡の小峯御鐘ノ台大堀切東堀　蓮船寺付近　神奈川県小田原市

城主として活動していたことは、先の山内上杉顕定書状に在城者トップとして名が挙げられていることからも了解できる。

永正元年（一五〇四）九月、関東管領山内上杉顕定は、扇谷上杉朝良《ともよし》・今川氏親・伊勢宗瑞らを率いて武蔵立河原《たちかわはら》（東京都立川市）で対陣する。その布陣中に、顕定は甲斐の武田信綱《のぶつな》の参陣を大森式部大輔に依頼し、時期に遅れないように来てほしいと書状を遣わした（相州文書）。先年は大森氏の敵対者だった山内上杉氏に、ここでは属していることが知られるのだ。

彼が敵対勢力を変更したことは、当時の政治状況が変化してきたことを物語る。これまで小田原城主として主体的に戦陣に出ていた大森氏は、この時期には顕定から直接出陣さえも要請されず、武田氏への加勢要請の連絡のみになっていることも、彼の軍事的立場が変化していることを気づかせる。永正六年以降、山内上杉顕定とは軍事関係のやりとりは見えず、ただ季節の贈答関係の手紙しかみえない。翌七年六月の顕定急死後に「大森式部大輔」から「大森式部入道」と変化している。入道名となっていることは顕定への弔いという意味もあるのではなかろうか。

永正七年（一五一〇）十月、三浦道寸は、伊勢入道（宗瑞）が相模国まで乱入してきたのに対し、扇谷上杉建芳《けんぽう》（朝良）が小田原城涯《ぎわ》まで攻撃を加えての長陣で人馬も疲労している様子に、まずは帰宅し来春に備えるべきでは、と手紙の中で建芳に伝えている（秋田藩家蔵文書）。小田原城がすでに伊勢宗瑞の相模進出への拠点となっていたからこそ、上杉建芳は相模・伊豆国境の最前線、小田原城の涯まで攻め込んでいった、とみなすことができるだろう。

かつての盟友・伊勢弥次郎時代とはまったく正反対の軍事対応となっており、これまで頻繁に見えていた氏頼系の大森氏はまったく存在の気配すらない。むしろ憲頼―成頼系の、宗瑞と関係する活動が目立つほどだ。具体的には成頼の孫海実《かいじつ》が箱根権現別当となり、その後継者が宗瑞子の菊寿丸《きくじゅまる》（後の北条幻庵《げんあん》）となる。また、大森成頼の子が氏康《うじやす》、孫が氏貞《うじさだ》と名乗ることも宗瑞（北条氏）から「氏」字を拝領したのではと想定できる。大森氏内部の勢力交代が、こうした結果を導き出したといえよう。

こうして宗瑞は明応五年（一四九六）から文亀《ぶんき》元年（一五〇一）までの間に小田原城を大森氏から奪い、あらたな相模・武蔵進出の拠点として再編成をおこなっていったのである。

Ⅳ　道灌を殺害した上杉定正と糟谷館を検証する

道灌誅殺は上杉定正の養継嗣・朝良の所業か

文明十八年（一四八六）七月二十六日、太田道灌は相陽糟谷《そうようかすや》の府第《ふだい》を訪ねた。江戸城にいた彼は糟谷館の主人扇谷上杉定正《さだまさ》から呼ばれていたのだった。「内匠君《たくみぎみ》の幕」、当時、定正は内匠＝修理大夫《しゅりのだいぶ》の官職をもち、その館内には戦陣用の幕が張り巡らしてあった。道灌はここで「俄かに白刃の危にかかり、形骸隕墜《そんつい》し、魂魄《こんぱく》飛び沈まん」という災厄に遭う。以上の記録は、太田道灌に招請されて美濃から下向してきた禅僧万里集九の詩文集「梅花無尽蔵」の一節である。江戸城でその悲劇を聞いた集九は、八月十日「二十七日の忌斎」に香華《こうげ》と蠟燭《ろうそく》を捧げ、その亡霊を慰めるために詩文を作っている。

若くして英名な人となり、穏やかな気持ちをもつ。栄える花の如く、八州の草木はその威名に服した。文武を兼ねて兵法に通じ、戦に帝や主人を護った。深く敵地に侵入し、茨《いばら》を除き険阻を越える。血を流しつつも龍の如く登り上がる。（一部意訳・下略）

集九は、白刃が道灌の命を奪ったことを悲しみ惜しんでいる。「天がその時を示したのだ」とも記す。道灌五五歳の時であった。

殺害を指示した張本人、扇谷上杉定正の意見を聞こう（上杉定正消息）。殺害についてはさまざまな批判が道灌に対してあったことがうかがえる。理由の一つは、堅塁を造って山内方へ「不儀企」を行ったこと。定正はたびたびそれを折檻《せっかん》したというが、結局従わなかったので、やはり謀乱を思い立っているとして誅罰《ちゅうばつ》せしめたと記す。さらに後半でも「太田父子も山内方へ逆心を挿し挟んでいるので誅罰を加えたのだ」と再論して、定正自身が長享大乱の張本人だという濡れ衣を着せられる謂われはないはず、と主張する。

上杉顕定が太田道灌を欺く偽書を定正へ届ける使いを描く。江戸時代には道灌殺害が顕定の仕業とされていたことがわかる　「太田道灌雄飛録」　個人蔵

実はそれ以前の記述に、道灌の部下の使い方への批判がみえていることにも注意すべきだろう。斉藤加賀守が団《うちわ》（采配《さいはい》）を預けられたことにつき、定正の息子である朝良の近辺の者たちも批判していた。道灌が召し使う連中も疋《ひっ》夫《ぷ》風情のものが多く、「戦乱の最中でたとえ定正の一、二を争う家老であっても、戦場の意見や天地の沙汰と吉凶など分別もできないような者に団を預けるようなことはしない、土民であっても分別ができる者に団を預けて意見を聞く」と定正は述べている。このことは戦記物語の「永享記」にある、道灌家政への批判と相通じるものがあるだろう。だが、殺害者本人の言い分なので、割り引いて受け止めなくてはならない。

江戸時代の初期、道灌の子孫・太田資武《すけたけ》（岩付《いわつき》太田資正《すけまさ》の子で越前《えちぜん》松平家臣）家の伝承では、定正の糟谷屋敷内「風呂屋の小口」を出たところで曾我兵庫に切り付けられ、「当方滅亡《とうほうめつぼう》」という言葉を残して死んでいったという（太田資武状）。当時、曾我兵庫は上杉定正の養継嗣《ようけいし》である朝良の執事であった。先の朝良家臣らの道灌批判を思うと、ほんとうの実行犯は定正ではなく、その子朝良ではないか、とも思われるのである。曾我兵庫自身は、道灌の父太田道真から職能を認められていた人物とされており、道灌自身も父親贔屓《ひいき》の上杉家臣ということで油断していた可能性がある。でなければ、たとえ主君館といえども風呂屋での無防備など考えられないのである。

定正自身、さきの自己主張する「定正消息」にも、山内上杉顕定との対立の中、江戸と河越を五年以内に押さえていきたいと述べていることも、ここに関連する。実は、道灌殺害後に曾我兵庫を江戸城代に取り立て、兵庫の父豊後守は河越城代となっていることと連動しているのは確かである。さらに言えば、定正が継承者である朝良の教育のためとして、これまでの両上杉家との対応などの歴史的背景を、兵庫の父親で河越城代の曾我豊後守に託し、彼宛ての書状形式の手紙を残そうとしたこと自体に意義があるといえる。

ここで、定正家臣の上田《うえだ》・三戸《みと》・萩野谷《はぎのや》氏の動向に注意したい。扇谷上杉家の重臣ながら道灌にも、また曾我氏とも係わる気配はみえない。それは定正家臣団、そして上杉家家宰職をめぐる内部矛盾が見え隠れしている証拠ではないだろうか。事実、道灌亡き後、相模国守護代は上田氏が繋いでいく。

上田行尊《こうそん》なる人物も、平塚真田《さなだ》（神奈川県平塚市）周辺で活動していたことがわかっている（本土寺過去帳）。特に、実田《さなだ》要害は上田右衛門尉の居城であり、明応五年（一四九六）七月、伊勢宗瑞との対戦に扇谷上杉朝良が応援にきている（宇津江氏蔵文書）。上田氏はその後、後北条氏に属し武蔵松山城（埼玉県吉見町）の城主として戦国末期を生きていくが、天正九年（一五八一）に糟谷の郷八幡御社に禁制を出すなど、道灌以来の支配の伝統を伝えてきた（新編相模風土記稿所収文書）。

上：松山城跡　下：松山城跡の空堀　共に埼玉県吉見町

上糟谷七五三《しめ》引《ひき》（神奈川県伊勢原市）の五霊社は、太田道灌を供養する社として伝承され、伊勢宗瑞が山田《やまだ》伊賀守《いがのかみ》に命じて祀ったとされる。この山田氏は、上田氏の家人でもあった。このように平塚・真田・糟谷付近には、戦国末期にいたるまで上田氏の記憶が色濃く残っていたのである。

Ⅳ　道灌を殺害した上杉定正と糟谷館を検証する

道灌が「当方滅亡」と叫び息絶えた館の伝承地

「当方滅亡」と叫んで、両上杉氏の行く末を暗示して亡くなった太田道灌。主人である扇谷上杉定正の屋形《やかた》はどこにあったのだろう。

発掘の成果によれば、神奈川県伊勢原市「御伊勢森《おいせのもり》」といわれ、今の産業能率大学敷地一帯とされている。室町時代の三間二間の建物跡、深さ一・三メートル、最大幅二・九メートルの深いV字型の大溝も南北に走っていた。出土品には瀬戸《せと》・常滑《とこなめ》焼、さらに宋《そう》・元《げん》・明《みん》時代の青白磁《せいはくじ》器《き》類がみられ、明らかに室町後期の有力者がいたことを示していた。だが発掘とその発見はほんの一部のみであって、その全容はまったく不明なのだ。南北に続く大溝とはいえ、防御するには規模が小さい。「からぼり」と呼ばれる場所は幅が一〇〇メートル、北部の秋山川上流あたりからの攻撃に対する防御にはあまり役立たないのではなかろうか。

地域には上粕屋《かみかすや》神社が鎮座する。この社は屋形の鎮守とも言われてきた。地域では神社裏手方向から産業能率大学敷地を含めて糟谷館跡と言われてきた。確かに「まぜぐち〈馬防口〉」「まとば〈的場〉」「たてばら〈立原〉」「だいもん〈大門〉」「つじ〈辻〉」「きど〈木戸〉」など、城郭や館を思わせるような遺名が今でも残されている。

これまでの研究でも「梅花無尽蔵」に記される「糟谷館」の記述がその基本となっている。万里集九も文明十七年（一四八五）九月に糟谷に宿泊しているが、屋敷構えなどについては一言も記していない。「妙法《みょうほう》寺《じ》記《き》」の記述では、道灌殺害は「相州糟谷金造寺ニテ」とする。「金造寺」とは、「公所《くぞ》寺《じ》」のことだとも指摘されている。それなら現在の蟠龍山公所寺洞昌院《とうしょういん》あたりが一番ふさわしい。今も、そこには太田道灌の墓が伝承されている。一五、六世紀に相当する宝篋印塔《ほうきょういんとう》が木々に囲まれて安置される。

上：上粕屋神社　下：太田道灌の墓　洞昌院　共に神奈川県伊勢原市

万里集九は二十七日に供養をここに捧げ、松を二本植えていったとも伝えられる。かつての松の切り株が側にある。洞昌院では山門には扉がない。道灌が逃げてきたが門が開かず、討ち取られたという。道灌の無念を語る、後世にうまれた道灌譚の一つである。

Ⅳ　道灌を殺害した上杉定正と糟谷館を検証する

発掘調査の進展で確実性を帯びた糟屋館＝丸山城

相模守護扇谷上杉定正の館は、これまで上粕屋《かみかすや》所在の糟谷城跡といわれてきた。それは産業能率大学敷地から上粕屋神社一帯を含みこむ地区であった。ところが、下糟谷の丸山城跡地区の可能性が高いことが、緊急発掘の結果で明らかになったのだ。

丸山城跡は神奈川県伊勢原市下糟谷に位置し、現在は馬蹄形の丸山城址公園となっている場所である。高部屋神社《たかへやじんじゃ》の神域もおそらくは城跡一帯ではなかったかと想定されている。第二東海自動車道と相模原大磯線第六三号線が交差する地区であり、神社の北方向には、東名高速道路と新東名高速道路の跨線橋が目に入ってくる。そしてその脇を国道四四号線が西方向から寒川方面へ一直線に通過しているのである。これだけでも、この丸山城跡地区が交通の要地であることを想像させるものだろう。

城跡は、発掘調査の結果では大きく上段と下段からなっているという。まず下段には東と西方向に幅約一〇メートル、深さおよそ五メートル以上の堀が廻らされており、その内部に一辺が約一〇メートルの竪穴《たてあな》式遺構が出土したという。さらに北側の堀跡は深さ約二～三メートル、幅が六～七メートルもあるものが見つかったのである。そして上段に向かうと、公園の南東側と北西側には堀跡が現存している。前者は幅が約一〇メートル、深さ二・五メートル、後者は幅二〇メートルと南東側の倍であり、深さは同じであった。堀の大きさからも守備の重点が北西にあったと思われる。

なお、上段の地中構造についても調査者は、関東ローム土と黒土を交互に突き固めた、幅が一六〜一八メートルの土塁があったのではないか、と指摘している。

高部屋神社背後には渋田川が流れており、城域は平地の中の丘陵上に立つような環境であったことがわかる。城跡の西方向、東海大学医学部付属病院の方向にはいわゆる横矢懸《よこやが》かりの遺構も発見されている。まさに交通の要地を押さえていたのが相模守護の扇谷上杉定正・朝良親子であったのだろう。今後の発掘状況によってさらに真実へ近づくことができると期待している。

上：丸山城跡　左の丘上が主郭で道路は堀　下：丸山城跡主郭の土塁　神奈川県伊勢原市

Ⅳ　道灌を殺害した上杉定正と糟谷館を検証する

上杉定正の頓死で再び大混乱と戦禍が関東を襲う

文明五年（一四七三）十一月、扇谷上杉氏の家督は定正に決まった。その意向は、家宰太田道灌の力によるものだったろう。本来ならば、定正の兄である顕房《あきふさ》の子政直《まさなお》が継承すべきだったが、すでに死去していた。文明九年（一四七七）十二月、室町将軍足利義政は定正に出陣命令を伝える（歴代古案）。古河公方足利成氏とその与力らが上野各地で戦闘に及び、言語道断だと憤っていたのだ。このとき、すでに定正は修理大夫《しゅりだいぶ》という官職を将軍家から与えられていた。実は、これ以前から成氏は長尾景春を支援し、その居城である武蔵鉢形城《はちがたじょう》（埼玉県寄居町）を囲む太田道灌はじめ扇谷上杉勢を排除するため、同年七月、上野国の瀧・島名《たきしまな》（群馬県高崎市）に出陣していた。戦況はその後、膠着《こうちゃく》状況となっていた（鎌倉大草紙）。この時期、定正がどこにいたかは不明だ。道灌とともにいたなら、将軍からの出陣要請などはないはずだろう。

翌文明十年正月二十四日、成氏は扇谷上杉定正が河越城へ戻ったことを武蔵国衆安保氏泰《あぼうじやす》の手紙で知っている（喜連川文書案）。これは前年来、定正から公方成氏との停戦協定（都鄙和睦《とひわぼく》）申し入れによって合意し、ともに陣払いを行ったことを示す。成氏はこのときは武蔵成田（埼玉県行田市）に退去した（松蔭私語）。だが、道灌は翌二十五日に河越城から長尾景春方の豊島勘解由左衛門尉《かげゆさえもんのじょう》の武蔵平塚城（東京都北区）攻撃に出ているのである（鎌倉大草紙）。同年二月、公方成氏は下野の小山成長《しげなが》に戦況伝達と出陣要請を行う（小山氏文書）。上杉定正の河越帰還、道灌による小机《こづくえ》要害（横浜市港北区）の攻撃、支援している長尾景春自身による武蔵板屋への出陣、さらには成氏の手持ち軍勢が手薄のため、すぐに小山氏の加勢出陣を依頼しているのであった。

こうした流れをみていくと、どうやら定正は河越城に戻ったきりで、その後の動きは道灌勢によって長尾方への攻撃が行われていたらしい。まさに「都鄙和睦」の内実とは、あくまで古河公方成氏と扇谷上杉定正の空手形という具合で、道灌は主君定正にはまったく躊躇せず長尾景春勢を攻撃したといいうるだろう。ここに主君定正の心中には、家宰道灌の独断専行の疑念が湧きつつあったのではないか。

次に、年欠書状から定正の活動をみてみよう（加賀国古文書）。九月十三日に「小沢河原《おざわがはら》合戦に勝利して敵を討ち捕えたのは心地よいことだ。深大寺《じんだいじ》にいる軍勢や小早河の同心勢も活躍してくれたこと、彼らに感謝していることを伝えてほしい。また数日中に自分定正は鉢形近くに出陣する予定なので貴殿も参陣していただきたい」と篠窪三郎左衛門尉《しのくぼさぶろうさえもんのじょう》に書

上：鉢形城跡の立体模型　荒川を望む断崖絶壁が天嶮の要害となっている様子がよくわかる　埼玉県寄居町・鉢形城公園内

状を出している。

篠窪氏は相模篠窪郷（神奈川県大井町）を本領とする武士である。「小沢河原」とは、川崎市多摩区と東京都稲城市にまたがる小沢原を指す。多摩川を隔てて東京側が深大寺城（東京都調布市）に位置しよう。すでに深大寺城には、上杉定正方に付いていた武士層がいたことがうかがえる。特に定正が鉢形城を攻撃する予定としていることから、竹井英文氏は、延徳元年（一四八九）九月または同二年九月にあたるのでは、と指摘されている。さらに八月二十七日付け定正書状では、定正が武蔵足立郡箕田《みた》郷（埼玉県鴻巣市）にいること、上野国の岩松尚純《ひさずみ》が足立郡太田庄内篠崎郷（同加須市）に兵を進めてきているので、荒川に橋を架けてお迎えするため、武蔵国村岡口（同熊谷市）まで出陣するよう伝えている。そのため岩松氏の御家風《ごかふう》（家臣）一人の派遣を要請したのである（竹内文平氏蔵文書）。

扇谷上杉定正と対立する山内上杉顕定は、道灌の嫡子太田資康へ、これ以降の状況を語っている（古簡雑纂）。定正は足立郡箕田郷を陣所としており、太田資康は堀須（埼玉県鴻巣市）に進軍していた。顕定は騎西郡成田口から同国平原へ向う予定だった。そこで資康からの前日十九日付けの手紙を午後四時過ぎに受け取ったのだ。「荒川端が定正方の占領で不自由（通行不能）となっていて、切所《せっしょ》（通過困難な道・日葡辞書）なので、そこを諸軍勢が揺（揺り動かす・日葡辞書。揺動破壊作戦の意味か）のは難しいが、自分は成田口を回って平原で一戦する予定だ」と伝えている。これからみると、太田資康は武蔵堀（屈）須から兵を引率して平原陣で顕定と合流する計画だったようだ。

さらに手紙の後半には、武蔵国石浜城主の千葉自胤《よりたね》が顕定陣に兵を連れてきていたことも記されている。彼は以前、長尾景春の乱には太田道灌方として活動し、道灌暗殺後は道灌子息の資康同様、山内上杉顕定方についた国衆であった。こうしてみると、この年欠の内容は、定正と顕定が敵対していた延徳元年九月か、翌二年九月の状況とみてよいだろう。

明応三年（一四九四）七月から、一時和平していた定正と顕定の対立が再燃する。扇谷上杉方の関《せき》戸要害《どようがい》（東京都多摩市）・玉縄要害（神奈川県鎌倉市）を顕定が攻撃、定正は伊勢宗瑞に援軍を要請、九月、顕定陣営で三浦氏の三崎城を攻撃し、さらに鉢形城付近に布陣していた。十月五日、事故は起きた。これまでも重要拠点として渡り馴れていた荒川で定正は落馬した。頓死だった。奇しくも山内上杉顕定が先の十月二十日付けの手紙で太田道灌の子資康に語った言葉「荒川端は定正方が占拠して不自由の場であり切所だから、諸軍がかかっても揺することは難しいだろう」は暗示的な物言いだ。しかし、それは定正にとっては一時のことだった。天は顕定に味方したのだった。

結局、道灌の死は両上杉氏の内部抗争を招くこととなった。「当方滅亡」という暗示的な言挙《ことあ》げは、その後の両上杉氏の歴史の一コマを象徴するものといえる。

上杉定正の墓　神奈川県厚木市・徳雲寺

Ⅳ　道灌を殺害した上杉定正と糟谷館を検証する

両上杉氏を見限り京との御融和を成し遂げた成氏

文明十年（一四七八）正月、古河公方足利成氏と関東管領山内上杉顕定・扇谷上杉定正とが和解する。その前提に、両上杉方が幕府に働きかけて公方成氏と幕府との関係修復に尽力するという約束がなされたからだった。ところが、それから一年以上も両上杉氏はなんら動くことがなかったのだ。文明十二年二月、公方成氏は「二人が虚言に至ったことは、どうしようもないことだ」と憤り、長尾景春を上杉憲実の名代とさせて、幕府重臣の細川政元《ほそかわまさもと》へ改めて和平への申し入れを行った（蜷川文書）。長尾景春は幕府細川氏内衆の小笠原備後守に宛てて、実際の交渉役を大徳寺長老以浩《いこう》に依頼したことを伝えている（蜷川文書）。以浩はその後、「関東使節の西堂大徳寺」として幕府と公方間の交渉を進めていく（蔭凉軒日録）。ただ、長尾景春の関わりはここまでである。上杉家家臣という立場では、幕府細川氏に直接に依頼することが叶わなかったのだ。

同年三月には、堀越《ほりごえ》公方家宰の犬懸《いぬがけ》上杉政憲《まさのり》から幕府の細川政元に、和睦交渉を大徳寺以浩を通じて行ってほしいこと、詳細は長尾景春から確認してほしい旨、手紙が送られている（蜷川文書）。

しかしそれでも進まず、文明十二年十月、公方成氏はまた以浩を通じて同様の申しれを依頼した（蜷川文書）。そこでも、両上杉氏の当主二人に「御融和の事」を「やがて自分の望みが入眼《じゅげん》（実現）する」

と「覚悟して彼らに任せた」にもかかわらず、この二年も言上しないことを「謀略の至りであり、あきれかえるばかりだ」と怒っている。確かに、別の事でも両上杉氏の無責任な態度には、道灌自身も胸底から憤っていたことは事実だろう（太田道灌状）。

成氏はその後、越後上杉房定《ふささだ》（顕定の父）に交渉の仲介役を依頼する。彼は越後守護家として京都に拠点をもち、幕府の細川典厩《てんきゅう》家（政国《まさくに》）ともつながる有力大名だった。すでに、成氏は弟の鶴岡八幡宮別当尊傚《そんじょう》とともに交渉進展の催促と、成氏本人の御誓言を上杉房定に送っていた（蜷川文書）。

現代の京都　烏丸通りが京都市内を南北に貫く。上部は貴船・鞍馬の山々、手前は東本願寺の伽藍である

交渉作戦の変更は功を奏した。おそらく、大徳寺以浩や上杉房定らの情報があったのだろう。実際、幕府の屋台骨を運営する細川家の嫡流である政元を支えていたのは、典厩家の細川政国だった。

こうして文明十四年十一月、上杉房定から細川政国・政元へ、古河公方成氏と両上杉家への配慮のある交渉連絡によって、幕府と「御合体の

上：細川政元画像　京都市右京区・龍安寺蔵　下：景春が最後に立て籠もった日野（熊倉）城跡の土塁と空堀　埼玉県秩父市

儀」が実現したのだ（蜷川文書）。

成氏は、これまでの鎌倉府以来の幕府との対立関係が解消され、また、東国における古河公方としての立場を認められたのである。ただし、成氏も幕府から派遣されていた堀越公方足利政知の存在は認めざるをえず、伊豆国やその他の御料所を譲渡することとなった。その意味では、関東が次第に地域勢力ごとに分立していく契機となったことは否めない。

長尾景春も、公方成氏との初期段階では架空に近い「上杉憲実《のりざね》名代《みょうだい》」としてもちあげられていたが、その後はまったく表に立てなかった。同十二年正月の太田道灌による長井《ながい》城の落城、二月の高佐《たかさ》須《す》城（埼玉県小鹿野町）の占拠、六月の景春自身が立て籠もる秩父日野城（荒川村）の落城で歴史的役割を終える。享徳の乱はここに終止符を打ったが、同時に関東は複合する新たな政治勢力を抱え込むことになった。

第三部

道灌以後も栄えた江戸湾の〝湊〟

I　流通の大動脈だった江戸内海と往来

中世江戸の起点だった浅草の賑わいと諸将の参詣

治承《じしょう》四年（一一八〇）、源頼朝は武蔵に入るため、江戸重長《しげなが》に浮橋《うきはし》を造らせ隅田川を渡る。康元《こうげん》元年（一二五六）、貴族の藤原光俊《ふじわらのみつとし》が鹿島詣《かしまもうで》のため隅田川の浮橋を渡り、和歌を奉納した（夫木集）。また、太田道灌が下総千葉氏攻撃に際し長橋三条を架設させたなどの伝承があるように、隅田川を渡る起点がここ浅草だった。中世の頃は石浜と呼ばれ、武蔵と下総、さらには奥州を結ぶ交通の要でもあった。「江戸名所図会《えどめいしょずえ》」には「橋場と称す。旧名は石浜なり」と記されている。江戸湾への入り口であり、荒川の流れが運びこむ石の多い砂浜だったらしい。その渡渉地を徳川家康が橋場（白髭橋《しらひげばし》付近）と改名したのだ。小田原後北条氏時代の「石浜」から「橋場」への呼称改変が時代の転換を示すだろう。

この橋場地区の対岸（荒川区側）には、源氏の武士らが馬を洗ったとする駒洗《こまあらい》川が隅田川に注いでいる（今は暗渠《あんきょ》）。湾の入り口は浅茅《あさじ》が原などと呼ばれるように湿地帯に囲まれながらも、亀段のような微高地が人の集まる場所となっていった。その代表が浅草寺だった。

推古《すいこ》天皇の時代（七世紀初め）、流れ着いた聖観世音菩薩《しょうかんぜおんぼさつ》を檜前浜成《ひのくまはましげ》・竹成《たけしげ》兄弟が安置し堂としたのが草創という（浅草寺縁起）。鎌倉長谷観音《はせかんのん》成立譚とおなじく、観音信仰の東国普及の流れに位置づけられようか。檜前兄弟と土師中知《はじなかとも》を祀ったのが「三社権現社」（今の浅草神社）となる。昭和二十年

浅草寺　東京都台東区

(一九四五)の戦災で炎上した観音堂跡地からは、奈良時代の土師器・須恵器《すえき》の花瓶《けびょう》などが出土したことからも、こうした時代相を確かめられる。

源義朝《よしとも》は、一一世紀後期、焼けた観音堂の御本尊が自ら榎木《えのき》の樹上に避難された伝承にちなんで榎木の観音像を奉納する。今に「温座秘法陀羅尼会《おんざひほうだらにえ》」の御本尊として伝承される。息子頼朝は隅田川を渡る際に、平家打倒の祈願をここで行っている。鎌倉幕府の記録「吾妻鏡《あづまかがみ》」によれば、鎌倉鶴岡八幡宮寺造営にわざわざ浅草から「宮大工」を呼んでいる。鎌倉周辺には腕の立つ僧堂建築技術者がいなかった証拠だ。

「浅草寺縁起」には仁安《にんあん》三年(一一六八)、浅草寺の僧用《よう》舜《しゅん》による観音堂再建の記事があり、多摩川河口から大井浦《おおいうら》まで多摩杣保郷《そまほごう》から切り出した材木を運ぼうとしていた。多摩川の流れが府中から内海、大井浦へと現在とは大いに異なる流路だったことや、浅草寺の整備の様子なども想定できる。

建久《けんきゅう》三年(一一九二)の後白河院《ごしらかわいん》七七日(四十九日)法要に、鎌倉へ浅草寺の僧侶三名が呼ばれているのも、寺としての組織が整備されてきたことを示すものだろう。建長三年（一二五一）、浅草寺の食堂《じきどう》に牛が暴れ入って僧侶たち五〇人ほどが大けがをしたという。「牛」は「津波」を象徴することが地震学の研究から知られているので、江戸湾地震による津波で浅草寺食堂が押し流されたことをいうのだろう。浅草寺は坂東札所十三番として今に有名だが、すでに鎌倉時代には観音信仰の「霊仏」の御座《おわ》す場でもあった。正応二年（一二八九）、後深草《ごふかくさ》院に仕えた二条《にじょう》は宮廷の男女のしがらみを癒すかのように、観音様に「ゆかしくて参る」と自伝「とはずかたり」に記している。

室町時代のはじめ、足利尊氏により寺領が保護され、室町後期、鎌倉公方足利持氏が経蔵の建立を援助した。これらを契機に定済《じょうさい》上人が東国を勧進して観音堂を再建していく。浅草寺の観音信仰は東国地域にしっかりと根付き、多くの帰依者《きえしゃ》を生み出していった。

太田道灌の時代には、文明十八年（一四八六）頃、京都から道興准后《どうこうじゅごう》や尭恵法印《ぎょうけいほういん》などが参詣し、「廻国雑記《かいこくざっき》」や「北国紀行《ほっこくきこう》」にその記録を残している。後北条氏二代北条氏綱は天文《てんぶん》八年（一五三九）、浅草寺堂塔を再建した。さらに江戸城代遠山直景《とおやまなおかげ》の子を浅草寺別当に任命する。忠豪《ちゅうごう》上人で、浅草寺中興第一世として今でも崇められている。彼によって寺僧は二二ヶ寺、衆徒設置は一二ヶ寺が制定・整備された。徳川家康の江戸入府にともない、祈願所を浅草寺とするという天海僧正《てんかいそうじょう》の助言によって、家康から寺領五〇〇石が新規に与えられた。関ケ原の合戦の勝利は祈願所としての名声を弥《いや》が上にも高め、江戸の武家・町人の信仰と遊山の中核となっていくのである。

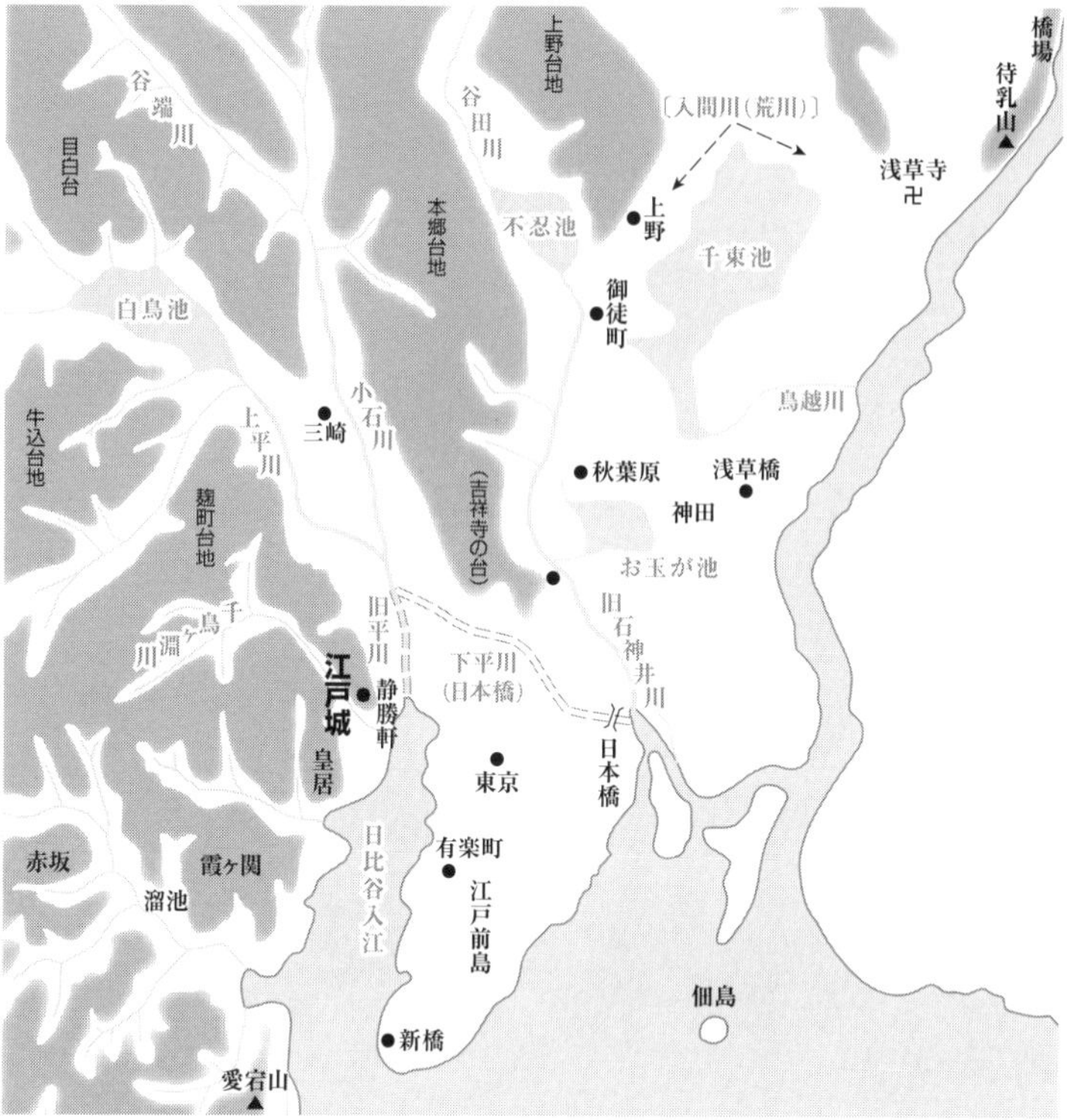

上：太田道灌が活躍した頃の江戸周辺図　鈴木理夫氏の作図を基に一部を添削し製作／下：江戸城跡（大手町から西を眺望）　東京都千代田区

I　流通の大動脈だった江戸内海と往来

神事の禊ぎを行えるほど神聖だった品川浜の海水

府中六所宮《ろくしょぐう》（今は大國魂神社《おおくにたまじんじゃ》。東京都府中市）の春の行事「くらやみ祭り」に先立ち、四月下旬に今でも神職が品川浜の海水で禊《みそぎ》をするのが通例となっている。

康平《こうへい》五年（一〇六二）、源頼義《よりよし》・義家《よしいえ》父子が安倍貞任《あべのさだとう》追討のため武蔵国府に寄り、さらに品川の浜へ出て禊を行ったという伝承によるという。目黒川はかつて品河と呼ばれていた。その中間あたりに目黒不動（東京都目黒区）がある。江戸時代、品川沖での聖なる潮水による禊のため、府中大國魂神社から飛田給《とびたきゅう》、国領《こくりょう》、金子村（いずれも東京都調布市）、馬引沢村（今の上馬・下馬辺）、三軒茶屋（いずれも同世田谷区）、目黒不動、木布禰《きふね》社（今の荏原神社。同品川区）へと神主猿渡盛房《さわたりもりふさ》は下っていった（六所宮神主日記）。

今に「品川道」「いかだ道」とよばれる、品川と府中を結ぶ伝承の道も現存している。考古学の世界からは、調布市を東西に通過する「品川道」に並行して下石原遺跡などから礫《れき》を一部敷いた中世前半から近世に使われてきた道路遺構が発掘され、旧品川道の前身かといわれている。

室町時代の後期、武蔵御岳山《みたけさん》別当寺の世尊寺《せそんじ》では「普済寺《ふさいじ》版五部大乗経」（東洋文庫蔵）を刊行するに際して、多摩川流域や品川方面の人々に勧進を依頼する。貞治二年（一三六三）には「品川衆

くらやみ祭　東京都府中市・大國魂神社

四百七十人」もの多数が寄進しており、また応永五年（一三九八）には「品川住女妙成道阿」の名前も見えている。すでに湊町品川の町衆といえる人たちだったのだろう。室町前期、深大寺僧侶長弁《ちょうべん》の記した「私案抄《しあんしょう》」には、勧進状や願文のなかに多摩川流域の寺名が記されており、「浅草寺縁起」にみえる、多摩川と品川浦との連絡・交通網があったことを示している。鎌倉末期成立の真名本《まなぼん》「曽我物語」（妙本寺本）には、頼朝が品川宿に巻き狩りの途次立ち寄ったことが記されている。本書は、箱根山修験比丘尼《びくに》や時衆などの宗教者が語り物として広め、合わせて信仰を説いていたことが明らかとなっている。彼らの世界では品川宿が多くの人の集まる町場として周知の場だったのだ。

また、下総の武士である千葉胤頼《たねより》の子亀若丸《かめわかまる》が一族の国分《こくぶ》三郎に殺されそうになるが、相模武士の本間・渋谷氏が国分を品川宿で捕縛するという「千葉妙見大縁起絵巻」（坂尾山栄福寺蔵）がある。人の集まる「宿」で難を逃れることができたのは妙見信仰《みょうけんしんこう》のお陰だと説く室町期の詞書《ことばがき》に、江戸初期の狩野派絵師によって調整された宗教絵巻だ。その時代設定は、建治《けんじ》元年（一二七五）となっている。まさに、鎌倉御家人の大井・品川氏が地元の品川から大井地区を名字の地として活動している時期であった。

I　流通の大動脈だった江戸内海と往来

中世品川の大井地区に仏教寺院が密集するわけ

九世紀に編纂された「延喜式《えんぎしき》」によると、相模国を通過すると店屋《まちや》駅↓小高《おだか》駅↓大井駅↓豊島駅と続き下総国へと向かう古代東海道に「大井駅」があった。それ以前は東山道に属したが、宝亀《ほうき》二年（七七一）に古代東海道に変わった。その頃は「駅家郷《えきかのごう》」に属し、一〇疋の馬が常備されていた。大井駅の可能性の高い場所が、品川区立品川歴史館敷地一帯であることもわかってきた。歴史館建設前の発掘調査では、六世紀末から八世紀末（奈良時代）にかけての大きな集落跡があることも確かめられた。駅家を示すような須恵器や土師器などは見つからず日常の雑具類が中心だったが、周辺には同時代の古墳《こふん》群もあったことから可能性は高い。

聖武《しょうむ》天皇による国分寺《こくぶんじ》・国分尼寺の創建事業では、武蔵国内の人々にも造営負担が課された。埼玉県入間市東金子窯跡群の谷津池《やついけ》窯工房跡から見つかった瓦には「大井」の文字があった。つまり、当地区の税負担によって職人を雇用して人夫などを使い、製造された瓦が国分寺まで運ばれるようになっていたのだろう。

大井地区には鎌倉街道下ツ道が通る。特に立合《たちあい》河口付近には、旧仏教系の真言《しんごん》・天台《てんだい》信仰を伝える寺院が多いのも特徴である。大井山薬王院神宮寺《やくおういんじんぐうじ》（のちの浄土真宗光福寺《じょうどしんしゅうこうふくじ》）は延暦《えんりゃく》元年（七八二）創建、松栄山西光寺《しょうえいざんさいこうじ》も元は天台寺院だが、その後、浄土真宗に変わったという。

南品川の熊野《くまの》山常行三昧寺《さんじょうぎょうざんまいじ》報恩院《ほうおんいん》（今の常行寺）は嘉祥《かしょう》元年（八四八）、慈覚大師円仁《じかくだいしえんにん》が大井地区浜川に建立した天台宗寺院だ。建久元年（一一九〇）、梶原景時《かじわらかげとき》が大井丸山に建立した萬福寺《まんぷくじ》（現在は曹洞宗慈眼山）ももとは真言系で、今は大田区馬込に在する。景時が使ったという鐙《あぶみ》や轡《くつわ》が伝わる。

このように古道に沿って旧仏教系の寺院伝承があることも、大井地区の開発が早くからあったことを示している。特に南品川の常行寺末寺とされる来迎院常林寺《らいごういんじょうりんじ》は、大井鹿島《かしま》神社の別当寺として歴史を持つ。安和二年（九六九）、住持の尊栄法印《そんえいほういん》は慈覚大師のお告げで常陸鹿島神宮を勧請《かんじょう》、鹿島神社の起源となった。今は西側の池上通りに参道が開くが、本来は東の海側に向かっており、今の来迎院とも古道を共用していたことが来迎院所蔵の江戸時代後期「抱地書上帳《かかえちかきあげちょう》」からもわかっている。

こうした古道の存在は、大田区山王一丁目付近の発掘で明らかとなった。最大幅が三・八メートルで堅く締まり、両脇には側溝が設けられていた。古代の須恵器から中世常滑《とこなめ》系製品まで、十五世紀前半以前からの土器類が出土した。今の「池上通り」にほぼ並行して走る道路跡で、池上から高輪へ至る中世「鎌倉街道下ツ道」と発掘担当者は位置づけている。さらに、その前身としての古代東海道の小高駅から大井駅に出る道の痕跡とも想定され、刺激的な発見であったことがうかがわれる。

このように鎌倉街道の一つ「下ツ道」に沿って今に残る寺院や神社が、古代中世の記憶を残しながら発展していくのも大井地区の特徴といえるのである。

Ⅰ　流通の大動脈だった江戸内海と往来

品川湊・神奈川湊と伊勢大湊を結ぶ水手《かこ》たちの実態

明徳《めいとく》三年（一三九二）正月から八月までの記録に、品川湊と多くの船名と船主、そして問主《といぬし》の名が書かれていた。その数は三〇艘となる。これらは、かつて品川湊に入港した船の台帳と評価されてきた。「鎌倉新造」「鎌倉丸」や船主の「瀬戸三郎」「洲崎殿《すざきどの》」など、鎌倉や六浦《むつら》（横浜市金沢区）になじみ深い地名を冠した船名・人名がみえる。まして、これが金沢称名寺《しょうみょうじ》伝来の史料であることから、鎌倉から六浦を中心に江戸湾岸領域の海運関係者たちではないか、と考えられていた。

綿貫友子氏は、船主名に「馬漸《ばぜん》」とあるのを発見し、それが伊勢湊の地名であることを論証した。これを契機に、品川と伊勢大湊《おおみなと》（三重県伊勢市）が船で結びついていることが明確となった。その後、「品川付湊舟かくの如し」と末尾に記された部分や、「鎌倉丸、船主了阿弥、未年より湊船になる、元六浦」などの記載から、元は六浦湊船籍の船が未年（明徳二年＝一三九一）に品川湊へ船籍を移したのではないかと解釈する研究者もでてきた。さらには、明徳三年から始まる「帆別銭納帳《ほべちせんのうちょう》」の高額徴収金に「神奈河分」「品河分」と記された称名寺の史料と関連させて、この三〇艘の船は品河入湊に際して帆別銭（入津税《にゅうしんぜい》）を免除されていて、その台帳ではないかという説も出始めたのである。

この「帆別銭納帳」のうち、明徳三年分の記載を読みくだしてみよう。

神奈河分　廿貫文〈十二貫文は寺家代官納め、八貫文は道阿弥これを納む〉
品河分　廿六貫文〈十八貫文寺家代官納め、八貫文道阿弥これを納む〉

神奈河湊では、この一年間で二〇貫文（およそ二〇〇万円）の入津税が徴収され、その税金管理は称名寺に属する代官と阿弥号をもつ人たちによってなされていたのだろう。それは各船主付きの「問《とい》丸《まる》」とは別ものと考えられる。また、この史料中に「瑞雲庵主《ずいうんあんしゅ》よりこれを弁ず」とあることから、円《えん》

上・中：当時の伊勢大湊の跡地と町並み　海運で繁栄を誇った頃のよすがはないが、町並みに当時の面影を感じる　下：日保山八幡宮の「弥栄の松」　本能寺の変で徳川家康の危急を救った大湊の廻船問屋・角屋七郎次郎邸にあった松と伝える　三重県伊勢市

伊勢御師の屋敷門　御師（おんし）とは神宮に参拝に来た人々のために祈祷・参拝や宿泊などのお世話をする当地の神職のことである　三重県伊勢市・神宮文庫

覚寺《がくじ》所属の入津税管理者もいたことがわかる。さらに、神奈河湊には「井田殿《いだ》」という殿付きの金融業者もいたことがみえる。

こうした台帳が扇谷上杉氏によって、おそらくは確認され、最終的には鎌倉公方の決裁によって円覚寺や称名寺の造営修復費用に充てられていたのだろう。ちなみに、両湊での明徳三年分は四六貫文、同四年は五九貫文、応永元年（一三九四）は一三二貫文、同二年は二九貫文、同三年分は未記載だが、総額計算から七三貫文の徴収金となる。合計は三三九貫三〇〇文で、一貫一〇万円とすれば、約三四〇〇万円ほどとなる金額だ。

南北朝時代から室町時代初期にかけ、鎌倉府は品川・神奈川の両湊からこうして徴収した帆別銭を寺院修造費用に充てていた。たとえば、円覚寺仏日庵《ぶつにちあん》の造営費用の支給も康暦元年（一三七九）の武蔵守護上杉氏の命令で行われている。

伊勢大湊の河崎を拠点としていた廻船業者の村田家には、家系図や近世初頭の自筆日記「清浄遺筆《しょうじょうゆいひつ》」が残され、そこに慶長六年（一六〇一）、「小くら市」という船が品川に入る直前、荷物から出火したことがみえる。また、村田名字は「相模の御屋形」、つまり小田原北条氏から与えられたとも伝えている（村田家家系之覚書）。元亀元年（一五七〇）、北条氏への年始挨拶の途次、船「こくらいち」が消息不明になったことも村田家の「語伝」にみえる。大湊と小田原との交流も、船を通じて日常的に行われていたのである。また、伊勢の御師《おんし》である久保倉《くぼくら》家と村田家は親族関係にあることが指摘され、久保倉藤三《とうざ》弘延《ひろのぶ》が檀那として多くの品川住人を得ているのは、村田家の廻船を利用しての成果ではないだろうか。

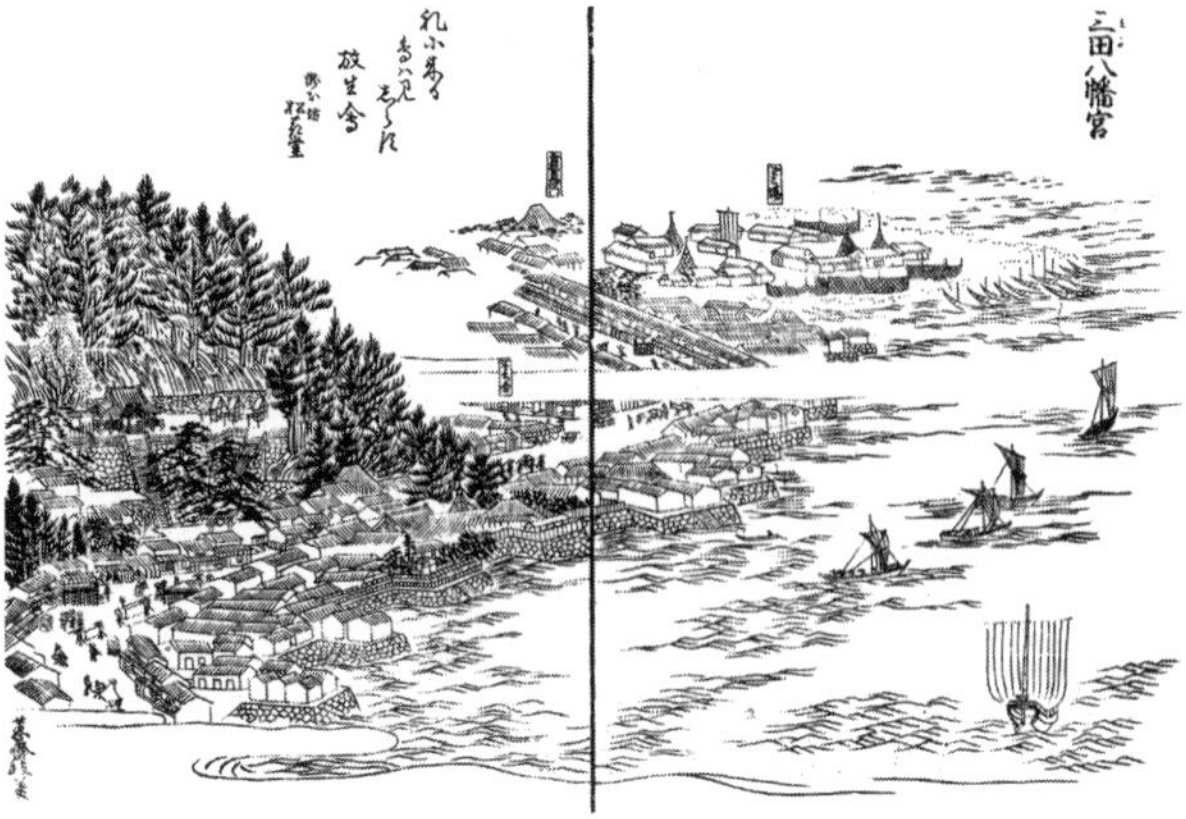

三田八幡宮と江戸湾　「東海道名所図会」

京都醍醐寺の僧堯雅《ぎょうが》は、下総の弟子への印可《いんか》（悟りの証明を与えること）のため伊勢舟に乗船して品川に到着した。「船路四日なり」とあるのが注目される（堯雅僧正関東下向印可授与記）。中一夜はミナトへ上がって、二夜は船で寝たという三泊四日の旅だった。柱一本の船で品川まで着いたのは希のことだ、とも記す。船乗りが直に柱上にあがって風雨を見るとあり、太平洋海運における水手《かこ》らの活動がわかる貴重な記事だ。このように品川・神奈川の両湊は、太平洋を通じて江戸湾岸から伊勢方面との交易や旅の重要拠点となっていくのである。

Ⅰ　流通の大動脈だった江戸内海と往来

神奈川湊の始まりは人と宿屋が密集した帷子河口

神奈川湊の原型は帷子《かたびら》（横浜市保土ヶ谷区帷子町）付近といわれている。古代末期から中世のはじめ、帷子川付近には国衙《こくが》所属の師岡保《もろおかのほ》があり、その上流には伊勢神宮の榛谷御厨《はんがやみくりや》があった。伊勢への奉納物がこの川を下り、帷子川河口付近から外洋へ出船したと考えられている。横浜市域中央部の埋め立て以前の姿は、芝生村《しぼう》（西区浅間町）近くが帷子川の河口であった。

地名の神奈川（河）が最初にみえるのは文永二年（一二六五）、鶴岡八幡宮領として「稲目・神奈河両郷」からの役夫工米《やくぶくまい》の免除を許可した北条時宗の下文である（鶴岡八幡宮文書）。普通ならば伊勢神宮式年遷宮の費用として、領民たちは米を伊勢へ出さなくてはならなかったはずだ。おそらくは、芝生付近が運搬の湊となっていたのだろう。

南北朝期の永和四年（一三七八）、武蔵守護の上杉憲春《のりはる》は神奈河・品河以下の浦々に出入りする船の「帆一段別銭貨三百文」を三年分だけ円覚寺仏日庵造営の費用に与えることを決定した（龍隠院文書）。実際には、在所地頭の肝いりで「浦々宿屋各一宇」を確保させて、そこに寺の雑掌《ざっしょう》をおいて徴収事務をさせようとした。すでに神奈河・品河のほか、江戸湾内の鎌倉下ツ道に沿った浦々は、船主や水手《かこ》はじめ旅行者が逗留する宿屋があるように、多くの人の往来があったことがうかがえる。なお仏日庵では、翌年には武蔵守護上杉憲方《のりまさ》から守護代の大石信重《のぶしげ》に帆別銭徴収の厳重な執行命令が伝えられている（円覚寺文書）。

室町期の嘉吉《かきつ》元年（一四四一）、師岡保内の芝生（柴）には関所もあった。鎌倉府は鶴岡八幡宮護摩供料として、その関銭を使用させた（鶴岡八幡宮文書）。それは、鎌倉下ツ道に沿って人の流れが多かった帷子河口の様子を示すものだろう。万里集九も、道路に板屋《いたや》（宿屋）が続いている様子を紀行文に記している（梅花無尽蔵）。

旅人だけではない。この宿には商人も多数いたようで、鍬《くわ》や麻布、さらには榑板《くれいた》・戸板・五六《ごろく》板、橋桁《はしけた》などが売買されている。称名寺は、これらの原材料を鎌倉府から下されている（金沢文庫文書）。すでに「浦」というよりは「浦町」というべき姿になっているのだろう。

文明十八年（一四八六）、園城寺《おんじょうじ》聖護院《しょうごいん》門跡《もんぜき》の道興准后は「かたびらの宿」に立ち寄り、和歌を「廻国雑記」に記した。帷子宿とあるので、神奈川湊の原型は「帷子」にあったのではないだろうか。

帷子川と帷子橋　歌川広重作「東海道五十三次」の「程ヶ谷　かたびら川　かたびら橋」に描かれている

I　流通の大動脈だった江戸内海と往来

〝海面低下〟と〝享徳の乱〟で衰退した六浦の湊

寛喜《かんぎ》二年（一二三〇）、春の山桜を楽しむため、鎌倉将軍藤原頼経《よりつね》は三崎磯（神奈川県三浦市）に向かう。御船は幕府が六浦津に用意していた。三泊四日の逍遥《しょうよう》だった。外洋船か内航船かわからないが、両方が入れる湊であったことがわかるだろう。

六浦津のある武蔵国久良岐《くらき》郡《ぐん》は六浦庄と呼ばれる荘園《しょうえん》だった。領家《りょうけ》はおそらく幕府将軍と考えられるが、現地管理は和田義盛《わだよしもり》→北条義時《よしとき》→北条（金沢《かねさわ》）実泰《さねやす》→北条実時《さねとき》と代々金沢北条氏系に伝えられていった。特に金沢氏初代の実泰は「蒲谷殿《かまやとの》」とよばれ、二代実時は金沢称名寺の開基となっている。つまり、実泰がいた場所は六浦庄釜利谷《かまりや》であり、実時は金沢へ新たに拠点を移したといえる。それは、朝夷奈《あさひな》切通しを通りやすく整備していった北条泰時の新政策、すなわち鎌倉と六浦津をつなぐインフラ整備と連動する動きといってよい。

こうして鎌倉の将軍御所の四隅（四境）が「六浦・小坪・稲村・山内」というように六浦まで拡大していったのだ。そして嘉元三年（一三〇五）には瀬戸橋が設置され、六浦と金沢地区が結ばれてさらに大きくなっていく。

だが、正応五年（一二九二）に北条貞時《さだとき》が六浦津を訪問する記事を最後に同津の名前は消えていく（親

「武陽金澤八景略図」　江戸時代の景色であるが、多くの舟で賑わう湊の様子が描かれている　個人蔵

玄僧正日記）。それに代わって瀬ケ崎《せがさき》（横浜市金沢区）に船が入っていくことになる（金沢文庫文書）。元亨年間（一三二一〜二四）の頃、称名寺の造営修理では年貢等を積んだ船が寺前《てらまえ》八幡宮の入江に着岸していたが、南北朝時代に入ると湊は完全に瀬ケ崎になっている。

ある手紙には「船の材木を預かってほしいこと、資金不足で船賃支払いができず入金を待っていること、六浦の西面に在所があるので瀬戸橋のたもと付近から小舟に積み替えたいので、称名寺から人足を出してほしいこと」など、かつての「瀬戸の内海（内川入江《うちかわいりえ》）」では船の航行ができない状況がわかる。おそらく世界的な気候変動による寒冷化のため、海面低下という状況に六浦津は直面していたのだろう。

ただ、六浦庄内の平潟湾《ひらかたわん》全体として見ると、

上総湊から見た富津岬　六浦の商人たちは江戸湾を往来し対岸の房総半島へも足繁く通っていたことがわかっている　千葉県富津市

港湾機能は稼働していたことがわかる。称名寺領住人で船主の五郎二郎恒吉《つねよし》から、船を借りた称名寺僧である伽耶房《かやぼう》後家の大保《おおぼ》氏が船も返さず、その賃借料金をも踏み倒していたように、六浦で活動する船主や問丸として、港湾の物流を扱う称名寺関係者のいた様子がわかるのである。

さらにそのことは、江戸湾を渡って上総国周東郡波多沢《はたざわ》村（千葉県木更津市）と六浦津を船で往復する検地役人が記した「応安《おうあん》三年検見帳」（一三七〇）に、六浦や対岸の房総古戸《ふっと》（富津《ふっつ》）の問料や金沢御蔵へ納める米などの記載があることからも確認できる（称名寺文書）。そして下総赤《あか》岩郷《いわごう》（埼玉県吉川町・松伏町）からの年貢につき、それが為替に組まれて振り込み・振り出しがなされ、六浦湊の六浦六郎なる者にその手数料が支払われていることは（称名寺文書）、六浦湊の金融関係者と房総方面の船主・問丸に密接な繋がりがあったことを示すのだろう。

こうした金融関係者は、南北朝期には「有徳人《うとくにん》」と呼ばれるようになっていく。瀬ヶ崎では「ミナト入道禅心」の名前が見られ、彼は貞和五年（一三四九）に亡くなったことがわかる（称名寺文書）。また、六浦妙法《みょうほう》は瀬戸橋の架け替えを行い、地域の交通運輸のインフラ整備に貢献した。妙法の供養塔が上行寺《じょうぎょうじ》境内に現存する。室町時代には、六浦は湊としての機能を瀬ケ崎に譲りながらも、塩田を洲《す》崎《ざき》や町屋《まちや》付近に開発し、換金性の高い特産品として塩の価値を高めていったのだった。

六浦湊の衰退は享徳の乱（一四五五〜八二）の勃発、鎌倉公方足利成氏の下総古河（茨城県古河市）への退去が契機となった。鎌倉および相模国には上杉氏が残留するが、多くの公方家臣らは古河へ移動していった。六浦湊に出入りする年貢運送船も激減し、都市鎌倉への交易物資も限られたものとなっていく。

相模国内には三浦一族が勢力を保ってはいたが、伊勢宗瑞の相模進出に対抗しつつ武蔵国の太田資康が支援のため六浦湊に上陸し、三浦半島新井城へ出陣する。だが、討ち死にしてしまった。永正十年（一五一三）のことだった。同十三年、三浦氏は滅亡する。

房総の里見氏は後北条氏の房総進出を警戒しつつ、越後の長尾景虎や岩付太田資正《すけまさ》と結びながら、ついに後北条氏との戦闘を天文六年（一五三七）に始めた。戦時下でも六浦湊の一角、洲崎の海運商人である山口越後守は、江戸湾岸一帯へ大名領国を越えての交易活動をおこなっていた。敵方の里見氏からも商売保護のお墨付きを得ていた。

こうして六浦湊は、相模国と武蔵国へ海から入る軍事上の重要拠点の一つとなっていく。

I　流通の大動脈だった江戸内海と往来

品川湊を拓いた水の武士団、大井・品川一族

検非違使《けびいし》源義経《よしつね》の攻撃軍のなかに、大井実春《さねはる》という武士がいた。伊勢に潜む平氏方追討に従っていた。また、豊後国《ぶんごのくに》の太宰少弐《だざいのしょうに》氏攻撃の源範頼《のりより》軍には品河清実《きよざね》がいた（吾妻鏡）。彼らの本姓は紀《き》氏で、大井氏を名乗るのは実直《さねなお》からだ。その子たちが品河・春日部《かすかべ》・潮田《うしおだ》・堤《つつみ》の各氏に分かれていく。

大井氏は、多摩川の左岸から立合川《たちあいかわ》地域一帯、さらに呑川《のみがわ》下流に当たる荏原郡内の大杜《おおもり》（森）・永《なが》富《とみ》両郷の地頭《じとう》職を得ている（薩摩大井文書）。特に地名で一木（一之倉）、那由溝（えんやぼり）など、今に伝わる地名や伝承に残されていることも貴重である。実春の孫である蓮実《れんじつ》は、後に揖斐川《いびがわ》と多度《たど》川《がわ》合流点の伊勢国香《いせのくにか》（鹿）取庄上郷《とりのしょうかみごう》（三重県多度郡）地頭職と、鎌倉屋敷地（今小路）をも子の頼郷《よりさと》に譲与するなど、御家人としての勢力を保っていった。

本宗家の大井氏と一族兄弟の動きをみると、品河氏は目黒川の下流地域一帯、春日部氏は利根川流域一帯、潮田氏は鶴見川の河口域一帯、堤氏は呑川の中下流地域を支配していく。大井一族の名字を見れば、その出発点にほぼ水に関する地名が冠されていることに気づく。まさに「水の武士団」の一族であった。子孫たちもその名に劣らず、獲得した多くの所領は水運の要ともいうべき地域である。

本貫地区ともいえる多摩川地域のみならず、一族は新たな勲功をあげて紀伊・安芸・伊勢・薩摩地

中世の航海　大宰府に流される菅原道真の舟で、水手や乗組員など当時の航海の様子がよく描かれている　「松崎天神縁起」　山口県防府市・防府天満宮蔵

区へと分出拡大していく。日本列島の視点からみれば、品川から太平洋へ乗りだし、伊勢・紀伊半島を経て瀬戸内海、九州への海運ルートの一角を担う武士団といえるだろう。その意味で大井一族は、室町時代に本格的に展開する太平洋海運の起点ともいうべき品川湊の原型を形づくった、と評価できるだろう。

「新編武蔵風土記稿」によれば、大井蔵王権現《ざおうごんげん》は字権現台《ごんげんだい》という場所にあり、かつては品河氏の館があった場所という。鎌倉武士大井氏一族の了海《りょうかい》上人は、母が蔵王権現に祈願したことにより授かり、建暦《けんりゃく》三年（一二一三）六月十五日に誕生したという（大井地名考、寛政七、国立国会図書館蔵）。その了海が産湯をとったのが「産湯井」で、その場所が「弘福寺《こうふくじ》」本堂の後ろにあったという（江戸名所図会）。今の浄土真宗光福寺《こうふくじ》で、境内には大きな「逆さ銀杏」などもある古《こ》刹《さつ》である。

了海は成長すると、はじめは天台宗の薬王院神宮寺を起こし、これが今の光福寺であるという。その後、親鸞《しんらん》聖人の導きにより「品川原」（今の権現台）の蔵王権現社で示現を得て、天台宗の神宮寺《じんぐうじ》を浄土真宗光福寺とし、さらに麻布《あざぶ》に善福寺《ぜんぷくじ》（東京都港区）を開いたのである。のちに、ここが関東浄土真宗の中心寺院となっていく基礎を創った。今も麻布善福寺の開山堂には、十四世紀制作の了海上人木造座像が安置されていることは有名だ。

蔵王権現とは、吉野の金峯山《きんぷせん》で開眼した役行者《えんのぎょうじゃ》（役小角《えんのおづぬ》）が開いた修験道の御本尊をさす。了海がはじめに帰依した宗教上の理由はわからないが、悩みながらも各所の信仰を訪ね歩いたと考えられる。今も、ビルに囲まれながらも大井蔵王権現神社は健在で、寛政五年（一七九三）の年紀を持つ「蔵王権現石祠」が保管されてある。

蔵王権現社がもとあった場所は、文政《ぶんせい》十一年（一八二八）の絵図では「南品川権現台畑反別合七町二反三畝五分歩」とある（品川町史 上）。今のJR東京総合車両センター敷地内の広町社宅北側一帯が旧権現台にあたる。今でもJR京浜東北線と東急電鉄大井駅が交差する交通の要地であることからも、そこの前身が「大井氏館」伝承をもつことは理由のないことではない。「文政十一年品川絵図」にも「権現台畑地」は道路が交差する場で、その北側には川が流れ、この流域が地名「南品川根河《ねが》原《わら》」と記されていることに注意すべきだろう。いわゆる「根小屋」地名に通じる地名と考えてよい。同図が「此辺品川殿館跡《このあたりしながわどののやかたあと》之《の》由申伝候《よしもうしつたえそうろう》場所《ばしょ》」と、伝承とはいえ記してあることを無視すべきではないと思う。

北条氏康から須賀湊の代官を任された清田氏

江戸後期に描かれた「豆相海浜浦々図」（神奈川県立図書館蔵）によれば、須賀湊《すかみなと》（神奈川県平塚市）は入口が半町、奥行三町二間、深さ三尺程で、船数八四のうち廻船一一、漁船五二、押送船《おしょくりぶね》二一が置かれていたという。相模川上流からは高瀬船《たかせぶね》が薪炭類・年貢米を湊に降ろし、湊の廻船に積みかえられて江戸鉄砲洲《てっぽうず》（東京都中央区）に送られた。高瀬船は海産物や日用品などを積み込んで上流へと帰っていく。

戦国期には、この須賀湊は小田原北条氏の所管となっていた。永禄九年（一五六六）、北条氏康の日常生活を切り盛りする側近の増阿弥《ぞうあみ》から須賀郷の田中宛てに精銭二〇〇文を下げ渡し、アジ六〇〇匹のうち二〇〇匹を上納せよと命じた（清田文書）。なんと城主が愛玩する小鳥の餌にするため、二時も過ぎれば損するから「網場からすぐ送れ」と注記している。須賀から小田原までは、廻船ならば二時間ほどで行けるのだろう。ここに集積される物資には麦一三〇俵もあり、永禄十三年の場合、公用船の船乗りである富士と依田に命じて須賀湊から熱海（静岡県熱海市）まで届けるようにと、やはり氏康から命じられていた（清田文書）。

また、材木切り出しについても相模川は重要水路であった。天正二年（一五七四）、津久井から「五六」

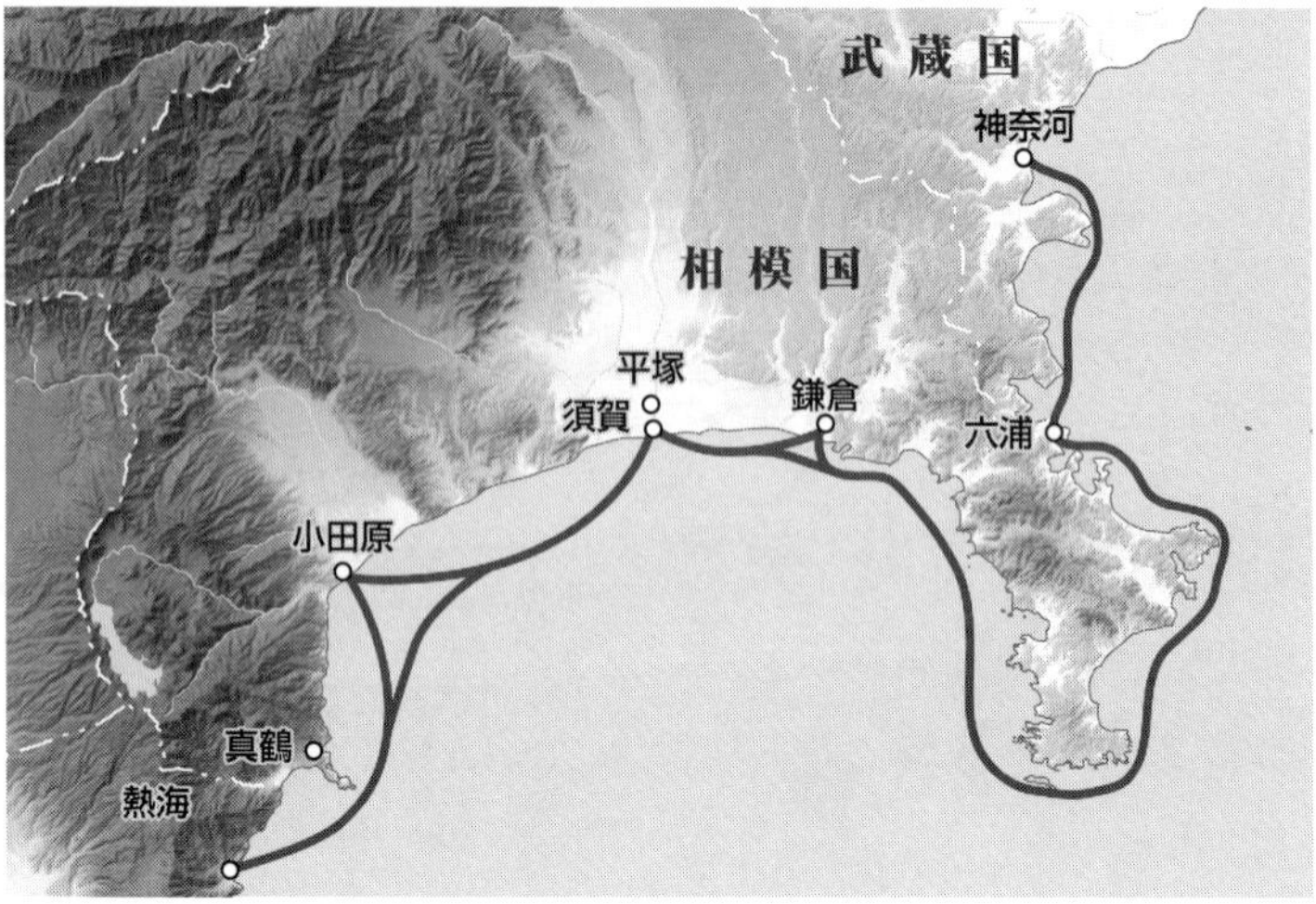

熱海より須賀湊を経由し、六浦・神奈河へと向かう航路図

（五×六寸板）二二三丁、「幡板《はいた》」（端板）三〇九枚、七沢《ななさわ》からも「五六」が一二五丁切り出され、須賀湊の田中・清田《せいた》のもとに保管・船積みして小田原の蔵奉行安藤良整《あんどうりょうせい》に渡せと命じている（清田文書）。津久井も七沢も筏《いかだ》に組まれた材木類は相模川を下れば須賀湊は直近である。ちなみにこの材木は「勢楼《せいろう》道具」つまり、小田原城内の「井楼《みせやぐら》」（監視用櫓）の材料だった。

　天正十六年（一五八八）、安藤良整は北条氏政の隠居所新築の木材三七三丁の切り出しを田名《たな》・厚木・田村の筏士中《いかだしちゅう》に命じた（陶山静彦氏蔵文書）。相模川流域には、すでに「筏士」らがそれぞれの拠点に「中」（組織）として組を作っていたのである。これらの材木も須賀の清田へ遅れることなく届ける旨を通達したのである。

　以上のように、須賀湊には海産物の集積施設、麦を始めとする穀物倉庫、さらに相模川流域切り出しの筏を河口に係留する施設などの存在を想定することができる。そこから小田原・熱海方面への相模湾岸廻船ルートが、戦国期にはすでにいつも機能していたといえる。こうした須賀湊は、多くの人も集まる東海道宿駅平塚の一部として発展し、都市化してきていた。だからこそ、高座郡藤沢の用田《ようだ》や打戻《うちもどり》から須賀郷への逃亡人もあったのだ（清田文書）。永禄十二年（一五六九）、湊役人の清田へ小田原から「人返し」が命じられている。ちなみに、この清田家は、後北条時代は須賀の小代官的立場を務め、近世では屋号「尼屋《あまや》」をもつ有力町衆として存続し、今に至っている。

I　流通の大動脈だった江戸内海と往来

下総と伊豆をつなぐ走湯山所属の燈油料船とは

文永九年（一二七二）十二月、伊豆走湯山《そうとうさん》（静岡県熱海市）に属する燈油料船《とうゆりょうせん》の梶取《かんどり》（船頭）らは、御家人の千葉為胤《ちばためたね》による関銭徴収は無効という勝訴判決を鎌倉幕府から得た（伊豆山神社文書）。走湯山は源頼朝以来、将軍家の「二所詣《にしょもうで》」の重要拠点であり、鎌倉前期の三浦氏、その後の北条得宗家による直轄支配ともいえる宗教拠点だった。この時点でも所属の燈油料船は五〇艘もあり、各坊が管理運営していたのである。

地頭千葉氏が関銭を取った神崎関《かんざきせき》とは、江戸初期から利根川流路となった常陸川の内陸部に設けられた関で常陸と下総の境でもあった。つまり、走湯山は熱海から相模湾を経て江戸湾・常陸川を結ぶ船を所属の僧房が運航していたことがわかる貴重な事例なのだ。

十四世紀になると、「熱海船」とも呼ばれる交易船が金沢湊に塩や酢を運んで入港していることがわかる（金沢文庫文書）。それも夜間に着津しており、それは沿岸航路が整備され航海の安全性が高まっている証拠ともいえるだろう。

なかでも、称名寺と熱海の結びつきが律宗を介して僧侶のみならず、金沢北条氏の女性たちとも強く見られるようになる。蓮心房《れんしんぼう》という尼への熱海からの手紙には「あまりにも湯が豊かで、上（北条

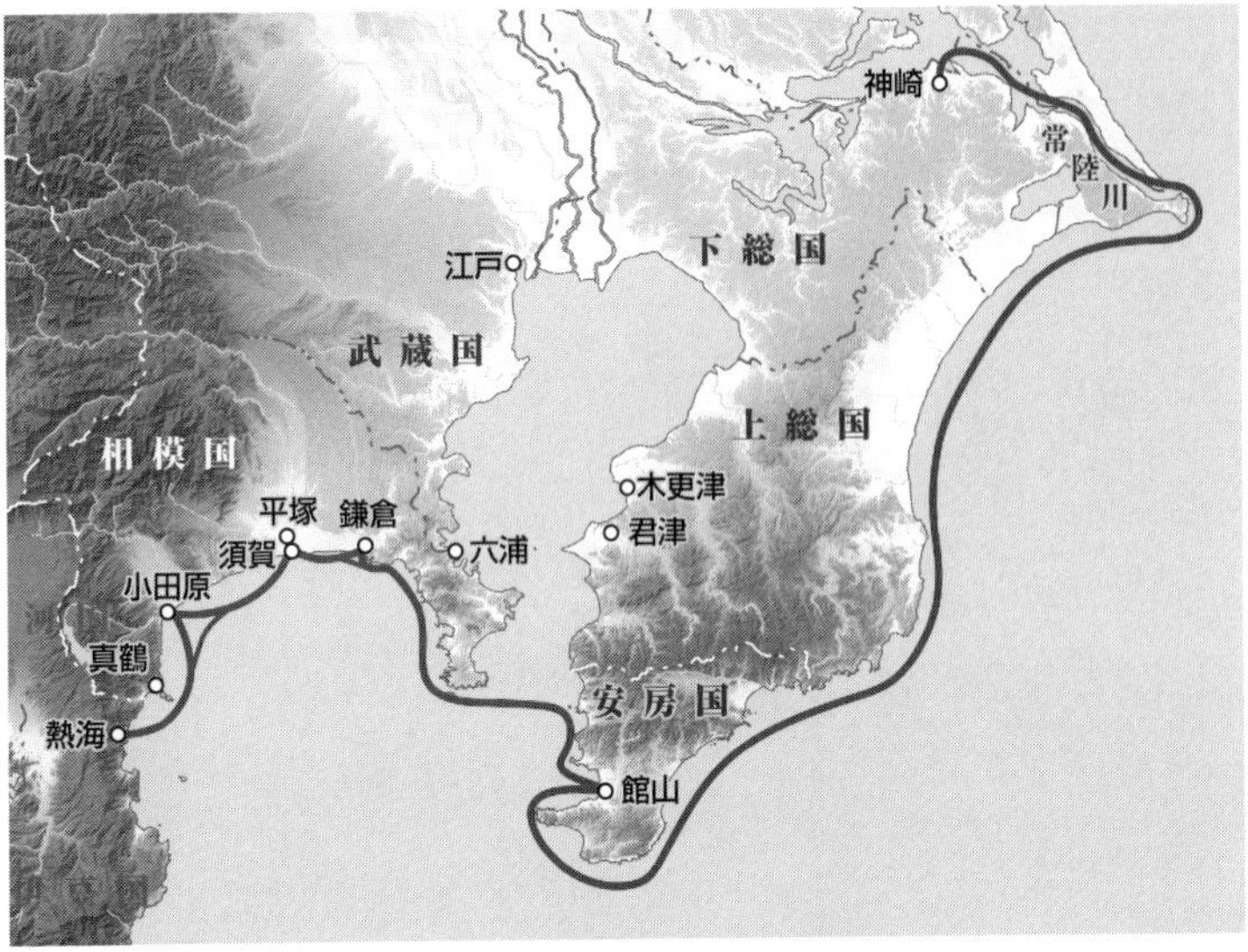

熱海より須賀湊を経由し常陸川を通り神崎へと向かう航路図

氏）へも、あなたへもお湯に浸《つ》かってもらいたい」と記している。伝馬や馬夫の要請なので陸路の可能性も高いが、船による温泉湯の輸送を考えさせるものだろう。熱海の江戸時代史料には押送船《おしょくりぶね》による温泉湯が将軍家に運ばれた記録が残るので、中世にも想定はできるかもしれない。特に律宗では、「湯施行」による庶民への湯浴は大切な行事であったことも関係するのだろう。

戦国期になると、伊豆周辺地区は網代《あじろ》（静岡県熱海市）や伊東湊（同伊東市）から駿河湾地域との水運を伺うことができるようになる。永禄元年（一五五八）十一月、後北条氏は、西浦・江梨《えなし》・松崎・仁科・妻良《めら》子浦《ごうら》・長津呂《ながつろ》・下田・洲崎の各浦から合計三三人の船方を伊東に召集させ、そこで熊野新造の乗組船方として編成させている（大川文書）。「熊野新造」とは紀州熊野の材木による新規の造船で、ここでは杉柾《まさ》と榑《くれ》などの公用運送業務の仕様命令であった。後北条氏がこうした船方の徴発を各浦から行ったことは、すでに伊豆半島全域で浦々の有力住人を通じて沿岸航路がともに連携をとれるような人的体制と機能を備え始めていたからだといえる。中世以来の水運航路整備はこうして各地を結びつけることとなる。そのシステムは熱海でも確認できるのだ。

豊臣秀吉の侵攻まもない天正十八年（一五九〇）三月、北条氏直は熱海の白井という者に韮山《にらやま》（静岡県伊豆の国市）から小田原まで酒樽を運ばせている（明治大学刑事博物館蔵　瀬戸文書）。白井とは、「東浦笠原触」ともあるので、伊豆東海岸の郡代笠原氏のもとで熱海の触口《ふれくち》（後北条氏の命令を伝える役）を務めていた白井加賀守という住人であった（本朝武家諸姓分脈系図）。彼は、小田原の後北条氏滅亡後も熱海郷の有力住民として存続し、元和《げんな》八年（一六二二）に死去、現在の熱海市上宿町誓欣院《せいごんいん》に葬られている。子孫は渡辺姓を名乗って熱海に残っているという。

走湯山燈油料船の梶取、熱海船の交易船方、伊豆各浦の乗組船方など、中世を通じて津や湊で水運と交易を扱う専門港湾関係者の成長が、江戸湾から相模湾そして駿河湾・太平洋航路の発展への道筋をつけてきたといえるだろう。

Ⅱ　湊を活用して富を集めた有力者たち

豊臣秀吉から得た禁制で水運を職能にした蒔田氏

「新編相模国風土記稿」鎌倉郡によれば、材木座《ざいもくざ》村名主に「旧家善右衛門《ぜんえもん》」という者がいたという。里長《りちょう》で蒔田《まいた》という名字を代々伝えてきた家であった。豊臣秀吉《とよとみひでよし》の天正制札や修理亮康豊《しゅりのすけやすとよ》から授与された文書を伝えてきたが、元禄《げんろく》十三年（一七〇〇）に加賀藩主前田綱紀《まえだつなのり》の求めによって原本は献上したという。実際、その文書は今に前田家の文庫「尊経閣文庫所蔵文書」として伝わっている。佐藤博信氏の研究をもとに述べていこう。

秀吉の天正制札とは、天正十八年（一五九〇）卯月日付けの相模国鎌倉中宛て豊臣秀吉禁制である。この時点での鎌倉関係秀吉禁制一七通がすべて鎌倉内の寺社宛であるのに対して、本文書のみが「鎌倉中」であり、その具体的対象が地下人《じげにん》・町人であることは注目できる。つまり、この秀吉禁制は「鎌倉中」という広域的な町場を示すとともに、そこに所属する「地下人」＝土着してきた住人、「町人」＝町場の住人たち（日葡辞書）への非分狼藉などの禁止を実現するための文書であった。このような文書を持っていた蒔田氏は、やはり地域の有力者であると想像がつく。のちに材木座村の名主として現れてくる遠因はこのような環境にあった。

もう一通の文書の発給者「修理亮康豊」とは誰だろうか。それは小田原北条氏に仕え、三浦半島の三崎城に詰めていた三浦衆山中《やまなか》康豊のことであると先学は指摘されている。彼は前城主である北条為《ため》昌《まさ》や現当主の氏規《うじのり》、さらに家老の南条昌治《なんじょうまさはる》を支え、伊豆海賊衆の山本氏、相模中郡の内藤二十騎衆などを差配していた有力者であった。この山中「修理亮康豊」から与えられた文書が二点目の文書であった。具体的には「蒔田彦四郎《ひこしろう》」が山中近江守《おうみのかみ》から「豊」という一字を与えられたことを示すものだ。この時点で山中氏に従う家臣の一人であった。山中近江守の屋敷は鎌倉能成寺《のうじょうじ》にあった（相州文書・大巧寺文書）。そこは材木座村の旧字名である能蔵寺地内で、「能乗寺蹟」（現在の時宗来迎寺付近）を示すと考えられている（新編相模国風土記稿）。

明治五年（一八七二）の「材木座村番地取調帳」に、蒔田家は材木座一〇番にあり浄土宗九品寺《くほんじ》が檀那寺となっている（村木家文書）。つまり、蒔田彦四郎の子孫である善右衛門《ぜんえもん》家は、今の材木座三丁目一六番付近にあったことがわかる。この材木座地域はその名の通り、中世商業地域の伝統を今に伝える。南部海岸地区の飯島《いいじま》・和賀江島《わかえじま》・紅ケ谷《べにがやつ》・高御蔵《たかみくら》など、鎌倉時代以来の歴史的地名を冠する商業交易地域名からもうかがうことができるだろう。

由比若宮八幡宮の門前から材木座海岸に向かって緩やかにカーブする道（旧参道）が現在でも続く。これまでの発掘によって、この道よりほぼ西側が中世の海岸線跡であると確認されている。これより東側地域には、日蓮宗実相寺《じっそうじ》（浜の法華堂）、時宗来迎寺《じしゅうらいごうじ》（三浦義明墓所）、浄土宗九品寺（旧新田義貞陣所・蔵屋敷）、日蓮宗妙長寺《みょうちょうじ》（船出の祖師、かつては九品寺に隣接）など、商業にかかわる宗教者とその信者が多い地域とも考えられている。さらに九品寺以北は、辻の薬師から魚町《いをまち》・米《こめ》（穀）町《まち》・大町へ続く商業地域である。大町の逆川《さかさがわ》から滑川《なめりがわ》付近までには、すでに発掘では鎌倉石をていねいに敷設《ふせつ》した浜蔵跡が見つかっていることも、この地域が交易流通拠点であったことを物語る。

同じ蒔田氏に、藤沢坂戸《さかど》を拠点とした氏もいたことが知られている。代々「源右衛門《げんえもん》」を名乗り、徳川家康の関東入部に、藤沢宿で本陣旧家の堀内家《ほりうちけ》とともに接待したことが知られている（新編相模国風土記稿）。藤沢にある三宿のうち坂戸は境川に直面しており、陸路では江戸と小田原への重要路であった。また、奈良時代の酒土郷《さかどごう》の遺称地名を伝え、平安時代は伊勢神宮領大庭御厨《おおばみくりや》領域で、境川《さかいがわ》水運を利用する「坂津《さかづ》」であった可能性が指摘されている。

なお、藤沢坂戸の蒔田氏も「彦」字の者が多いことも、鎌倉蒔田氏との同族性がうかがえる。水運を通じて相模境川―腰越浦―江ノ島―鎌倉―材木座―相模湾―江戸湾などへも結び付く可能性もあるだろう。さらに、上総には番匠大工《ばんしょうだいく》職人の蒔田氏一族もいた。小櫃川《おびつがわ》と小糸川《こいとがわ》流域の山林切り出しを主な職掌としつつ、富津や高柳（千葉県木更津市）の津を通じて江戸湾岸地域への材木輸送に関わっていたことを先学は指摘されている。

以上のように、蒔田氏一族は水運を通じて、相模・武蔵そして上総から江戸湾一帯へ、その職能を展開していたと考えることができるのである。

Ⅱ　湊を活用して富を集めた有力者たち

道灌以後、後北条氏へと続く六浦の海運有力者の伝統

　横浜市金沢区六浦洲崎《すざき》に建つ知足山《ちそくざん》龍華寺《りゅうげじ》の御本尊弥勒菩薩《みろくぼさつ》坐像には、明応九年（一五〇〇）の朱墨願文が納められていた。願主は法印融弁《ゆうべん》（五七歳）、大壇那は菅野中務丞資方《かんのなかつかさのじょうすけまさ》（四七歳）であった。その内容は、金剛経《こんごうきょう》や般若心経はじめ多くの経文を唱え、「護持檀那息災」と「延命子孫繁昌」を願い、諸願の満足を祈るものだった。

　龍華寺の創建は明応年中（一四九二〜一五〇一）と伝承する（知足山龍華寺由来）。金沢光徳寺《こうとくじ》（もと町屋天然寺付近所在）と六浦本郷浄願寺《じょうがんじ》（旧引越村《ひきこしむら》旧六ッ川町所在）を統廃合して建立された。この伝承から、両寺が内川入江に面した地域にあったことがわかる。また、創建伝承が明応年中であり、明応七年（一四九八）の大津波による境内水没という自然現象が契機なのではないか、とも指摘されている。願主の法印融弁は龍華寺開山、その師匠の印融《いんゆう》は地元都筑郡久保村《つづきぐんくぼむら》出身で、高野山真言密教《こうやさんしんごんみっきょう》を極めた学僧である。文明（一四六九〜八七）の頃には、横浜の榎下観護寺《えのしたかんごじ》・鳥山三会寺《さんねじ》などで活躍している。大檀那の菅野資方は扇谷上杉氏の家臣で、太田道灌から太田氏の通字「資」を下賜されるような関係にあったらしい。この六浦地区は、太田道灌の家臣である長崎氏や佐波氏などが上総武田真里谷《まりやつ》入道とここで対面するなど、この時期は扇谷上杉氏の支配領域であった。

鎌倉公方足利成氏の古河移座以降、六浦と鎌倉は新たな政治段階を迎える。具体的には、菅野氏の一族である菅野尾張守が扇谷上杉朝興《ともおき》の使者として鶴岡八幡宮院家《いんげ》へ所領問題を伝えたり（相州文書）、後北条方の拠る武蔵蕨城攻撃の際に功績のあった家臣長堀《ながほり》氏へ、主君朝興の感状を届けたりしている（東京大学文学部蔵文書）。菅野氏の本拠地は、もとは江戸下谷《したや》（東京都台東区）にあったことから、太田氏との結びつきが広くこうした活動をさせるようになっていた（小田原衆所領役帳）。文亀二年（一五〇二）、称名寺での儀礼に主君山内上杉に続き、一献料を菅野弥次郎方として提供しており（金沢文庫文書）、同四年に称名寺は敷地年貢銭の利子分を含めて菅野氏に返済していて、どうやら同氏は高利貸しをも営んでいたらしい。

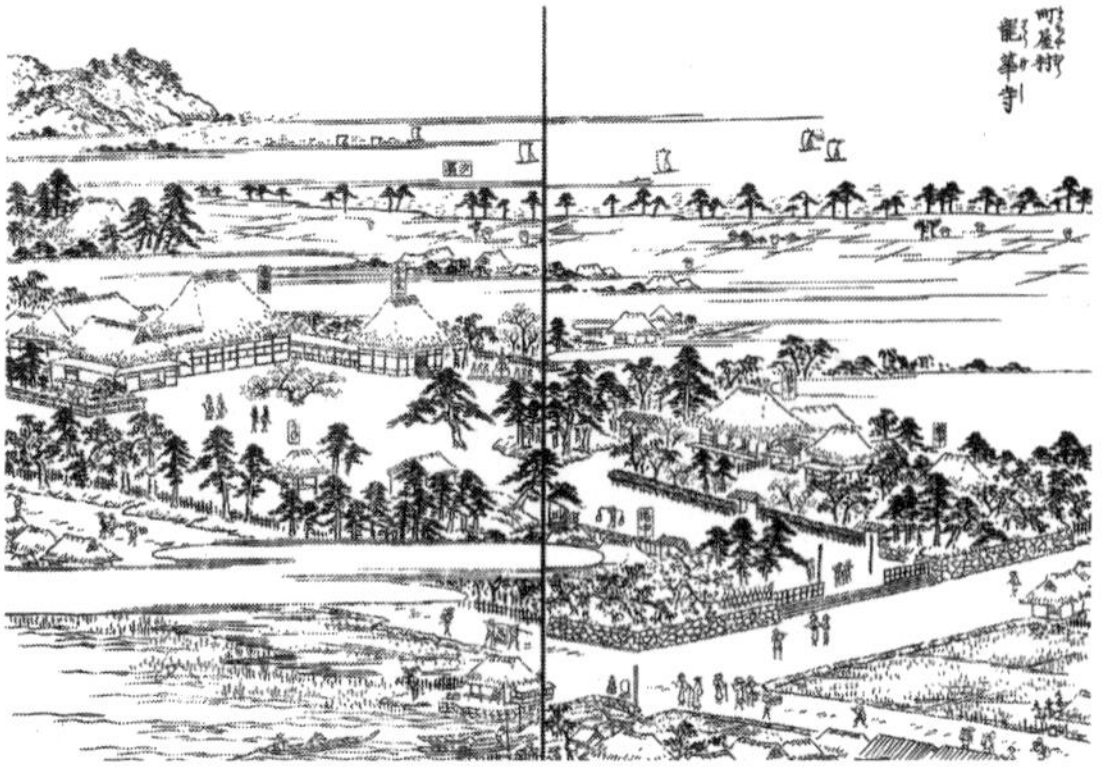

江戸時代の知足山龍華寺　「江戸名所図会」

金沢郷には、ほかに有力な檀那衆がいた。もと廃寺である地福寺《じふくじ》の御本尊・地蔵菩薩坐像胎内銘からそれがわかる。山口彦右衛門と同十郎太郎である。須（洲）崎西地区の六斉衆（盂蘭盆《うらぼん》や彼岸会《ひがんえ》などの儀礼を行う住民層）も加わり、鎌倉仏師の上総法眼（宗琢《そうたく》）に造仏してもらったものである。大永四年（一五二四）九月二十四日のことだった。ただし頭部は銘によって、その二年前にできあがっていたことがわかる。この山口氏は、対岸の房総里見氏領国にも通行をしていた様子で、後の天正七年（一五七九）、山口越後守は里見義頼《よしより》から房総諸津への入港につき諸役免除の印判を与えられている（永塚氏所蔵文書）。江戸時代にも、金沢洲崎村に房州屋将監《しょうげん》と名乗って房総と六浦を結び、船宿を経営していたことが知られている。

永正九年（一五一二）八月、鎌倉は伊勢宗瑞により制圧された。すでに山内上杉顕定も死去しており、大永四年（一五二四）、江戸城もまた伊勢氏の手に落ちた。これ以降、上杉方だった菅野氏や木曾氏が六浦から姿を消すこととなる。

後北条氏は、金沢・六浦地区の知行者を再編成する。称名寺領は当寺と北条長綱《ながつな》（幻庵《げんあん》）、六浦木曾分は上総武田氏、釜利谷《かまりや》は伊丹《いたみ》氏というようにである。特に、伊丹氏は水軍も持っていた武士であることが想定されている。洲崎に連なる野島《のじま》浦（横浜市金沢区）を根拠地とした伊東新左衛門も「四《よつ》板船《いたぶね》」四艘を操り、北条氏直の使者を富津・中嶋へ送り、すぐに帰国せよと命を受けた史料もある（織本哲郎氏所蔵文書）。伊東氏は野島で「上総屋」と号して廻船業を行っていたのである。

このように、戦国期でも金沢・洲崎・野島は江戸湾を介して交易水運の基地であったことを物語っている。

伊勢湾と江戸湾との海上交通網を差配した鈴木道胤

品川には有徳人《うとくにん》の鈴木氏がいたことで有名である。道永《どうえい》―道印《どういん》―道胤《どういん》と約一〇〇年続く家だ。佐藤博信氏の研究からみていこう。

文安三年（一四四六）、品川妙国寺《みょうこくじ》（東京都品川区）再建時の梵鐘に「大檀那沙弥道胤」と見え、宝徳二年（一四五〇）には「品川住人道胤」が鎌倉公方足利成氏から「蔵役《くらやく》」を免除されている（妙国寺文書）。そして妙国寺自身も、また鎌倉公方祈願所とされたのである。それは公方による鈴木家への単なる肩入れとはいえず、品川湊を差配する商人司《つかさ》としての賦課特権を与えたものと評価されている。

道胤の行動圏を鎌倉妙隆寺日親《みょうりゅうじにっしん》の記録「伝灯鈔《でんとうしょう》」（立正大学図書館蔵）からみてみよう。元品川では、権現堂での毎月の祈禱護摩《きとうごま》に一年間分一〇貫文（約一〇〇万円）を毎年寄進している。公方膝元の鎌倉では「浜ノ法華寺ノ常楽坊」（材木座実相寺《じっそうじ》）での供養銭を負担し、宝戒寺《ほうかいじ》では結縁灌頂《けちえんかんじょう》で公方をはじめ家臣の武士たちから住民まで、多くの人々が仏縁を得る儀式の運営資金を契約として一〇貫文も毎年出していた。伊勢・熊野には頻度も多く出かけており、毎年一〇貫、燈明料を寄進している。

鈴木家は熊野御師の出自ともいわれており、伊勢湾と江戸湾との海上交通網を差配していた可能性が高い。また、京都では綾小路西洞院紅粉屋《べにこなや》を宿所として京都日蓮宗日什《にちじゅう》派の妙満寺《みょうまんじ》（顕本法華宗《けんぽんほっけしゅう》総本山）の修理代として二〇〇貫文（約二〇〇〇万円）をも寄付している。紅粉屋は顔料や薬用の紅などを扱っていた大問屋らしく、江戸・品川・鎌倉方面での紅粉流通に鈴木家が関わっていたことを想定させる。それは鈴木家が日蓮宗門徒であったからこそできたことだろう。さらに、毎年六月の富士参詣には代官を六人をも派遣したらしく、山開きを目指して浅間《せんげん》神社を参拝したのだろう。それにしても御師宿代金や富士籠もり、奉納金品など多大な費用がかかったことだろう。同時に、これもまた商売繁盛祈念や購買者へのお札（守護札）など、土産品確保のための必要経費（事業）といえなくもない。

鈴木家が鎌倉と関りが深いことはこの「伝灯鈔」からうかがえるが、鎌倉日蓮宗妙法寺《みょうほうじ》檀那の薬屋四郎次郎なる者が、京都本国寺《ほんこくじ》の本堂再建に奉加銭《ほうがせん》一〇〇貫文を出したという記事に注目したい。これは、鈴木道胤と京都紅粉屋との関係があってこそ実現できたものだ。つまり、薬もまた紅粉を原材料とするものであった。

京都から伊勢湾岸・鎌倉までの海路を使う運送には、六浦湊経由とともに直接に材木座（極楽寺管理）に付属する和賀江島・飯島関所に入るルートが、南北朝期から室町期以降も機能したことが確かめられている。鎌倉が鎌倉幕府崩壊後に衰えていった、ということは事実ではない。政権都市としては衰えても、商業・宗教都市としての発展は確実に進んでいた。それは大町・米町・材木座を中心に、日蓮宗寺院を通じて品川と結びつき、その物流の移動には飯島・和賀江島在家《ざいけ》住人らの港湾労働者としての機能が生きていたことが確認できるからだ。

Ⅱ　湊を活用して富を集めた有力者たち

東海道の宿場に誕生した新有徳人の宇田川氏と鳥海氏

小田原北条氏の関東支配にともない、これまでの品川の有徳人鈴木氏などに代わり、あらたに宇田《うだ》川《がわ》氏と鳥海《とりうみ》氏の活動がはじまる。永正十五年（一五一八）、伊勢道者《どうじゃ》久保倉藤三弘延《くぼくらとうぞうひろのぶ》の日記からみてみよう。「品川分」として宇田川宗左衛門《そうざえもん》殿・同源五郎・宇田河五郎三郎殿、鳥海式部《しきぶ》殿・いとはた鳥海左衛門殿、「品川の分北南」としては、うた川殿・宇田川入道殿・うた川いや三郎殿、とりのうみけん阿み・とりノうみしきふ殿・とりノうみ彦二郎・とりのうみ兵衛《ひょうえ》大郎の各人物名が記されている。もちろん、これまでの鈴木氏子孫も「品川分」に鈴木民部《みんぶ》殿・鈴木大郎左衛門殿、「品川の分北南」には、すすきえもん二郎殿がいるが、宇田川氏と鳥海氏に比べれば人数も減っている。

この時期の品川は、これまでの太平洋海運の拠点としての湊町から、東海道の宿場としての性格をも持つようになり、関東圏から江戸を経由した人とモノの往来がより盛んとなった。ともに多様な宗教寺院も東海道の西側に建てられていくのである。すでに妙国寺や海晏寺《かいあんじ》などが鈴木道胤や榎本道琳《どうりん》によって修復造営されており、門前町の原型造りにも彼らの財力が活用されていた。

新勢力の宇田川氏と鳥海氏の、時期は不詳だが品川での立場を示す事件が起きた（妙国寺文書）。妙国寺門前の沙阿弥《さあみ》、くさかり屋などの住民に、小田原北条氏から人足の賦課がなされたのだった。これまでも毎年の賦課は「寺内御不入」、つまり免除されていたにもかかわらず、課してきたことにクレームが付けられたのだ。

後北条氏家臣で江戸衆吉原新兵衛《よしはらしんべえ》の一族吉原安能《やすよし》は部下を通じて、自分の力で早急に対応して小田原に申し入れる、とまずは回答している。これを聞きつけた「南北」を差配する宇田川庄左衛門《しょうざえもん》と鳥海三河守がさらに、彼らからの使者として奥と田中を吉原のもとに行かせて、事実確認と調整をさせた。吉原自身の手紙の中で、「彼《か》の御両所」＝宇田川氏・鳥海氏からお寺には必ずや人足賦課の「御断《おことわり》」（拒絶・免除）のことが伝えられるとも述べている。さらに、自分吉原が知らぬうちに、先日の手違いからこのようなことになって申し訳ない、「御相札《ごあいさつ》」（ご挨拶）には及び難いけれどもまずは申し入れ、お目にかかった折に申し述べたい、と丁重な手紙を寺に差し入れたのだった。

こうしたやり取りから、宿町品川が南北二つに分かれており、町政担当が宇田川氏・鳥海氏であったことがわかる。そして実務担当として、宇田川氏には手代《てだい》ともいうべき奥氏、鳥海氏には田中氏なる者がいた。こうした町制度について、佐藤博信氏は「宇田川・鳥海体制」と名づけられている。

なお、後北条氏の支配するこの時代、当地区は品川南北として、「葛西様《かさいさま》」（古河公方足利義氏《よしうじ》）の知行所として把握されていたことが「小田原衆所領役帳」に記されている。いわば小田原北条氏の准直轄地の扱いと見てよい。さらに、宿町品川の住民構成や人の移動を知る史料がある。

古河公方御料所《ごりょうしょ》（直接の支配地）を管理する僧瑞雲院周興《ずいうんいんしゅうこう》から「江戸近辺の諸郷」全域に「新夫《しんぷ》

銭《せん》」の賦課が命じられた（立石知満氏所蔵文書）。品川南北の人々はすぐに詫び言を申し入れたが、周興は強引にも拒否し、田地にかかる三貫三一〇文を支払えというものだった。その賦課先が「品川南北町人衆・百姓衆・散田衆」となっていることから、住民構成は三階層からなっていたこと、特に「散田衆《さんでんしゅう》」という年紀契約的な百姓衆と考えられる者たちがいたこともわかる。

品川が町として大きく成長していくに従い、移動する人々も多くなった。中でも「欠落《かけおち》」といって、税負担・借金等の負債《ふさい》を抱え、本籍所属地から逃れ出る人々もいた。天正二年（一五七四）の段階では「品河の郷より所々へ欠落の者」とあって、町以外、おそらく農村部から町場への逃亡だったのだろう（宇田川家文書）。天正十一年（一五八三）の場合では、「品川南北の宿より百姓地へ欠落の者」とあり、さらに「町人は百姓地へ入るべからず、また百姓は町人中へ入るべからず」とあり、問題の発端は町人の百姓地区への逃亡だったことがわかる（品川神社文書）。すでに品川が宿町として南北に分かれ、そこには町人衆・百姓衆・散田衆それぞれが構成員として権力者に把握されていたのである。

また、この北条氏印判状写しの宛先が中島三右衛門・宇田川石見守《いわみのかみ》・鳥海和泉守《いずみのかみ》・宇田川出雲守《いずものかみ》・百姓中となっていることも、これまで述べてきた品川南北の有徳人と百姓たちで構成される宿町品川を示していよう。ちなみに江戸時代には、宇田川氏は北品川宿の名主《なぬし》となり、子孫は現代まで続く。鳥海氏は南品川宿名主、中島氏は北品川組頭《くみがしら》の家となっている。戦国時代以来の宿町品川の有徳者による伝統が、近世品川宿の基本を形づくったといえるのである。

Ⅱ　湊を活用して富を集めた有力者たち

北条氏照に代官・有徳人らを訴えた品川の百姓たち

戦国時代の末期、天正十四年（一五八六）十二月、品川の百姓らは、伝馬《てんま》・増段銭《ぞうたんせん》・代官不正・御《お》蔵銭《くらせん》・莚付米《むしろつきまい》・人足徴発・帳外《ちょうはず》れ畠天王免《てんのうめん》の七ヶ条について、小田原の北条氏照《うじてる》に訴えた。それは宿町品川が古河公方の御料所であり、その最終監督者が北条氏照であったからだ。

「伝馬」とは、北条氏による公用の馬と人手の徴発使用である。「御印判」（北条氏当主が発行する虎の朱印状）を持たない代官などが百姓らに掛けていた状況もうかがえる。「増段銭」とは、本来は検地がなされていなかった地区に一律にかける税だった。だが豊臣政権との対立関係のなか、検地がなされていない土地は、百姓地にその負担が課されてきたのである。この文言からみると、品川地区は検地がなされていなかったのだろうか。「代官不正」とは、年貢諸役銭を納めるとき、年貢米以外を申しかける行為を代官が行っていたらしいのだ。氏照の部下で狩野一庵《かのういちあん》が代官に確認したがこういうことはないはず、と上申したという。以後、不正があればすぐに書き付けて進上せよとも伝えている。

さらに「御蔵銭」とは、北条氏直轄の蔵銭と蔵米を春先に拝借し、年末に利子付きで銭または米で返還するものである。これも北条氏の「御《お》国法算用《くにほうさんよう》」つまり公定で算出する額で決裁しなくてはならなかった。「代官人足」とは、公的ではなく代官自身が私的な所用に百姓らを徴発して使用することであり、これは本来してはならないことであった。「帳外れの畠天王免」とは、地元有徳人で北品川稲荷社《いなりしゃ》神官を兼ねていた宇田川石見守勝種《かつたね》が違法に設置した畠のことをいう。このときの訴えでは、百姓側からは宇田川は天王祭をするための畠であり、だからその負担は百姓に充てるのだ、と「虚《きょ》妄《もう》」（虚偽）の申し立てをしているとする。狩野一庵方では、改めて調査糺明《きゅうめい》してから決裁するとして保留となり、翌十五年五月、「品川天王免」への裁許がなされている（品川神社文書）。

この品川天王免の土地は「帳外れ」、いわゆる無検地の土地であった。それを宇田川が年来占有し、維持管理してきていた。それに気づいた百姓らは「百姓堪忍分《かんにんぶん》」（扶助料）として「百姓棟目安」（品川すべての百姓家を挙げての訴状）を捧げて北条氏照に申請をしていたのだ。氏照は、土地については百姓の維持管理地と認めたが、植えてあった麦の収穫は宇田川に認めている。おりしも麦の収穫時期が迫った五月であり、またこの麦は訴訟以前に宇田川が麦播きしていたことを狩野一庵も承知していたからであった。百姓側にも麦刈りを妨害しないよう注意を促し、違反の場合は落度《おちど》とすることを伝えている。

このように、品川地域の百姓らは自分たちの農業経営を守り、さらに古河公方直轄地という複合管理の条件を利用しつつ、地域の有力者（有徳人）らのごり押しともいうような行為や、地位を利用する代官らの非法行為への法的対応を「百姓中」として毅然《きぜん》と行っていたことは特筆すべきである。宿町品川は、町人とともに百姓衆も、その構成員としての立場を築き上げてきていたのである。

Ⅱ　湊を活用して富を集めた有力者たち

鈴木道胤の経済力と足利成氏重臣の簗田満助

かつて七堂《しちどう》伽藍《がらん》を誇った寺が南品川にあった。鳳凰山妙国寺《ほうおうざんみょうこくじ》である。今は天妙国寺《てんみょうこくじ》として門前を国道が突っ切っている。弘安八年（一二八五）に日蓮の直弟子天目《てんもく》（日盛）が草創し、第二世日叡《にちえい》の時代、文安年中（一四四四～四九）に鈴木道胤と同光純《こうじゅん》が伽藍《がらん》整備を計画、十数年をかけて仏殿・法堂《はっとう》・三門・庫院・僧堂・浴室・東司《とうす》（便所）を建立していったという。当時の姿は寺に伝わる「妙国寺絵図」からその威容を想像することができる。

鈴木道胤は紀州熊野地方の出身といわれ、紀伊牟婁郡鮒田《むろぐんふなだ》（三重県紀宝町）付近にその屋敷跡があるという（紀伊続風土記）。品川に出てきてからの活動は、天妙国寺に伝わる古文書から知ることができる。宝徳《ほうとく》二年（一四五〇）には、鎌倉公方足利成氏から、家臣簗田《やなだ》持助《もちすけ》を通じて「蔵役」を免除された。それは物品の保管・販売のみならず、交易に係わる諸権利を含むものと考えられる。そして「品河住人」ともあることは、すでに鎌倉府からも町衆・経済人として認知されていた証拠だろう。

公方家臣である簗田満助《みつすけ》は、下総国下河辺庄内水海《しもこうべのしょうないみずうみ》（茨城県古河市）の領主だった。そこは古利根川と常陸川が交錯し、江戸湾への河川交通（交易）を押さえる要所でもあった。簗田氏は水海―品川―鎌倉への水運を通じて道胤の経済力をすでに知っていたのだろう。

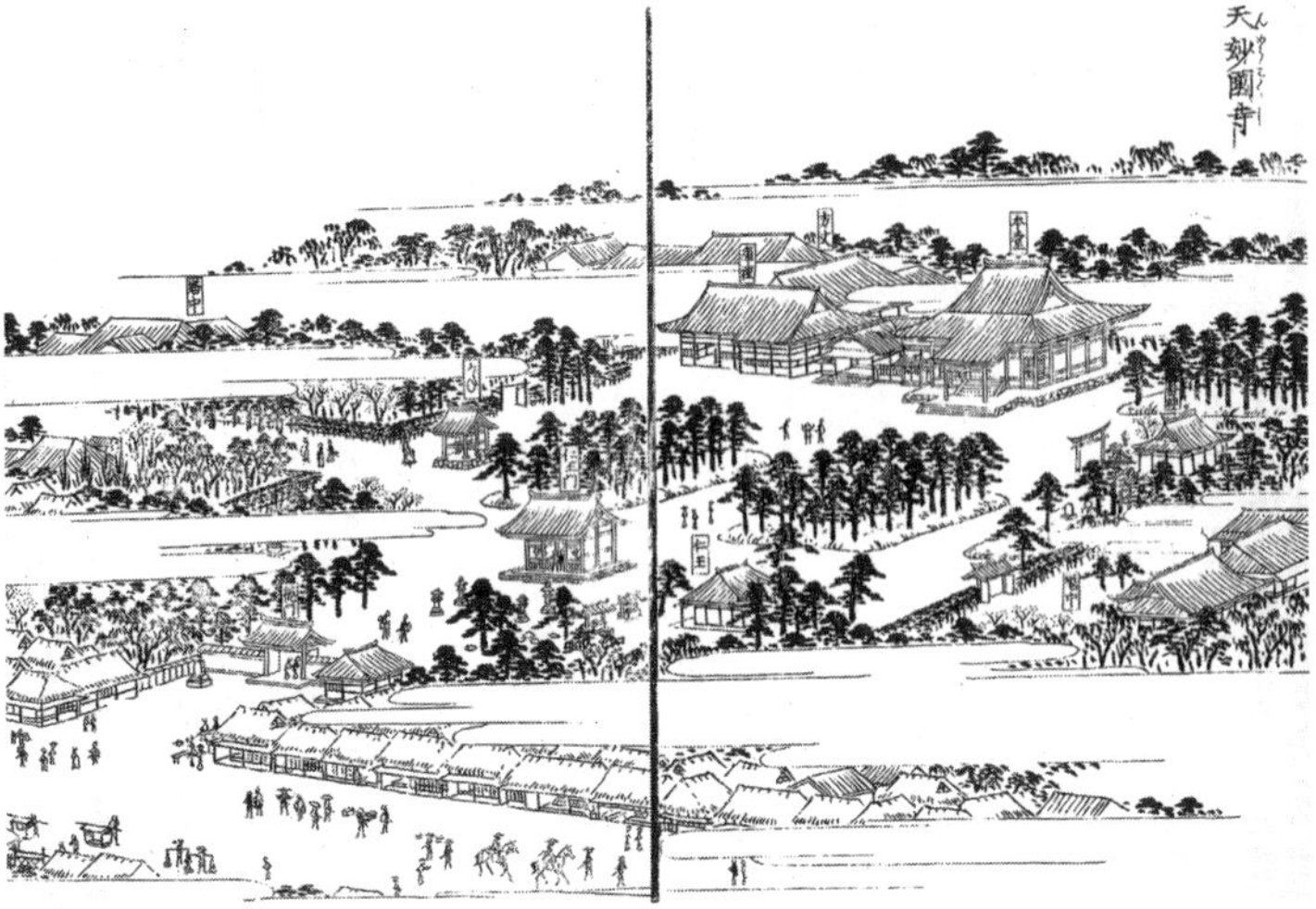

上：江戸時代の鳳凰山妙国寺　「江戸名所図会」
下：水海城跡　足利成氏の家臣簗田氏の拠点で中世は周囲を沼沢地に囲まれていた　茨城県古河市

文明八年（一四七六）、道胤は南品川にあった本光寺《ほんこうじ》の土地と住居の馬場地との交換を行う。その相博状《そうはくじょう》には、本光寺の東に道胤の屋敷があり、西は法蔵房《ほうぞうぼう》、南に善仲寺《ぜんちゅうじ》、北は妙行寺《みょうこうじ》というように、寺町の中に住居があった。おそらくは経済人道胤による交易活動の利便性がこうした土地の交換をさせた理由ではなかろうか。

当時の品川には多くの人々が集まってきていた。その一人の連歌師万里集九も太田道灌から江戸城へ招かれていた。その途次に、妙国寺の多宝塔や五重塔を拝観している（梅花無尽蔵）。僧に宗旨を尋ねると法花《ほっけ》（華）僧と答えたという。

すでに文安《ぶんあん》三年（一四四六）に鈴木道胤が大壇那として鋳造して納めた梵鐘《ぼんしょう》が、その寺の偉容完成を物語るものだろう。なお、後にその梵鐘が破損した折、上総矢那郷《やなごう》（千葉県木更津市）の鋳物師《いもじ》長谷川重次《はせがわしげつぐ》が妙国寺内の北方屋敷で修理再鋳したと伝わる（妙国寺鐘同鐘楼造営之勧進帳事　天妙国寺蔵）。ここでも品川と房総との直接交流があったことがよくわかる。

その後も妙国寺への土地の喜捨が多くの武士や住人らから見られる。永享六年（一四三四）、某からは「芝原の地」が寄進される。その地は東南を大道境、西は田境、北は荒居道場《あらいどうじょう》（海蔵寺《かいぞうじ》）堀境で、大道とは南品川海岸から大井境である海晏寺《かいあんじ》前を通り、立合川《たちあいがわ》方面へ抜ける海辺の交通路である。また、永享十年（一四三八）、某憲泰《のりやす》は金沢智光院《ちこういん》殿と南小路雲光《みなみこうじうんこう》の菩提のために二ヶ所も土地を寄進する。一つは南が四波堀《しわほり》境（南馬場側）、西が大大道境、北が塔中《たっちゅう》境であった。もう一つは東が海、南が観音堂垣《かんのんどうがき》境（品川寺・水月観音）、西が大道境、此者（寄進者）が大堀境となっている。

大大道とは、大道のさらに大きな道、まさにこれは鎌倉街道下ツ道を指すのだろう。塔中とは、妙国寺の塔を指し、大大道と大井方面の権現台品川氏館方面へぬける三叉路《さんさろ》に位置していたことがこれからわかる。さらに、寄進者である憲泰《のりやす》の住まいは、妙国寺との境となる大堀に沿ってあったことも知ることができる。彼は翌永享十一年にも、南品川の熊野堂南の石畠などを両親の菩提を弔うために寄進した。子孫らに寄進地の違乱行為がないように言い置いていることからも、おそらくは代替わりの準備を始めていたのだろう。

これら寄進者の出身は明確ではない。寄進地内部には作人付きの作畠もついている。だが、自らが耕作する立場ではない。場所的にも大大道と大道に挟まれ、さらに掘割や他家境で区画された土地を寄進しているのだ。明らかに町住人といえる。つまり、のちに「町人衆」とよばれる人々の基盤を創った先祖たちだったのだ。

あとがき

本書は、前著『新知見！ 武士の都 鎌倉の謎を解く』と同様に、一項目ごとにまとまるように構成している。また、執筆の時代を南北朝時代から戦国・近世初頭と大きな幅で押さえている。そして地域も武蔵・相模を中心に、「身近な地域」の「身近な歴史人」を取り上げて彼らが残していった「痕跡」をできるだけ明らかにしようとしたものである。

思えば東京都文京区の本郷菊坂で生まれ育ち、赤門から「三四郎池」を遊び場として、「地下鉄」のできる姿を垣間見ながら過ごした幼年時代。そして東京都練馬区への移住によって、江古田・豊島園・石神井公園・所沢・飯能と地域の歴史への興味は広がっていった。

そこには、父経一とのお付き合いがあった、太田道灌の研究者前島康彦先生、さらに戦国時代史研究者で、東京大学史料編纂所の杉山博先生などが我が家によく立ち寄ってくださっていたのを覚えている。中でも地元練馬区の公立学校長だった平野実先生は、「武蔵野の植物」と「豊島氏の歴史」をお家に伺うごとにお話ししてくださった記憶がある。

のちに気がついたことだったが、これら三人の先生方はまさに関東中世史、中でも江戸・太田・豊島氏の歴史研究の基盤を構築された大先達であったのだ。

こうした影響を強く受けてきた筆者も、その記述のベースは江戸・蒲田・太田・豊島、さらに上杉・

三浦ほか、武蔵・相模を基盤とする中小の地元武士団を柱にしつつ、地域での彼らの果たした役割をなるべく顕彰できるように取り上げてきたつもりである。

また、考古学発掘の成果を取り上げ、そこから見えてくる「記録文献」との「差異」にも注意しつつ、「身近な地域」の「身近な歴史人」ゆかりの城郭を垣間見ている。とくに石神井城跡や練馬城跡、平塚城跡、今の住まいに所在する地元神奈川県逗子市小坪の住吉城跡などがそれに当たる。

室町以降の武蔵・相模関東中世史研究は、佐藤博信氏、山田邦明氏、湯山学氏、とくに黒田基樹氏の成果を抜きには語れないほどのものである。本書の記述も氏の成果によることも多いので感謝している。彼らはみな「後北条氏研究会」以来の会員同士たちでもあった。このような繋がりは、関東各地の資料館、博物館、文書館に勤務されていた研究者とのご交誼もいただくことができ、『図録』の成果をはじめとして新たな史料をたくさん知ることもでき本当に感謝している。

戎光祥出版株式会社の編集担当石渡洋平氏には、太田道灌の時代を基盤にした本書執筆のお勧めをいただき、代表取締役の伊藤光祥氏からは励ましのお言葉をかけていただき、まことにありがたく受け止めている。本書がどこまでお答えすることができたか、心もとないところもあるが、お許しいただきたいと思う次第である。

二〇二三年七月

伊藤一美

【参考文献】

『浅草橋場いまむかし』（台東区、一九八三年）
『海にひらかれたまち　中世都市・品川』（品川区立品川歴史館、一九九三年）
『江戸湾の歴史』（横浜開港資料館、一九九〇年）
『大井鹿島遺跡』一～五（品川区教育委員会、一九八五年～二〇〇六年）
『小田原市史別編　城郭』（小田原市、一九九五年）
『鎌倉近世史料・乱橋材木座編』（鎌倉市教育委員会、一九六七年）
「光明寺板碑」（『大田郷土の会年報　一周年記念号 第1輯』大田郷土の会、一九五六年）
『御殿前遺跡Ⅲ・北区埋蔵文化財調査報告第一〇集』（東京都北区教育委員会、一九九二年）
『品川町史・上』（品川町役場、一九三二年）
『品川区史・上巻』（品川区、一九七一年）
『新宿区文化財総合調査報告書二』（新宿区教育委員会、一九七六年）
『新横須賀市史通史編　自然・原始・古代・中世』（横須賀市、二〇一二年）
『逗子市史資料編Ⅰ』（逗子市、一九八五年）
『逗子市文化財調査報告書第四集：小坪・新宿』（逗子市教育委員会、一九七三年）
『図説 浅草寺今むかし』（金龍山浅草寺、一九九六年）
『台東区史・上』（台東区、一九五五年）
『中世寺院と品川―妙国寺の歴史と寺宝』（品川区立品川歴史館、二〇一九年）
『中世の港湾都市六浦』（県立金沢文庫、二〇〇九年）
『東海道品川宿』（品川区立品川歴史館、二〇一五年）

『東京都大田区山王一丁目六番所在遺跡発掘調査報告書』（玉川文化財研究所、二〇〇一年）
『東京都調布市下石原遺跡――第二六地点の調査』（調布市遺跡調査、二〇〇一年）
『東京湾と品川』（品川区立品川歴史館、二〇〇八年）
『七社神社前遺跡Ⅰ・北区埋蔵文化財調査報告第三集』（東京都北区教育委員会、一九八八年）
『平塚市史通史編古代・中世・近世』（平塚市、一九八二年）
『六浦・金沢』（県立金沢文庫、二〇〇〇年）
『龍華寺―武州金沢の秘められた古刹』（県立金沢文庫、二〇〇〇年）
阿諏訪青美「中世の神奈川郷白幡と矢野氏」（『横浜市歴史博物館調査研究報告』第二号、二〇〇六年）
阿諏訪青美「ある土豪の戦国から江戸時代」（『横浜市歴史博物館紀要』第二二号、二〇一八年）
阿部征寛「開国前、江戸湾内の船旅を求めて――武蔵国久良岐郡野島浦の例」（横浜開港資料館紀要四『関東の武士団と信仰』名著出版、一九九〇年）
網野善彦・石井進・稲垣泰彦・永原慶二編『講座日本荘園史一荘園入門』（吉川弘文館、一九八九年）
池上裕子『戦国時代社会構造の研究』（校倉書房、一九九九年）
板橋区立郷土資料館編『特別展豊島氏とその時代』（板橋区立郷土資料館、一九九七年）
一高史談会編『東京近郊史跡案内』（古今書院、一九二七年）
市村高男「中世東国における内海水運と品川湊」（『品川歴史館紀要』第一〇号、一九九五年）
市村高男「中世後期の津・湊と地域社会」（『中世都市研究三』新人物往来社、一九九六年）
伊藤一美「萩原龍夫編『江戸氏の研究』によせて―武蔵豊島郡江戸郷の農民―」（『練馬郷土史研究会会報』一三二号、一九七七年）
伊藤一美『戦国時代の藤沢』（名著出版、一九八三年）

伊藤一美『都市周縁の地域史―逗子の1500年』（第一法規出版、一九九〇年）
伊藤一美「鎌倉の内湊町『飯島』と『和賀江津』―都市鎌倉の湊機能と材木座の若干の関係について」（田中喜男編『歴史の中の都市と村落社会』思文閣出版、一九九四年）
伊藤一美『藤沢史ブックレット6　大庭御厨に生きる人々』（二〇一五年）
伊藤一美「熊野御師と豊島郡域の住郷の者たち」（『練馬郷土史研究会会報』第三八〇～三八三号、二〇二一年～二〇二二年）
伊藤裕偉『中世伊勢湾岸の湊津と地域構造』（岩田書院、二〇〇七年）
稲本紀昭・宇佐見隆之・柘植信行・峰岸純夫・綿貫友子「〈座談会〉中世太平洋海運と品川」（『品川歴史館紀要』第一三号、一九九八年）
井原今朝男「幕府・鎌倉府の流通経済政策と年貢輸送」（石井進編『中世の発見』吉川弘文館、一九九三年）
宇佐見隆之『日本中世の流通と商業』（吉川弘文館、一九九九年）
遠藤　努「後北条領国における宿と身分」（『年報都市史研究』一五号都市史研究会、二〇〇七年）
岡田清一「葛西御厨小考」（入間田宣男『葛西氏の研究』名著出版、一九九八年、初出一九八〇年）
荻野三七彦『吉良氏の研究』（名著出版、一九七五年）
小国浩寿『鎌倉府体制と東国』（吉川弘文館、二〇〇一年）
落合義明『中世東国の「都市的な場」と武士』（山川出版社、二〇〇五年）
葛城明彦『増補改訂新版・決戦―豊島一族と太田道灌の闘い』（練月出版、二〇二一年）
金沢区政五十周年記念事業実行委員会編『図説かなざわの歴史』（金沢区政五十周年記念事業実行委員会、二〇〇一年）
金子浩之『戦国争乱と巨大津波』（雄山閣出版、二〇一六年）

川崎市市民ミュージアム編『絵図でめぐる川崎』（川崎市市民ミュージアム、二〇一〇年）
木下　聡『対決の東国史　山内上杉氏と扇谷上杉氏』（吉川弘文館、二〇二二年）
木村弘樹「市内に伝わる中世武士上溝・下溝地区の『横溝五郎』の伝承について」（相模原市立博物館研究報告(25)、二〇一七年）
久保健一郎『戦国大名と公儀』（校倉書房、二〇〇一年）
黒田基樹『戦国大名北条氏の領国支配』（岩田書院、一九九五年）
黒田基樹『中近世移行期の大名権力と村落』（校倉書房、二〇〇三年）
黒田基樹『扇谷上杉氏と太田道灌』（岩田書院、二〇〇四年）
黒田基樹『図説 太田道灌』（戎光祥出版、二〇〇九年）
黒田基樹編著『長尾景春』（戎光祥出版、二〇一〇年）
黒田基樹『太田道灌と長尾景春』（戎光祥出版、二〇二〇年）
近藤喜博「神霊矢口の渡」（『日本の鬼―日本文化探求の視覚』桜楓社、一九六六年）
今野慶信「中世東国水運史上における亀戸の歴史的位置」（『江東区文化財研究紀要』一一号、二〇〇〇年）
今野慶信『中世の豊島・葛西・江戸氏』（岩田書院、二〇二一年）
斎藤慎一編『城館と中世史料』（高志書院、二〇一五年）
佐々木紀一「『渋川系図』伝本補遺。附土岐頼貞一族考証（上）」（『山形県立米沢女子短期大学付属生活文化研究所紀要』第三九号、二〇一二年）
佐藤博信『中世東国の支配構造』（思文閣出版、一九八五年）
佐藤博信「東国における享徳の大乱の諸前提について」（『歴史評論』第四九七号、一九九一年）
佐藤博信『続中世東国の支配構造』（思文閣出版、一九九六年）

佐藤博信　『江戸湾をめぐる中世』（思文閣出版、二〇〇〇年）
佐脇栄智　『後北条氏の基礎研究』（吉川弘文館、一九七六年）
杉山　博　「後北条氏の藤沢支配」（『戦国大名後北条氏の研究』名著出版、一九八二年）
須藤亮作　『物語・豊島氏』（郷土史話の会、一九七六年）
住吉城址確認緊急調査団編　『逗子市住吉城址』（逗子市教育委員会、一九八〇年）
清水亮編著　『畠山重忠』（戎光祥出版、二〇一二年）
下山治久　「北条早雲の家臣山中氏について」（『不冷座』第一号、一九八六年）
杉山一弥　「応仁文明時期『都鄙和睦』の交渉と締結」（黒田基樹編『足利成氏とその時代』戎光祥出版、二〇一八年）
高橋慎一郎　「中世鎌倉における浄土宗西山義の空間」（『中世の空間を読む』一九九五年）
高野修・中尾堯・伊藤克己・栢植信行　「座談会品川の寺々」（『品川歴史館紀要』第八号、一九九三年）
竹井英文　「戦国前期東国の城郭に関する一考察」（『一橋研究』第三四巻一号
田島光男　「足利尊氏・成氏・義明・上杉定正・朝良文書と上杉朝良のもう一つの花押」（『神奈川県立公文書館紀要』第四号、二〇〇二年）
多摩川誌編集委員会編　『多摩川誌』（河川環境管理財団、一九八六年）
段木一行　「八丈島年代記」について」（『歴史手帖』第九巻六号、一九八一年）
段木一行　『中世村落構造の研究』（吉川弘文館、一九八六年）
千枝大志　「中近世移行期伊勢山田における近地域間構造」（『都市をつなぐ―中世都市研究』第一三号、新人物往来社、二〇〇七年）
中島広顕　「平塚城の実像を探って」（『特別展下町・中世再発見』葛飾区郷土と天文の博物館、一九九三年）
永原慶二　『室町戦国の社会』（吉川弘文館、一九九二年）

練馬区教育委員会編　『石神井城跡発掘調査の記録』（同教育委員会、二〇〇四年）
練馬区史編纂協議会編　『練馬区史歴史編』（練馬区、一九八二年）
練馬城址遺跡発掘調査団編　『練馬城址発掘調査報告書』（豊島園、一九九一年）
都築恵美子　「石神井城跡と練馬城跡の発掘調査成果」（『東京都江戸東京博物館研究報告』第一五号、二〇〇九年）
東京都教育委員会編　『東京都の中世城館』（戎光祥出版、二〇一二年）
西岡芳文　「港湾都市六浦の発展と鎌倉」（『中世都市鎌倉の実像と境界』二〇〇四年）
西岡芳文　「六浦の権現山をめぐる伝説と歴史」（『平成八年度金沢八景御伊勢山・権現山周辺文化財調査報告書』横浜市教育委員会、一九九七年）
能蔵寺跡発掘調査団編　『神奈川県鎌倉市能蔵寺跡』（鎌倉市教育委員会、一九九五年）
樋口州男　「『太平記』と在地伝承」（佐藤和彦編『中世の内乱と社会』東京堂出版、二〇〇七年）
菱沼一憲　「武蔵国稲毛荘・丸子荘の治水と感慨」（『國學院雑誌』一二二巻一一号、二〇二一年）
藤木久志　『戦国社会史論』（東京大学出版会、一九七四年）
真鍋淳哉　『三浦道寸』（戎光祥出版、二〇一七年）
松岡　進　『戦国期城館群の景観』（校倉書房、二〇〇二年）
緑区市編集委員会編　『横浜緑区史』（緑区史刊行委員会、一九九三年）
峰岸純夫・小林一岳・黒田基樹編　『豊島氏とその時代』（新人物往来社、一九九八年）
三輪修三　『多摩川―境界の風景』（有隣堂、一九八八年）
村田修三　「中世の城館」（『講座・日本技術の社会史第六巻土木』日本評論社、一九八四年）
門馬義芳　「江戸蒲田氏の研究」（萩原達夫編『江戸氏の研究』名著出版、一九七七年）。
安池尋幸　「中世・近世における江戸内海渡船の展開」〈『神奈川県史研究』四九号〉

山田邦明「南北朝・室町期の六浦」（『六浦古文化』第三号、一九九一年）
山田邦明『鎌倉府と関東』（校倉書房、一九九五年）
山田邦明『享徳の乱と太田道灌』（吉川弘文館、二〇一五年）
矢田俊文・竹内靖長・水澤幸一編『中世の城館と集散地』（高志書院、二〇〇五年）
柳田國男「地名の研究・根岸及び根小屋」（『定本柳田國男集』第二〇巻、筑摩書房、一九七〇年）
柳田國男「日本農民史」（『定本柳田國男集』第一六巻、一九七五年）
八巻孝夫「豊島氏の城郭についての覚書」（『中世城郭研究』第二三号、二〇〇九年）
八巻孝夫「練馬の城を往く」（一）～（三）（『練馬郷土史研究会会報』三三三～三三七号、二〇一一年）
八巻孝夫「練馬の城を往く」（四）～（六）（『練馬郷土史研究会会報』三三九～三四三号、二〇一二年～二〇一三年）
湯浅治久『中世東国の地域社会史』（岩田書院、二〇〇五年）
湯山　学「『本光院殿衆知行方』考」（『歴史研究』二三四号、一九八〇年）
湯山　学『三浦氏・後北条氏の研究』（岩田書院、二〇〇九年）
湯山　学『中世南関東の武士と時宗』（岩田書院、二〇一二年）
渡辺智裕「江戸氏研究の成果と鎌倉期の江戸氏の婚姻関係について」（『生活と文化』九号、一九九五年）
綿貫友子「『武蔵国品河湊船帳』をめぐって」（『史艸』三〇号、一九八九年）
綿貫友子『中世東国の太平洋海運』（東京大学出版会、一九九八年）

【著者略歴】

伊藤一美（いとう・かずみ）

1948 年、東京都生まれ。

学習院大学大学院博士課程中途退学。

現在、逗子市・藤沢市・葉山町文化財保護委員、ＮＰＯ法人鎌倉考古学研究所理事、日本獣医史学会理事、日本城郭史学会理事などを務める。

著書に、『武蔵武士団の一様態―武蔵安保氏の研究』（文献出版、1981 年）、『戦国時代の藤沢』（名著出版、1983 年）、『都市周縁の地域史―逗子の 1500 年』（第一法規出版、1990 年）、『建治三年記註釈』（文献出版、1999 年）、『藤沢市ブックレット 大庭御厨に生きる人々』（藤沢市文書館、2014 年）、『藤沢市ブックレット 江の島、神の島から人の島へ』（藤沢市文書館、2019 年）、『新知見！ 武士の都 鎌倉の謎を解く』（戎光祥出版、2021 年）、論文に、「関東公方足利成氏と豊島氏」「関東管領上杉房顕と豊島氏」「上杉顕定と豊島氏」「戦国期宮城氏と太田氏」「太田氏房判物に見える岩付城と城番」「丁丑（天正五年）七月十三日付け北条家印判状を読む」「『豊島·宮城文書』所収、二通の北条氏房印判状について」など多数。

装丁：山添創平

太田《おおた》道灌《どうかん》と武蔵《むさし》・相模《さがみ》
消《き》えゆく伝承《でんしょう》や古戦場《こせんじょう》を訪《たず》ねて

二〇二三年九月二〇日　初版初刷発行

著　者　伊藤一美
発行者　伊藤光祥
発行所　戎光祥出版株式会社
東京都千代田区麹町一―七
相互半蔵門ビル八階
電　話　〇三―五二七五―三三六一㈹
ＦＡＸ　〇三―五二七五―三三六五
制作協力　株式会社イズシエ・コーポレーション
印刷・製本　モリモト印刷株式会社

https://www.ebisukosyo.co.jp
info@ebisukosyo.co.jp

ISBN978-4-86403-483-8